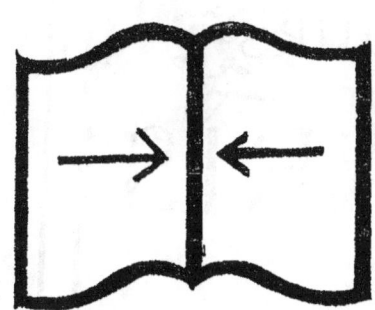

RELIURE SERREE
Absence de marges
intérieures

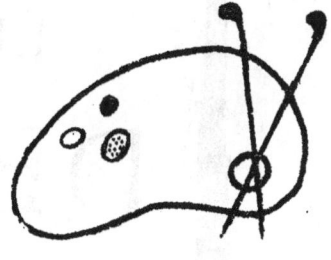

Couvertures supérieure et inférieure
en couleur

VALABLE POUR TOUT OU PARTIE
DU DOCUMENT REPRODUIT

ÉDITION ORIGINALE

ŒUVRES
DE
PAUL FÉVAL

LES AMOURS
DE PARIS

I

PARIS
DENTU & Cie, ÉDITEURS
Libraires de la Société des Gens de lettres
3, PLACE VALOIS, 3
PALAIS-ROYAL
15-17-19
GALERIE D'ORLÉANS

PUBLICATIONS RÉCENTES DE LA LIBRAIRIE E. DENTU

GUSTAVE AIMARD
Œuvres complètes en 78 vol., chaque vol. se vend séparément. 3 »

F. DU BOISGOREY
La Bande Rouge. 2 vol. 6 »
La Belle Geôlière. 2 vol. 6 »
Le Cri du sang. 2 vol. . 6 »
Le Mari de la Diva. 1 vol...... 3 »
Le Secret de Berthe. 2 vol........ 6 »
Jean Coupe-en-deux. 1 vol....... 3 »

EUGÈNE CHAVETTE
Aimé de son concierge. 1 vol............ 3 »
Défunt Brichet. 2 vol. 6 »
Nous marions Virginie. 1 vol......... 3 »
L'Oncle du Monsieur de Madame. 1 vol..... 3 »
Si j'étais riche. 2 vol.. 6 »

PAUL FÉVAL
Le Bossu. 2 vol...... 7 »
Le Capitaine Fantôme. 1 vol. 3 50
Les Mystères de Londres. 1 vol.... 3 50
Madame Gil Blas. 2 vol. 7 »

ÉMILE GABORIAU
L'Affaire Lerouge.1 vol. 3 50
L'Argent des Autres. 2 v. 7 »
La Clique dorée. 1 vol. 3 50
La Corde au cou 1 vol. 3 50
Le Crime d'Orcival 1 vol. 3 50
La Dégringolade. 2 vol. 7 »
Le Dossier N° 113. 1 vol. 3 50
Les Gens de bureau. 1 vol........... 3 50
Le 13e Hussards. 1 vol. 3 50
Monsieur Lecocq. 2 vol. 7 »

A. MATTHEY (Arthur Arnould)
La belle Julie. 1 vol... 3 50
Cherchez la Femme. 1 v. 3 50
Le Duc de Kandos. 1 vol. 3 50
Les deux Duchesses. 1 v. 3 50
La Fille Mère. 1 vol... 3 50
Le Roi des Mendiants. 1 vol........... 3 50
Le Passé d'une Femme. 1 vol............ 3 50
Thérèse Buisson. 1 vol. 3 50
La Fête de Saint-Remy. 1 vol...... ...... 3 50
La Princesse Belladone. 1 vol......... 3 50
Les Noces d'Odette. 1 vol............ 3 50

CHARLES MEROUVEL
Cœur de Créole. 1 vol. 3 50
Dos à dos. 1 vol...... 3 50
Le Gué aux Biches. 1 v. 3 50
Solange Fargeas. 1 vol. 3 50
Les derniers Kérandal. 2 vol........... 7 »
Le Divorce de la Comtesse. 1 vol......... 3 50
Fleur de Corse. 1 vol. 3 50
La Maîtresse du Ministre. 1 vol......... 3 50
Le Krach. 1 vol...... 3 50
Le Roi Crésus. 2 vol . 7 »
La Veuve aux 100 Millions. 2 vol......... 7 »
La Vertu de l'abbé Mirande. 1 vol 3 50

XAVIER DE MONTÉPIN
La Baladine. 2 vol.... 6 »
La Bâtarde. 2 vol..... 6 »
La Belle Angèle 6 vol. 18 »
Le Bigame. 2 vol..... 6 »
Le dernier duc d'Hallaly. 4 vol......... 12 »
Le Fiacre n° 13. 4 vol. 12 »
La Fille de Marguerite. 6 vol............ 18 »
Les Filles de bronze. 5 vol............ 15 »
Les Filles du Saltimbanque. 2 vol...... 6 «
Le Mari de Marguerite. 3 vol........... 9 »
Les Maris de Valentine. 2 vol............ 6 »
Sa Majesté l'Argent. 5 vol............ 15 »
Le Médecin des Folles. 5 vol............ 15 »
La Porteuse de Pain. 6 vol............ 18 »
Son Altesse l'Amour. 6 vol............ 18 »
La Sorcière rouge. 3 v. 9 »
Les Tragédies de Paris. 4 vol............ 12 »
Le Ventriloque. 3 vol 9 »
La Vicomtesse Germaine. 3 vol......... 9 »
La Voyante. 4 vol.... 12 »

PONSON DU TERRAIL
Œuvres complètes en 84 vol., chaque vol. 3 »

ÉMILE RICHEBOURG
Andréa la Charmeuse. 2 vol .... 6 »

Un Calvaire. 1 vol.... 3 »
Les deux Berceaux. 2 v. 6 »
La Dame voilée. 1 vol. 3 »
Les deux Mères. 2 vol. 6 »
Les Drames de la Vie. 3 vol............ 9 »
L'Enfant du Faubourg. 2 vol............ 6 »
La fille Maudite. 2 vol. 6 »
Le Fils. 2 vol......... 6 »
L'Idiote. 3 vol........ 9 »
Jean Loup. 3 vol..... 9 »
Le Mari. 3 vol........ 9 »
Les Millions de Joramie 3 vol......... 9 »
La Nonne amoureuse. 1 vol .... 3 »

PAUL SAUNIÈRE
A travers l'Atlantique. 1 vol............ 3 5
Le Beau Sylvain. 2 vol. 6 »
Flamberge. 2 vol..... 6 »
Le Legs du Pendu. 1 v. 3 »
Deux rivales. 1 vol... 3 5
Mam'zelle Rossignol. 2 vol............ 6 »
La petite Marquise. 1 v. 3 5
Le Secret de la Roche-Noire. 1 vol...... 3 »

LÉOPOLD STAPLEAUX
Les Amours d'une Horizontale. 1 vol. ..... 3 »
Les Amoureux de Lazarine. 1 vol....... 3 »
La Reine de la Gomme. 1 vol............ 3 »
Les Cocottes du grand Monde. 1 vol..... 3 »
Les Belles Millionnaires 1 vol............ 3 »
Le Coucou. 3 vol..... 9 »
Les Compagnons du Glaive. 7 vol à..... 1 »
La Langue de Mme Z. 1 vol............ 3 »
La Nuit du Mardi gras. 1 vol............ 3 »
Les Viveuses de Paris. 1 vol............ 3 »
Une Victime du Krach. 1 vol............ 3 »
Le Capitaine Rouge. 1 v. 3 »

PIERRE ZACCONE
Les Drames du Demi-Monde. 2 vol .... 6 »
Les Nuits du Boulevard 2 vol............ 6 »

Bibliothèque choisie de Romans contemporains. 1 fr. le vol.
Biblioth. choisie des chefs-d'œuvre franç. et étr. 26 vol. à 1 f

LES AMOURS DE PARIS

Saint-Amand (Cher). — Imprimerie DESTENAY

LES AMOURS
DE PARIS

PAR

PAUL FÉVAL

I

PARIS
DENTU ET Cie ÉDITEURS
LIBRAIRIE DE LA SOCIÉTÉ DES GENS DE LETTRE
Palais-Royal, 15, 17, 19, Galerie d'Orléans
et 3, place de Valois

—

1887
Tous droits réservés.

LES
AMOURS DE PARIS

PROLOGUE

LE CARNAVAL

—

CHAPITRE PREMIER

MASCARADES

Notre histoire commence le dernier jour de ce fameux carnaval de 1826 dont tous les viveurs parisiens ont gardé souvenir.

Il était cinq heures du soir. La nuit venait de tomber. Le jardin du Palais-Royal présentait un coup d'œil féerique. C'était un bruit assourdissant, un mouvement fiévreux, un lumineux pêle-mêle dont rien ne saurait rendre l'effet saisissant et bizarre.

Tous les étages des galeries, occupées presque exclusivement par les salons de jeu, les cafés, les restaurants et ces asiles luxueux dont le nom ne peut point s'écrire, étaient illuminés brillamment. Malgré le froid vif et piquant, la plupart des fenêtres demeuraient ouvertes et livraient passage à mille têtes curieuses, dont les regards plongeaient sur ce resplendissant parallélogramme où pas une place ne restait vide et qui ressemblait à une gigantesque salle de bal.

Cette nuit de folie s'inaugurait dignement. Il y avait dans l'air un vent de gaîté vive. Partout les figures souriaient. Rien ne faisait ombre à la fête, et les plus minces croisées envoyaient leur part de bruit et de rayons à ce foyer de joie, de fracas, de lumière.

Une seule tache eût pu être remarquée sur toute la longueur de la façade éclairée de l'aile Valois. C'était une petite fenêtre, située au quatrième étage, dont les jalousies fermées ne laissaient passer qu'une lueur terne et livide.

Cette fenêtre appartenait à une chambre étroite, longue, meublée avec parcimonie, où un homme, pâli par la souffrance, râlait, assoupi sur un grabat.

Auprès du lit, trois belles enfants, dont la plus âgée avait seize ans, priait, les mains jointes, les genoux sur la pierre. — Au chevet, une femme, jeune encore et dont les yeux étaient rouges de larmes, jetait sur le malade des regards de tendresse désespérée.

Derrière elle, il y avait un beau jeune homme de quinze ans, au front mélancolique, à l'œil pensif et hautain.

Derrière encore, un paysan d'une quarantaine d'années, vigoureux et taillé en Hercule, cachait sa bonne et simple figure entre ses mains.

Au milieu de la chambre, assise sur un fauteuil de paille, devant le foyer presque éteint une femme, parvenue aux extrêmes limites de la vieillesse, lisait d'une voix lente et cassée les versets d'une prière latine.

Sauf cette femme, qui, droite, raide, immobile, semblait être la personnification de l'insensibilité, tout avait dans cette pauvre demeure un aspect de détresse infinie et d'amère désolation. — De temps en temps, un flux de clameurs joyeuses montait du jardin et couvrait la monotone oraison de la vieille dame; c'était alors un contraste déchirant entre l'ivresse folle du dehors et ce désespoir morne, silencieux, baigné de pleurs muets. La prière s'arrêtait sur les lèvres pâlies des jeunes filles; le malade s'agitait dans la fièvre de son sommeil ; le jeune homme regardait la fenêtre avec colère comme s'il eût voulu étouffer ce concert extravagant de cris, de chants, de rires, qui insultait à la douleur commune.

Mais si le bruit mourait un instant, c'était pour renaître bientôt plus éclatant et jeter un défi plus cruel à cette douloureuse agonie...

L'heure était propice. Les restaurants s'ouvraient. La roulette, désertée, faisait trêve. Un flot de femmes, travesties ou merveilleusement parées, commençait à envahir les galeries et le jardin. — Au dehors, on entendait de tous côtés les sonores échos des fanfares, et chaque issue de palais donnait incessamment entrée à des troupes de masques dont les calèches à six chevaux, escortées de piqueurs, de sonneurs, d'écuyers, s'arrêtaient au perron de la rue Vivienne, sur la place du Palais-Royal, sous le Théâtre-Français, rue Montesquieu, — partout où se trouvait un vomitoire de cette grande arène du plaisir.

A cette heure donc, et au travers des mille escarmouches de paroles dont les feux roulants se croisaient de toutes parts, nous choisirons trois personnages, passant parmi la fête sans s'y mêler activement, et nous les isolerons un intant de la cohue incessamment croissante.

Le premier était un homme de taille moyenne, à la tournure manifestement étrangère. Son visage indiquait cinquante ans. L'aspect général de ses traits annonçait de la simplicité, de la franchise et de la prudence, mais le tout disparaissait en ce moment sous une couche épaisse d'admiration naïve que combattaient en vain des habitudes de flegme grave et de tenue austère. Il portait des bottes à revers par-dessus un pantalon collant ; sa redingote noire à collet haut et bombé croisait sur un habit boutonné à demi, et son manteau plié reposait sur son bras gauche.

Nous n'avons pas besoin de faire observer que le Palais-Royal, vaste hôtellerie où se rencontraient des voyageurs de tous les pays, avait une hospitalité discrète. Les étrangers y passaient inaperçus et ne se voyaient jamais l'objet de curiosités malencontreuses. On ne s'étonnait pas plus d'y trouver un Russe ou un Persan, qu'on ne s'étonne à Boulogne-sur-Mer de voir débarquer un Anglais de deux cents kilogrammes.

Notre étranger allait et revenait dans les galeries de

pierre, détournant les yeux des trésors de beauté sans cesse étalés devant lui par ces courtisanes sans rivales auxquelles les Américains et les Anglais gardent de dévots souvenirs. C'était évidemment un homme de mœurs pures et sévères, déplacé au milieu des joies équivoques qui l'entouraient. Mais c'était aussi un homme neuf, incapable de saisir le côté repoussant de ces séductions de hasard, et n'ayant ici d'autre bouclier que sa pudeur.

Notre second personnage semblait avoir cinq ou six ans de moins que le premier. Sa taille était haute et carrée. On n'apercevait de sa toilette que le bas de ses bottes, mouchetées de légères taches de boue, — chose étrange, au Palais-Royal de 1826, dont toutes les issues étaient flanquées de brillantes boutiques de décrotteurs.

Le reste de son costume disparaissait sous les plis d'un ample manteau droit, sans collet ni fourrures, dont le pan, rejeté sur l'épaule, cachait la partie inférieure de son visage.

Ce qu'on voyait de ce visage frappait et imposait, malgré le dessin brutal du nez et la saillie exagérée de l'arcade sourcilière. De l'ombre d'une orbite profonde jaillissait un regard froid, mais vif et impérieux. Ce regard pénétrait et commandait : c'était comme le reflet d'une âme ambitieuse, robuste, inflexible. — Un chapeau large de cuve, à bords cambrés, descendait sur le frond et ne permettait point d'en distinguer la forme.

Cet homme, malgré son apparence de gravité hautaine, se livrait, le long des galeries et dans le jardin, à un fort bizarre manège. Il allait, s'attachant aux promeneurs non travestis, semblait en choisir quelques-uns à des signes mystérieux, les dépassait alors d'un pas rapide, puis, revenant brusquement, il les regardait sous le nez en murmurant un mot à l'improviste.

Ceux qu'il accostait riaient ou se fâchaient, suivant qu'ils étaient de bonne ou de méchante humeur.

A ceux qui se fâchaient et à ceux qui riaient il tournait également le dos, se perdant prestement entre les groupes et laissant échapper de confuses paroles de colère.

A voir cet homme fureter ainsi, on l'eût pris pour un insensé ou pour un de ces marchands marrons qui vendent sous le manteau des denrées défendues ; mais quiconque rencontrait l'éclat perçant et froid de son regard n'avait garde de s'arrêter à l'une ou à l'autre de ces idées...

De temps en temps, il semblait perdre courage à la vue de ces flots humains qui s'agitaient et tournoyaient autour de lui. Ses yeux erraient, inquiets, irrésolus, éblouis, dans la foule. Il s'appuyait contre une arcade et paraissait, de guerre lasse, renoncer à son inexplicable labeur. — Son visage devenait alors sombre et irrité.

— Une fois, en un de ces moments de repos, il laissa retomber son manteau et déplia une lettre froissée qu'il tenait à la main.

— Une heure plus tôt, murmura-t-il en s'approchant d'un réverbère, — je faisais épier l'arrivée des diligences... Mais, à présent !...

Il haussa les épaules avec colère et ajouta en serrant les dents :

— Une aiguille dans une botte de foin !...

Certes, s'il cherchait un homme dans cette cohue bizarre et sans cesse renouvelée, la locution proverbiale n'était pas trop énergique pour exprimer sa peine.

Il éleva jusqu'à ses yeux la lettre ouverte et la relut en entier.

— Sans doute.., sans doute ! grommelait-il ; — mais il fallait me prévenir à temps, monsieur Josépin !... Je sais aussi bien que vous quel coup peut me porter l'arrivée de cet homme... Vos avis sont des lieux communs: ce n'est pas pour cela que je vous paie !... Morbleu ! ajouta-t-il tout à coup en déchirant le papier : — cherchez !... Ce grand niais de docteur me la donne belle !... Où le trouver maintenant !...

Il s'élança de nouveau dans les galeries, fendant les groupes, interrogeant les figures et ne se souciant point des malédictions qu'il soulevait sur son passage. Il y allait cette fois avec toute la ferveur d'un dernier effort.

Pendant qu'il activait ainsi sa recherche, notre troisième personnage le suivait pas à pas et comme eût fait son ombre. C'était un très jeune homme, presque un enfant, dont le charmant visage, aux traits délicats et fiers, exprimait en ce moment une sorte de maligne curiosité. Il y avait dans les mouvements de ce bel adolescent une grâce espiègle et hardie. Sa taille peu élevée, mais élégante, et si fine que bien peu, parmi les déesses du jardin, n'eussent pu l'entourer de leur ceinture, se dessinait sous le drap vert d'une polonaise à brandebourgs, étroitement ajustée. De larges pantalons à sous-pieds descendaient sur sa botte cirée, une casquette de velours emprisonnait à demi les boucles lustrées de sa chevelure noire.

En ce temps où le costume masculin était si fort à la mode pour les femmes, dans la plupart des classes de la société, que le préfet de police délivra, dit-on, à Paris, en 1824 seulement, plus de dix mille permis, notre jeune garçon eût passé tout naturellement pour une jolie fille travestie, si de légères moustaches n'eussent estompé de leur duvet naissant sa lèvre supérieure. Mais cette ligne brune, si transparente qu'elle fût, donnait à sa physionomie un reflet d'audace qui compensait la douceur féminine de ses beaux yeux.

L'homme au manteau, cependant, poursuivait sa tâche, sans se douter de l'attention dont il était lui-même l'objet. Se croyant parfaitement caché dans l'immense bagarre, il s'attachait sans façon à toute tournure étrangère, à toute physionomie exotique, et lui jetait en passant, à voix basse, ce mot mystérieux dont il semblait espérer un miracle.

Le miracle ne se faisait point. Notre homme se lassait. — L'enfant, dont tous les traits brillaient d'intelligence et de curiosité, regardait toujours, avide de trouver le mot de l'énigme...

L'homme au manteau avait quitté les galeries de pierre et passait devant le café de la Rotonde, lorsque le hasard le plaça en face de l'étranger dont nous avons esquissé le portrait. Celui-ci se détourna pour céder courtoisement le pas, mais l'homme au manteau, après l'avoir considéré une seconde, lui dit à l'oreille ce seul mot :

— Western...

L'étranger se retourna vivement.

L'homme au manteau fit un bond de joie et se glissa derrière un groupe de masques dont il se hâta de faire le tour pour ne point perdre de vue sa trouvaille. Il revit en effet l'étranger qui, toujours à la même place, jetait à la ronde un regard d'étonnement.

— Ce doit être lui ! murmura l'homme au manteau.

— J'en ferais la gageure ! répondit à ses côtés une voix douce et légèrement railleuse.

L'homme tressaillit, et, tout en essayant de ramener son manteau sur sa figure, il abaissa un regard oblique sur son interlocuteur.

Son interlocuteur était le jeune garçon à la casquette de velours, qui se découvrit et dit en s'inclinant :

— Ma foi, monsieur le duc, ce manant nous a bien fait courir tous les deux :

L'homme au manteau se redressa, toisa l'enfant d'un œil sévère, et voulut l'écarter du geste.

C'était une manière d'athlète ; il mit dans son mouvement toute la rudesse possible, afin de se débarrasser d'un seul coup de cette importune aventure ; — mais l'enfant supporta le choc sans broncher et demeura souriant, à la même place.

Le duc regarda de nouveau alors cette frêle créature, aux formes rondes et souples, comme s'il eût cherché le rapport mystérieux de cette force virile et de ces grâces enfantines.

— Je suis pressé, dit-il enfin ; — que voulez-vous ?

— Faire votre connaissance, monsieur le duc, et vous rendre service... Mais, je vous prie, ne nous préoccupons plus de ce brave homme... il est à nous.

— Comment, à nous !...

— Oui, monsieur le duc... A vous et à moi... Ma parole d'honneur, vous m'avez intrigué au plus haut point pendant une demi-heure... je vous suivais...

— Et pourquoi me suiviez-vous ? interrompit le duc en fronçant le sourcil.

— Je vous suivais, continua froidement l'adolescent, — et je me demandais où vous en vouliez venir... Ma foi, monsieur le duc, votre moyen est naïf, mais sublime !... et j'aurai vraiment du plaisir à seconder un amateur de votre force...

L'homme au manteau dont la figure avait exprimé d'abord de l'impatience, puis une menaçante colère, sembla revenir tout à coup à d'autres sentiments.

Il fit sonner de l'or dans son gousset et prit un air de maître.

— Au fait, dit-il, — je puis avoir besoin d'un coquin... à quoi es-tu bon?

— A tout... Mais je n'aime pas qu'on me tutoie sans ma permission... Mon père, il faut que vous le sachiez, était un bohémien d'Ecosse et ma mère une gitana d'Espagne : cela me fait doublement gentilhomme : un peu de respect, s'il vous plaît, monsieur le duc !... Maintenant, je voudrais savoir ce que nous prétendons tirer de notre badaud en bottes à revers.

Le duc, au lieu de répondre, se prit à réfléchir. Il y eut en lui un instant d'hésitation.

— Non ! murmura-t il enfin, en secouant la tête.

— Non !... répéta l'enfant qui semblait avoir suivi et deviné avec une merveilleuse précision chacune des pensées de son partner, — pourquoi non ?... Parce que vous avez défiance ?... Misère, monsieur le duc ! nous avons déjà fait des affaires ensemble.

— Comment cela ?...

— Des affaires délicates... Bien que vous soyez friand et léger comme un mousquetaire, vous êtes jaloux comme un musulman, monsieur le duc... et madame la duchesse est la plus belle blonde du faubourg Saint-Honoré...

— Que veux-tu dire ?... prononça tout bas l'homme au manteau qui devint pâle et dont les yeux s'allumèrent.

— Rien, répliqua l'enfant avec un calme parfait, — sinon que votre secrétaire, M. Burot, se servait de moi comme d'une longue-vue pour remplir, sans se déranger, les honorables fonctions de sa charge... J'épiais Mme la duchesse, et...

— Et qu'as-tu vu ? demanda précipitamment le duc.

— Je ne m'en souviens plus, répondit le bel enfant, dont un fin sourire effleura la lèvre rose.

L'homme au manteau lui saisit les deux mains. L'adolescent se laissa faire et poursuivit tranquillement :

— Vous voyez bien que nous sommes gens à nous entendre... Encore une fois, qu'y a-t-il entre le badaud et vous !

Le duc se baissa jusqu'à son oreille et dit d'une voix tremblante :

— Ma femme ! que sais-tu de ma femme ?....

— Des bagatelles...

— Réponds ! interrompit le duc avec violence, tandis que ses deux mains, comme deux étaux, se refermaient sur les frêles poignets de l'enfant et les serraient jusqu'à les broyer.

Celui-ci, loin de laisser percer le moindre signe de souffrance, se mit à rire aux éclats.

— Oh ! oh ! s'écria-t-il, — Mme la duchesse va-t-elle nous faire oublier le badaud !...

— Réponds !... réponds ! dit encore le duc dont le front était pourpre.

L'enfant fronça légèrement le sourcil.

— Vous commencez à me faire mal ! murmura-t-il.

En même temps, il raidit les muscles du bras et fit tourner ses poignets, qui glissèrent comme deux barres d'acier entre les doigts de son adversaire ébahi.

Ce dernier n'eut pas même l'idée de recommencer la lutte. — Après quelques secondes employées à considérer l'enfant qui, droit et calme devant lui, le regardait en face, il secoua la tête comme pour chasser une importune pensée, et jeta les yeux autour de lui avec inquiétude.

— Je sais où il est, dit l'adolescent, répondant à ce geste ; — le voilà.

Il étendit la main et montra l'étranger qui continuait sa promenade.

L'homme au manteau parut prendre une détermination soudaine.

— Suivons-le, répliqua-t-il ; — marchez devant.

L'enfant obéit aussitôt, sans manifester la moindre défiance et comme s'il eût oublié la récente violence dont on avait usé à son égard.

L'étranger passait auprès de la Rotonde.

En ce moment, de bruyantes fanfares partirent du

perron, et le passage se rougit de la lueur fumeuse de dix torches, secouées au dehors. C'était une calèche de masques qui venait de s'arrêter au bas de la rue Vivienne, — calèche fleurie, pavoisée, enrubannée, attelée de six chevaux blancs, sur les têtières desquels se balançaient de monstrueux panaches. — Des sonneurs de trompe à cheval caracolaient aux portières. — Il y avait des masques sur la banquette de devant, sur celle de derrière, entre les deux banquettes, sur le siège du cocher, sur le siège du laquais, sur les deux marchepieds, — partout.

Durant quelques secondes, les trompes sonnèrent, les torches s'agitèrent, lançant au loin sur les passants leurs flammèches innocentes.

Un flot de curieux s'était précipité vers cette partie du jardin. — L'étranger se posa en face de la rue pour mieux voir.

Il se fit un court silence ; puis, le passage s'emplit de hurlements frénétiques, mêlés à des chansons burlesques. On aperçut de l'oripeau, des fleurs, des rubans, de la toile à matelas, des faces écarlates, des yeux pochés, — et la foule s'ouvrit, rejetée à droite et à gauche par un irrésistible courant.

Une compagnie de dix masques s'élança dans le jardin en poussant un hourra formidable. — Il y avait cinq hommes. Le reste de la bande avait pris d'assaut les cuisines des Trois-Frères-Provençaux.

Les cinq hommes étaient remarquablement échantillonnés. Il y avait un dindon, un ours, un melon orné de ses feuilles, un hibou portant à ses plumes le costume lamentable des pompes funèbres, et un matelot dont le masque figurait la tête d'une tanche.

Celui-ci marchait le premier. C'était un grand garçon efflanqué, long, mais robuste d'apparence.

— Range-toi, calicot ! dit-il en poussant rudement l'étranger qui se trouvait sur son chemin.

Calicot était alors l'injure usuelle et suprême.

L'étranger posa son chapeau par terre et mit soigneusement son manteau plié sur son chapeau. Cela fait, il boutonna du haut en bas sa redingote de voyage, et, sans mot dire, plaça son poing fermé sous le menton du matelot à tête de tanche.

— L'Anglais veut boxer! gronda l'ours; — en garde, Josépin!

— Dévore le perfide enfant d'Albion, Josépin! appuya mélancoliquement le hibou.

— Josépin, massacre le goddam! gloussa le dindon.

Les cinq dames, poissardes, bergères, marquises, soutenues par le melon, entonnèrent en chœur un long cri de guerre.

Josépin, brave comme un masque ivre, leva vaillamment le bras; — mais il perdit plante aussitôt et fit son trou dans la foule, pour rouler un peu plus loin sur le sable.

Une acclamation immense fit trembler les vitres du Palais-Royal.

L'ours, le hibou, le melon et le reste se prirent incontinent par la main et dansèrent une ronde fanatique autour de Josépin terrassé.

Quant à l'étranger, il ramassa son chapeau avec beaucoup de sang-froid, remit son manteau sur son bras et poursuivit sa promenade silencieuse.

Le bel adolescent et celui qu'il appelait monsieur le duc s'étaient entretenus à voix basse pendant toute cette scène et paraissaient maintenant s'entendre à merveille. Au bout de quelques minutes de conversation rapide, l'enfant reçut une bourse et s'éloigna en disant :

— Je m'en charge... A bientôt!

Comme il allait se perdre dans la foule, il se retourna et ajouta en montrant du doigt Western :

— Gardez-le-moi!...

CHAPITRE II

CARMEN

L'homme au manteau qu'on appelait monsieur le duc eut un sourire inquiet, en suivant de l'œil le jeune garçon, qui, alerte et gracieux, s'éloignait en perçant la foule.

— Que va-t-il faire? pensa-t-il. — Comment espérer?... Mais demain il sera toujours temps d'en venir aux grands moyens... Ma fortune... mon honneur... ma vie... tout est là !...

Les dix masques, soutenant le triste Josépin, encore tout moulu de sa chute, venaient d'entrer aux Trois-Frères-Provençaux, où les attendait la classique *bouillabaisse*.

L'étranger, lui, semblait avoir oublié déjà sa prouesse, et donnait de nouveau toute son attention aux surprises sans cesse renaissantes du bizarre spectacle qui l'entourait; c'était à chaque instant un aspect inaperçu, un coin inexploré du tableau qui se déroulait devant ses yeux. — Ce bruit et ce mouvement désordonné l'enivraient, ces lumières éclatantes l'éblouissaient. Son esprit lourd et froid s'échauffait peu à peu au contact de ces joies inconnues.

Il y a de cela dix-huit ans. N'allez point vérifier l'exactitude de nos peintures dans cette nécropole glacée qui porte encore le nom de Palais-Royal. — Tout y est mort.

Tout alors y vivait. Le mal, c'était un trop plein de jeunesse, une surabondance de vie qui entretenait l'orgie sans fin et l'éternelle débauche.

Car le Palais-Royal était encore en ce temps le champ-clos redoutable où venaient jouter des cinq parties du monde les paladins errants du plaisir. A la face du ciel y trônait l'impure académie de ces sirènes savantes qui tenaient école de vices et professaient la honte. Vous les eussiez vues alors parcourir en tous sens ces jardins qui étaient leur domaine, et y étaler, avec un faste effronté, au jour des réverbères, les orgueilleux trésors de leurs gorges sans voiles. Elles étaient belles. Elles venaient chaque soir, souriantes et fières de leurs atours de reines, convier la foule à leurs mystères.

Ces allées et ces galeries avaient comme un parfum de voluptés à l'encan. C'était l'arène jonchée de fleurs des lascives batailles ; c'était le harem banal, — le temps infâme mais splendide où sacrifiaient les bigots de Vénus.

Et, pour être là maîtresse et souveraine, la luxure n'excluait point les six autres péchés capitaux, ses frères. Chacun d'eux avait en quelque coin son autel privilégié, ou plutôt ses autels, car le vice doré ne prenait pas toute la place. Il y avait aussi le vice ignoble, les hontes fangeuses, et dans les repaires obscures des basses rues voisines, souvent le vice recouvrait le crime...

Mais que parlons-nous de fange parmi tant de sourires, de perles et de fleurs? Que parlons-nous de sang au milieu des rires joyeux de la fête? — Notre étranger n'avait certes point de ces idées sinistres. Tout était pour lui matière à se divertir : l'affluence énorme des curieux, les costumes bariolés, la beauté des femmes qu'il regardait non sans un remords de sa conscience puritaine, et dont il apprenait à supporter sans rougir les provocantes œillades...

L'heure du dîner était depuis longtemps sonnée. La faim commençait à le presser. Il entra chez Véfour. — L'homme au manteau l'y suivit et se plaça à une table où il pouvait surveiller tous ses mouvements sans être aperçu.

L'étranger demanda quelques mets simples avec un fort accent exotique. Lorsque le garçon eut reçu ses ordres, l'homme au manteau l'appela et lui dit quelques mots à voix basse.

— Mais, répliqua le garçon il n'a rien demandé de tout cela !

— La carte me regarde, dit le duc.

Le garçon s'inclina et revint bientôt avec une bouteille de champagne qu'il plaça devant l'étranger.

Celui-ci pensa judicieusement que c'était la boisson du pays et la trouva fort à son gré. La bouteille se vida.

— L'homme au manteau fit signe au garçon qui apporta une autre bouteille.

Celle-ci servit à arroser les truffes commandées par l'amphitryon mystérieux, qui regardait manger son hôte avec un évident plaisir...

Quand l'étranger se leva de table, il était pourpre et avait aux lèvres un sourire béat. — Le duc se leva en même temps que lui.

C'était le moment où les restaurants encombrés se dégorgent et rendent aux jardins les dîneurs rassasiés. Le mouvement redoubla tout à coup ; la gaîté monta jusqu'au transport. Un rire fou, universel, inextinguible courait par les groupes agités. Les chansons gaillardes croisaient les colibets de haut goût. — Toute cette foule oscillait comme si elle eût trébuché sur ses mille jambes avinées. — On se mêlait, on s'embrassait, on se battait. — Quelque illustre *poissarde* portée en triomphe par d'enthousiastes *malins*, dominait la cohue et lui jetait, d'une voix cassée, des rimes de halle ou d'audacieuses gaudrioles.

Cette joie dévergondée était électrique et gagnait invinciblement. L'étranger, achevé par le champagne, en subissait sa part. Il se donnait désormais tout entier au plaisir naïf qui prenait d'assaut sa flegmatique nature, lorsqu'un sourire grave parut traverser son esprit.

Il tira précipitamment sa montre. Le sourire abandonna sa lèvre. Son regard devint froid et sérieux.

— On m'attend !... murmura-t-il.

L'homme au manteau n'avait point perdu ce mouvement. Pour la première fois, il fut pris d'inquiétude et pensa que le bel adolescent pouvait bien avoir emporté sa bourse sans retour. Cette idée acquit sur lui d'autant plus d'empire que l'étranger, traversant le jardin en ligne directe, s'acheminait évidemment vers la sortie du perron donnant sur la rue Vivienne.

Or, une fois l'étranger sorti, le rendez-vous manquait

et il n'y avait plus qu'à le suivre pour connaître sa demeure.

Le duc regardait à droite, à gauche ; nulle part il ne voyait l'enfant.

Cela dura quelques minutes, car de nombreux obstacles entravaient la marche de l'étranger. Néanmoins, il dépassa le café de la Rotonde, en tournant un œil de regret vers la foule enivrée, et poussa droit au Perron.

Le duc fit un geste de violent dépit.

— J'ai attendu sous l'orme ! se dit-il...

Mais, comme il allait, à son tour, mettre le pied dans la galerie, une main légère se posa sur son épaule.

Il se retourna et demeura immobile d'étonnement.

La main gantée de frais qui venait de le toucher appartenait à une femme admirablement belle, et parée avec un goût exquis.

Le duc n'eut point le temps de lui parler. — Elle poursuit sa route d'un pas rapide, lui jetant seulement un regard avec un sourire.

Dans le passage, un peu au-delà du *Caveau du Sauvage*, elle joignit l'étranger et glissa doucement son bras sous le sien...

Le duc demeurait bouche béante, suivant cette femme d'un regard stupéfait.

C'était une noble créature à la taille souple et haute. Sa démarche gardait une sorte de chasteté fière parmi son gracieux abandon. — Il y avait là, dans le jardin, dans les galeries, partout, des femmes charmantes, parées comme pour un bal et presque aussi décolletées qu'une rosière de province venant lire des vers officiels à un prince qui voyage. Sous les réverbères et dans l'ombre, on ne voyait que regards de feu, sourires quêteurs, joyaux, satins, chevelures ondées et riches épaules, rebondissant sous le velours.

Mais, entre toutes ces beautés, la nouvelle venue ressortait comme une suzeraineté au milieu de ses vassales. Elle était le diamant jeté au centre d'une opulente parure et auprès duquel pâlit tout autre éclat.

Elle aussi, peut-être, était une courtisane. Son costume le disait, car sous le péristyle illuminé du vaste temple, la prêtresse seule avait droit d'étaler impunément ses charmes. — Mais, si elle était courtisane, ce devait être à la manière des Léontium ou des Laïs, des Ninon ou des Delorme, ces belles amoureuses qui faisaient de leur honte un manteau de gloire et cachaient leur couche impudique sous le voile fleuri de la poésie.

Elle était vêtue d'une robe de soie claire à reflets, sur laquelle s'agrafait un sombre corsage de velours. Contrairement à l'usage du lieu, on n'apercevait les purs contours de sa gorge qu'à travers une guimpe de dentelles. Ses cheveux, d'un noir de jais, se séparaient sur le front et tombaient jusque sur ses épaules en boucles larges et mobiles, au lieu de figurer autour des tempes, comme c'était la mode alors, d'étroites touffes de frisures crêpées. Au milieu du front un bouton de diamant, posé en ferronnière, rattachait deux doubles rangs de perles qui couraient au hasard parmi les masses épaisses et lustrées de sa chevelure.

Ce cadre harmonieux entourait l'ovale hardi d'un visage de vierge, au sourire sérieux et jeune, tout plein de mystérieuses promesses.

Ce sourire ne se prodiguait point. On le voyait seulement à de rares intervalles éclairer les lignes sévères d'une bouche ciselée à l'antique et qu'on eût pu croire dérobée à quelque divin chef-d'œuvre de la statuaire, sans l'ombre délicate et comme estompée produite par le fin duvet noir qui dessinait l'arc de la lèvre supérieure. Ce duvet, et surtout la courbe aquiline des deux sourcils, tranchant énergiquement sur la mate blancheur du front, donnaient à l'ensemble des traits, malgré leur exquise perfection, un aspect de décision presque masculine.

Mais la femme était dans le regard.

Plus de vierge : la femme ! — Dans ce regard, il y avait toute la fille d'Ève avec ses victorieuses séductions et ses incompréhensibles faiblesses.

C'était une étincelle timide, jaillissant de prunelles d'un bleu sombre, à travers de longs cils de soie.

C'était encore un éclair brûlant, — un dard aigu et sournois, — une flamme orgueilleuse couvant sous les sourcils froncés par une implacable volonté.

Que d'amour et que de colère ! que de puissance et que de bassesse !

Derrière ces grands yeux bleus il y avait une âme dont nul, sinon Dieu, n'aurait pu en ce moment sonder les redoutables mystères. — Qui donc aurait compris l'obscur langage de ces prunelles mobiles où se reflétaient tour à tour la tendresse de l'enfant, — la douceur caressante de la femme qui aime, — puis l'audace virile, — puis encore d'indéfinissables sentiments, de téméraires inspirations, des pensées confuses, menaçantes, terribles ?

Ces beaux yeux étaient un livre clos dont les caractères échappaient au regard. Ils attiraient, ils fascinaient, et l'esprit se fût évertué vainement à définir l'impression de doute et d'effroi que laissait au cœur le suave rayonnement de leurs prunelles...

En sentant un bras se glisser sous le sien, l'étranger s'était reculé d'instinct. La vue de la femme qui se faisait ainsi d'autorité sa compagne redoubla évidemment son malaise. Il fit un pas pour s'éloigner. Une douce pression le retint.

— Je vous connais, dit la jeune femme d'une voix pénétrante et qui semblait implorer ; — je suis du même pays que vous, et j'ai besoin d'un appui.

L'étranger resta impassible.

La jeune femme répéta sa phrase en anglais.

Les yeux de l'étranger se baissèrent ; ses traits simples et francs exprimèrent de l'hésitation.

Savez-vous mon nom ? demanda-t-il enfin également en anglais.

— Si je sais votre nom ! répliqua la jeune femme avec un profond accent de sincérité ; — qui donc ignore à Boston le nom de M. James Western !

Ce dernier releva les yeux et rougit. On eût dit qu'il éprouvait un plaisir involontaire à entendre son nom sortir de cette bouche si belle.

— Et vous ? demanda-t-il encore ; comment vous appelle-t-on, Madame ?

— Oh ! répondit tristement la jeune femme ; les pauvres savent le nom des riches : les riches ignorent celui des pauvres... ma mère m'appelait Carmen, mon père, Flamy... appelez-moi comme faisait ma mère.

Il y avait un charme infini dans la voix qui prononçait ces simples paroles ; il y avait dans le regard qui les accompagnait un invincible attrait.

La prudence américaine est chose proverbiale, mais, en Amérique plus que partout ailleurs, se trouvent de ces bonnes gens possédant à fond la diplomatie des affaires et ignorant le monde autant que des enfants au sortir du collége.

Western parcourut des yeux le brillant costume de la jeune femme.

— Comment pouvez-vous être pauvre, dit-il, — et porter de si riches habits ?

Elle secoua la tête et mit dans son regard de provoquantes langueurs.

— Venez, murmura-t-elle ; — je vous dirai cela.

— Non... je ne puis... laissez-moi ! répliqua Western qui se laissait néanmoins conduire ; — j'ai un devoir à remplir... un devoir sacré !

— Plus tard !... dit la jeune femme dont l'œil suppliait irrésistiblement.

Western se sentait devenir ivre...

Carmen l'entraîna jusqu'aux marches du Caveau du Sauvage. — Là, Western, par un dernier effort de sa raison chancelante, essaya de revenir sur ses pas, mais un mouvement de la cohue qui l'entourait le poussa. — Il descendit une marche, puis deux...

. . . .
. . . .

A cet instant, le malade de l'aile Valois s'agita sur sa pauvre couche. — La voix de la cohue venait de monter, plus tonnante, et l'avait tiré de son lourd sommeil.

La vieille dame cessa de réciter sa prière latine. Les trois jeunes filles essuyèrent leurs larmes et tâchèrent de sourire.

Le malade tourna péniblement son regard éteint vers la femme qui se penchait à son chevet.

— Est-il arrivé ? prononça-t-il d'une voix creuse et sourde.

Il se fit un silence profond. Nul n'osait répondre.

— Du courage, mon père! dit enfin le jeune homme; — il peut venir encore...

— Nous avons tant prié pour qu'il vienne! ajouta la plus petite des jeunes filles, belle enfant dont la chevelure blonde tombait en boucles abondantes sur un visage angélique.

Les yeux du malade se refermèrent; une pâleur plus livide couvrit ses joues amaigries.

— Il n'est pas venu! murmura-t-il avec effort. — Dieu me donne une mort bien cruelle !

— Bon père! dit la petite fille, dont les grands yeux bleus étaient pleins de larmes, — nous allons prier encore, et il viendra pour vous garder à notre amour...

CHAPITRE III

LE CAVEAU DU SAUVAGE

Le duc, arrêté à l'angle d'une arcade de la galerie, avait suivi toute cette scène entre l'Américain et Carmen.

Dès que la tête de Western disparut dans l'escalier du Caveau, il se redressa de toute sa hauteur et respira longuement :

— C'est un trésor ! pensa-t-il en se retirant ; — nous ferons d'autres affaires ensemble...

Le Caveau du Sauvage était situé, comme on sait, sous l'entrée actuelle des nouveaux Frères-Provençaux, vis-à-vis du pâtissier Félix, dont les petits pâtés n'avaient point leurs pareils dans tout l'univers, et non loin de ce décrotteur lettré, dont la boutique, ouvrant au coin du Perron, était surmontée de ce quatrain mémorable :

> O vous qui redoutez les taches et la crotte,
> Amateurs de beaux-arts, de propreté, de vers,
> Entrez ici, lisez, souffrez qu'on vous décrotte,
> Livrez à nos soins la botte et le revers.

Habituellement, la musique aiguë et stridente du café du Sauvage s'entendait des galeries et même du jardin; mais, ce soir, le bruit des calèches de masques, le son des trompes et le brouhaha de la foule eussent étouffé l'orchestre de l'Opéra. C'est à peine si du haut de l'escalier on saisissait de vagues accords et le roulement cadencé des tambours du Sauvage.

Carmen descendait la première. Wester ne demanda pas où on le conduisait, parce que son regard suivait les ondes affaissées de la plus belle chevelure qui fût au monde, ruisselant sur un col de cygne. Il sentait ses idées vaciller comme au sortir d'un rêve. Son front était pourpre ; ses tempes brûlaient sous les mèches rudes et grisonnantes de ses cheveux.

A mesure qu'il descendait, une atmosphère lourde et chaude pesait davantage sur sa poitrine et précipitait plus abondamment le sang vers son cerveau. Ses oreilles tintaient ; sa respiration était courte et pénible.

Carmen l'entendait haleter derrière elle : un sourire étrange décomposa les pures lignes de sa bouche.

— Venez, venez, répéta-t-elle sans se retourner.

Elle franchit d'un bond léger les dernières marches de l'escalier et traversa le Caveau dans sa longueur, cherchant une table vide.

Western la suivait en chancelant.

Ce qui était autour de lui prenait à ses yeux éblouis les apparences d'une vision fantastique. C'était bien encore, à peu de chose près, l'étourdissante bacchanale du jardin, mais la scène ici avait des teintes plus foncées. L'air manquait. La vapeur des lampes fumeuses, le flux incessant des haleines, la poussière, et les mille émanations qui s'échappent d'une foule entassée, tout cela se condensait et planait en brume épaisse dans la salle, mettant un cercle blême autour de chaque lumière, et s'interposant comme un crêpe sombre entre l'œil et les objets. Il y avait encore de la gaîté, du bruit, de la folie, mais cette gaîté sonnait tristement ; ce bruit courait, encaissé, assourdi dans le quadrilatère inflexible des murailles souterraines ; cette folie serrait le cœur : c'était comme une orgie dans une tombe.

Toutes les tables, sauf une ou deux, placées dans des recoins obscurs ou incommodes, étaient entourées de nombreux buveurs, les uns travestis, les autres portant le costume bourgeois. Autour des tables circulait deux à deux, une armée entière de ces belles femmes que nous avons vues déjà dans le jardin du Palais-Royal.— Car le Palais-Royal, aux heures du soir venues, vomissait par tous les pores ses innombrables sirènes. C'était une ruche immense d'Armides, âpres à la besogne, qui foisonnaient, pullulaient, couvrant, comme la plaie égyptienne des sauterelles, les dalles des longues galeries, le sable du jardin, le pavé des rues voisines, et déversant encore le trop plein de leur avide multitude dans ces mille bouges, dorés ou poudreux, nus ou splendides, que recélait dans ses flancs de pierre ce léviathan de la prostitution parisienne. Il y en avait pour tous les goûts comme pour toutes les bourses, et les gens de police, pasteurs souillés de cet immonde troupeau, n'en savaient point eux-mêmes le compte.

Elles défilaient ici, passant une sorte de revue, ayant pour chacun le même sourire et buvant à tous les écots ; elles s'asseyaient rarement, sachant le prix des minutes perdues ; elles marchaient, patientes et ne désespérant jamais, jusqu'à ce qu'une proie affamée eût mordu leur hameçon banal...

Dans un intervalle ménagé entre les tables se tenait un orchestre composé de cinq à six musiciens, spécialement chargés de faire du bruit comme quarante. Au devant d'eux et à leur droite, un homme, nu jusqu'à la ceinture, et dont les reins s'entouraient d'un cercle de plumes éclatantes, s'asseyait sur un tabouret, à portée de plusieurs tambours de grandeurs calculées. Cet homme était le *sauvage* du moment.

Il paraissait être très vieux quoiqu'il se tînt ferme encore et que ses mains agiles fissent courir les baguettes sur le vélin du tambour avec une rapidité prestigieuse. Au milieu de sa poitrine, un tatouage d'une extrême finesse représentait un renard accroupi. — Un autre dessin, beaucoup plus petit, se montrait sous le sein gauche, à la place du cœur. A distance, la forme n'en était point parfaitement distincte, mais on eût dit un écusson entouré de sa devise. — Soit qu'il fût grimé à dessein, soit que telle fût réellement la couleur de sa peau, son visage était d'un rouge cuivré. De profondes cicatrices se voyaient à son front et à ses joues. Autour de son cou un collier de verroteries grossières s'enroulait à triple tour et choquait l'un contre l'autre ses grains sonores à chacun des mouvements rapides et brusques que faisait le sauvage pour passer d'un tambour à un autre. Pour coiffure, il portait un haut diadème de plumes disposées en éventail, et pour chaussure une sorte de mocassins de peau recouverte de son poil.

D'ordinaire, ce personnage, tout en exécutant sur ses tambours d'incroyables tours de force, tenait les yeux obstinément fixés au sol. Quand il les relevait, par hasard, on voyait sous ses cils blanchis de larges prunelles vitreuses d'où tombait dans le vide un regard de cadavre.

Le Caveau changeait fort souvent de sauvage. Celui-ci était apprécié des amateurs. On l'appelait le *grand-chef*, parce que, à deux reprises différentes, il avait élevé la voix pour chanter les grandeurs de sa race, auxquelles il mêlait une étrange et obscure histoire européenne.

Son maître, — car il était en enfance, et le propriétaire du Caveau louait ses services à un tiers qui s'était arrogé sa tutelle, — son maître, en ces occasions, lui avait toujours imposé silence.

Western, traversant le café sur les pas de Carmen, vit confusément toutes ces choses et n'en remarqua aucune. L'effet produit sur lui par cette admirable beauté avait été rapide et comme accablant. Il ne s'en rendait point compte. Seulement, ces premières fumées de l'ivresse du cœur et des sens, trouvant son esprit étourdi déjà par les sensations inconnues qui l'avaient assailli dans la soirée, le dominèrent tout d'abord, le jetèrent prosterné, rendu, aux pieds de son vainqueur.

Carmen avait pris place à une table vide. Western s'assit auprès d'elle et passa le revers de sa main sur son front couvert de sueur.

— Je souffre... murmura-t-il ; mais je veux rester ici... auprès de vous.

— Je le veux aussi, répliqua la jeune femme, dont l'œil chatoyant et doux se fixa sur lui en un long regard.

La paupière de l'Américain battit et se baissa. Sa joue se couvrit d'une subite pâleur. Un tressaillement nerveux courut par ses membres et il balbutia :

— Vous êtes belle !...

Ses yeux ne se relevèrent point. Il croyait avoir trop osé. Il avait crainte et pudeur. — Calcule-t-on sous le choc aveugle et foudroyant de la passion ? Western, à genoux aux pieds de l'idole, ne pouvait la voir que haute et sainte. Le lieu, les circonstances, tout disparaissait à ses yeux devant ce redoutable joug qui pesait déjà sur son âme. Cette femme à laquelle, en un autre moment, il n'eût accordé qu'un regard de soupçon ou de mépris, lui inspirait, à cette heure de trouble, un respect irraisonné, naïf, sans bornes.

Carmen fit signe à un garçon, qui s'approcha et qui mit l'instant d'après sur la table deux verres à vin et une carafe de kirsch.

Tandis que Western demeurait comme écrasé sous le double poids de son malaise et de son bonheur, Carmen versa du kirsch dans les deux verres.

— Buvons ! dit-elle.

Western prit l'un des verres et l'avala d'un trait. Carmen toucha l'autre de sa lèvre. — L'Américain se redressa aussitôt galvanisé par cette énorme dose d'abord, et jeta tout autour de lui un regard d'homme qui s'éveille. — Son œil s'enflamma soudainement lorsqu'il rencontra le radieux sourire de Carmen.

— Ah ! oui... oui ! vous êtes belle ! dit-il en joignant les mains.

La jeune femme emplit de nouveau son verre à moitié. — Western but encore.

— Où sommes-nous ? demanda-t-il ; voici un indien Cherokee... et des femmes demi-nues qui passent dans un nuage... Quelles sont ces femmes ? Pourquoi cet Indien n'a-t-il pas gardé la coiffure de son peuple ?

Au mot *Cherokee*, le sauvage avait tressailli faiblement.

— Ces femmes, répondit Carmen, sont à ceux qui les paient,

— Et vous ? dit tout bas Western.

Le noble front de Carmen se couvrit d'une rougeur fugitive. Elle secoua la tête d'un mouvement triste et lent.

— Moi, je suis comme ces femmes... murmura-t-elle.

Les yeux de l'Américain flamboyèrent.

— Tant mieux ! s'écria-t-il avec un fougueux emportement. — Je suis riche ; je vous donnerai ma fortune et...

— Elle est loin, votre fortune ?... interrompit Carmen.

— Elle est là ! répliqua Western, en frappant sur le côté gauche de sa poitrine.

La paupière de la jeune femme ramena le rideau de ses longs cils sur l'étincelle magnétique qui s'alluma soudain dans son œil.

Elle fit signe une seconde fois au garçon, qui s'approcha aussitôt.

— Le cabinet ! lui dit-elle rapidement et à voix basse.

— Retenu !... répondit le garçon.

Carmen laissa échapper un geste de violent désappointement, et reprit sans élever la voix :

— Pas d'autre chambre ?...

— Le Caveau n'est pas un hôtel, répliqua le garçon.

Carmen frappa du pied. — A cette marque de colère, l'Américain qui parlait difficilement le français et n'avait rien compris à ce court colloque, fut plus irrité que Carmen elle-même.

Il menaça le garçon du poing, et se tournant vers la jeune femme :

— Ce qu'on vous refuse peut-il s'acheter ? demanda-t-il.

— Pas ici, répondit Carmen en retrouvant son sourire ; ce que j'y cherchais n'y est pas.

— Où le trouver? dit Western en se levant vivement. Carmen l'imita et s'appuya de nouveau à son bras.

— Nous chercherons... ensemble, répliqua-t-elle doucement.

Western jeta son écot sur la table et prit avec Carmen le chemin de la porte.

A peine avaient-ils fait trois pas dans cette direction qu'un éclat de voix véritablement surhumain retentit au haut de l'escalier et descendit en mugissant dans la salle.

Les conversations cessèrent. L'orchestre se tut. Le sauvage jeta autour de lui des regards effarés.

— Eh! du Caveau, — ho! criait la voix du dehors.

— Ohé! riposta un malin à tout hasard.

— Le maître de la case?

L'homme assis au comptoir mit sa serviette sur sa manche et s'élança au bas de l'escalier.

— Monsieur, voilà! voilà! dit-il.

La voix tonnante reprit:

— Y a-t-il place en bas pour un melon?

— Pour un melon, monsieur?...

— Sauvage, pour un melon et pour un hibou?

Le maître, stupéfait, se tourna vers l'assemblée comme pour demander le mot de l'énigme. — On lui répondit par un long éclat de rire.

— Réponse, s'il vous plaît! cria la voix mugissante. Il y a aussi un dindon.

— Passez votre chemin, mauvais plaisant! clama le limonadier irrité.

— Un dindon, un ours et une tanche, poursuivit la voix.

— Insolent!...

— Et leurs épouses, sauvage!

Le Caveau entier se prit à battre des mains et à crier bravo.

On entendit alors une troupe assez nombreuse descendre l'escalier en marquant le pas bruyamment, mais avec méthode et en chantant à tue-tête l'air en vogue parmi les orgues de Barbarie: *Paris à cinq heures du soir*.

Ce bruit inusité parut produire sur le sauvage un effet puissant. Il commença d'abord par redoubler la vivacité prodigieuse de ses mouvements. Sous le roulement pressé de ses baguettes agiles, les tambours sonnèrent tous à la fois, jetant dans le caveau leur assourdissant accord. Puis le son s'éteignait graduellement, les baguettes ralenties frôlèrent le vélin avec mollesse.

Le vieillard enfin courba la tête. Ses mains tombèrent le long de son corps.

Après quelques secondes d'immobilité complète, il se leva lentement et prit une pose pleine de dignité emphatique.

— J'ai entendu la voix d'un Yankee, dit-il avec un accent guttural et en étendant le bras pour en imposer silence; — que le Yankee m'écoute... Je vais lui dire ce que j'ai fait pour son peuple.

— Chut! chut! crièrent quelques habitués; — voici le grand chef qui va vous conter l'histoire iroquoise de Lafayette et de son cheval blanc.

La troupe chantante continuait de descendre l'escalier en battant la mesure sur les marches. — Western s'était retourné vers l'Indien et le considérait curieusement.

Celui-ci poursuivit, accentuant bizarrement sa sourde mélopée :

— Nous partîmes de la grande terre des Visages-Pâles sur des canots qui semblaient des villes... nous étions des milliers de jeunes hommes... et j'étais parmi eux un grand chef... Il y a de cela bien des neiges !... Mon sang était blanc alors... Ne le dites pas, car les Peaux-Rouges ne me nommeraient plus leur père... C'est un mensonge !... Le grand Esprit lui-même peut-il faire qu'un Cherokee ait pris naissance ailleurs qu'au bord des lacs ?...

Il se fit en ce moment dans le caveau un fracas d'applaudissements et de rires. La voix du vieillard mourut, vaincue par ce soudain tonnerre, et il se laissa retomber, inerte, sur son escabelle.

C'étaient nos cinq chanteurs — et leurs épouses — qui arrivaient au bas de l'escalier, chancelant, hurlant, ivres, fous.

Le matelot marchait en tête, avec un incommensurable porte-voix qu'il introduisait dans sa gueule de tanche pour produire ces mugissements que nous avons entendus.

A peine entrés, ils se formèrent en rond et entonnèrent un vociférant pot-pourri. Le melon chantait avec une volubilité incomparable le fameux air :

>   Trottant,
>   Toujours content,
>   Ne m'arrêtant
>   Qu'un instant
>   Chez les belles ;
>   Trottant,
>   Toujours content,
>   Ne m'arrêtant
>   Qu'un instant,
>   Qu'un moment !

L'ours grognait en faux-bourdon, à lui tout seul, un chœur de la *Vestale ;* le dindon déclamait le récit de Théramène ; le hibou lançait parmi le concert de lugubres huées ; et la tanche mugissait dans son porte-voix : *Ah ! vous dirais-je maman !*...

Sur cette basse effroyable, les cinq femmes appuyaient un dessus horripilant, formé de cinq airs discordants. — C'était meurtrier, foudroyant, sublime. — Le sauvage, éperdu, se bouchait les oreilles.

Le cercle des exécutants se trouvait dans l'escalier. Carmen et l'Américain, un instant arrêtés par le branle-bas qu'avait occasionné l'arrivée de nos masques, voulurent se frayer un passage, mais la tanche aperçut Western et interrompit aussitôt sa chanson.

— Silence partout ! cria-t-elle dans son porte-voix.

Tout le monde se tut, excepté le dindon, qui crut devoir ajouter au récit de Théramène ce remarquable hexamètre :

>   Josépin va parler, écoutez Josépin !

Josépin monta sur une table.

— Serrez vos rangs ! dit-il ; — j'aperçois l'insulaire qui m'a endommagé dans le jardin.

— En croirai-je nos yeux ? dit le dindon.

— Il a fait une conquête, ajouta le melon ; — il est avec Carmen, la belle Andalouse qui danse le fandago dans la boue sur le boulevard du Temple.

— Mangeons cet inconnu ! opina tristement le hibou.

— Portons-le en triomphe !

— Prenons-lui son Hélène...

Carmen suivait cette scène avec une visible inquiétude. Ses lèvres étaient serrées convulsivement, ses sourcils froncés, son regard hardi et dur.

— On va vous attaquer, dit-elle tout bas à Western ; — vous êtes fort, ils sont ivres... faites un trou dans cette foule ; je vous suivrai.

Western n'avait rien compris au colloque des masques, mais ils lui faisaient obstacle et l'alcool bouillait dans sa tête. Il ferma les poings et s'élança résolument.

Le melon roula, éventré, dans les jambes des spectateurs, le dindon tomba, le hibou n'eut point un sort meilleur. Le trou était fait.

Josépin ! à la rescousse ! cria la tanche dans son porte-voix ; — des verres ! des bouteilles ! assommez le goddam !

Western dépassait les dernières tables. — Une carafe siffla à son oreille et alla se briser contre le mur ; — un verre à bière le frappa au même instant à la nuque.

Il se retourna : une bouteille l'atteignit au front.

— A vos pièces !... Feu ! feu ! hurlait Josépin.

Western, furieux, saisit une cruche à bière sur la table voisine et s'élança de nouveau au milieu de ses adversaires.

Une mêlée terrible s'ensuivit. — L'une des *dames* de la troupe masquée était en écaillière et portait, en guise du couteau ébréché de l'emploi, un charmant poignard au manche artistement ciselé.

C'était la compagne de l'ours.

Dans la bagarre, celui-ci reçut à la poitrine un de ces violents coups de poing qu'on sait donner à Boston presque aussi bien qu'aux bords de la Tamise. — Affolé par la rage et le vin, l'ours arracha le poignard de l'écaillière et en frappa Western au sein. — Western chancela.

Mais une main de fer qui avait détourné la direction du coup, se ferma sur les doigts de l'ours, et lui arracha le poignard. — Carmen, c'était elle, mit en même temps sa belle bouche à l'oreille de l'Américain et lui dit :

— Venez, je le veux !

Il la regarda et sa colère tomba.

Carmen l'entraîna rapidement. Ils disparurent au tournant de l'escalier.

Un long cri de victoire les suivit.

  — ..... D'un gobelet, lancé d'une main sûre,
  Je lui fis n'importe où quelque large blessure...

dit le dindon en s'approchant de l'escalier, car voilà du sang !

— Une mare de sang !... ajouta le hibou ; — nous sommes vengés !

— Rendons grâces aux dieux, conclut Josépin, — et prenons le café.

L'ours gardait ouverte la main qui avait tenu le poignard. Il demeurait immobile et semblait avoir vaguement la conscience de ce qu'il venait de faire.

Carmen soutenait Western étourdi, sanglant, et le faisait sortir du passage par la rue Beaujolais. De cette rue, elle passa dans celle de Valois. — Elle tira de sa poche un masque dont elle couvrit son visage et fit entrer Western dans l'un de ces couloirs sans nom, humides, sombres, tortueux, déserts, qui montent à la rue Neuve-des-Bons-Enfants.

Au-dessus de la porte de ce passage, il y avait un petit transparent où se lisaient ces mots :

Hôtel du Sauvage, meublé.

On loge à la nuit.

2.

CHAPITRE IV

LES SEPT PÉCHÉS CAPITAUX

L'histoire des grandeurs de la décadence du Palais-Royal offre une moralité assez triste, savoir : que le vice et la honte sont des engrais particulièrement propres à faire fleurir le commerce.

Ceci pourra passer pour un paradoxe et personne plus que nous ne serait heureux d'accueillir la preuve du contraire, mais les faits sont là. Il faut fermer les yeux ou s'incliner, quoi qu'on en ait, devant leur inflexible logique.

Tout au plus aurait-on la ressource de dire que le Palais-Royal est un lieu exceptionnel et maudit, donnant à l'infamie une hospitalité fatale, un nid que le vice réchauffe et soutient, un bazar néfaste à qui, pour prospérer, il faut la débauche et l'orgie...

Avant et pendant l'empire, sous la restauration encore, le Palais-Royal était dans toute sa gloire. Les fortunes commerciales s'y faisaient avec une romanesque rapidité. C'était un paradis mercantile où, la nuit, comme le jour, l'or affluait sans relâche en bienheureuses averses de louis, de roubles, de guinées, de roupies, de pagodes, de florins, de ducats, de doublons, de dollars, de sequins, de piastres et de crusades, car sous ses brillantes galeries, passaient incessamment des représentants de tous les pays, des échantillons de toutes les races. Ses échos savaient toutes les langues de l'univers. Son inoffensif canon marquait midi pour les deux mondes. Tous les points de la carte s'y donnaient rendez-vous, et le Hollandais, rencontrant l'Américain au Cap, à Calcuta, en Cochinchine, l'invitait à dîner chez Véfour.

Le Palais-Royal, on peut l'affirmer, était le forum

cosmopolite. Il appartenait à la France autant qu'à Paris, au globe entier autant qu'à la France.

Londres le préférait à ses parcs magnifiques, Saint-Pétersbourg aux quais de sa blanche Néva, Madrid à son Prado, Naples à sa mer azurée, Constantinople aux blondes grèves du Bosphore. Vienne, Amsterdam, Berlin, Stockohlm s'y faisaient habiller et chausser. New-York y gantait ses dandies de comptoir, Saint-Domingue y achetait des breloques de similor pour ses marquis au noir visage.

C'est que le Palais-Royal, à ces époques, était une manière de forteresse, autour de laquelle le vice, pris dans son sens le plus large et le plus générique, avait concentré l'artillerie de ses séductions. Rien n'y manquait. C'était le centre unique et choisi de la prostitution dorée. D'un bout à l'autre de sa double galerie de bois, des courtisanes déguisées en modistes trônaient dans leurs cages à jour, ouvertes à tous regards, et luttaient à l'envi de poses lascives, d'œillades provocantes. De vingt pas en vingt pas, dans ses galeries de pierre, s'ouvrait la porte tarée d'un repaire féminin. — On devenait millionnaire à régner sur ces dortoirs impurs, et nous savons une châtelaine qui acheta son manoir, ses futaies, son parc, son étang poissonneux et la place d'honneur au banc seigneurial de sa paroisse de village, à l'aide des bénéfices légitimes d'un sérail à bas prix qu'elle *gérait* honnêtement. Hôtel à Paris, château en Picardie, telle est la récompense d'une longue vie de travail, durant laquelle Madame *** *sut toujours mériter*, comme elle l'imprimait autrefois sur ses cartes, *la confiance éclairée des amateurs*.

Et ces repaires, nous l'avons dit aux précédents chapitres, étaient excellemment approvisionnés, à l'aide d'un système de commis voyageurs des deux sexes qui embrassait la France tout entière, les plus belles vierges de nos provinces étaient endoctrinées sur place, séduites et expédiées à *l'administration*. Ce moyen était bon ; la misère parisienne faisait le reste. Il y avait certes plus de jolies créatures dans le Palais-Royal et sa banlieue que dans tout le reste du royaume.

A côté de ces séductions amoureuses, on trouvait celles

du jeu. L'Avarice avait là presque autant d'autels que Vénus, et mille établissements dédiés à la Gourmandise ouvraient leurs portes aux alentours, offrant un refuge temporaire à la Luxure, et propres éminemment à calmer la douleur des blessés de la roulette, comme à soulager les poches gonflées des vainqueurs du trente-et-quarante.

C'était une organisation merveilleuse et complète ; l'amour servait le jeu, le jeu payait l'amour ; l'amour et le jeu poussaient à l'orgie, qui leur rendait bien la pareille. — Vous n'eussiez rencontré nulle autre part, entre les bas instincts de l'homme, une aussi touchante réciprocité d'obligeants offices.

Parfois, la même maison renfermait dans sa seule enceinte les trois spécialités diverses du Palais-Royal. — On buvait au rez-de-chaussée, on jouait au premier étage, on dansait au second, pour monter au troisième où l'ivresse aveuglée trébuchait sur quelque sofa...

N'était-ce pas irrésistible ? peut-on s'étonner après cela que le lord anglais existât en chair et en os dans cet âge d'or et que le prince russe y fût une vérité ?...

Ils avaient le numéro 154 où perdre leurs billets de banque en passable compagnie. Le numéro 154 était le salon fashionable, qui ne compromettait qu'à demi. Les filous y étaient titrés, les croupiers y avaient des airs de gentilshommes.

Mais tout le monde n'est pas membre du parlement d'Angleterre ou éleveur de paysans dans l'Ukraine. — Les provinciaux, les bons bourgeois allaient un peu plus loin, au numéro 129, bouge décent, enfer convenable où la compagnie était néanmoins *plus mêlée.*

Les calicots descendaient au 113, où les escrocs commençaient à porter moustache, où le banquier sentait le cigare et les tailleurs la pipe. Ce numéro 113 avait une colossale réputation à Pontoise et même à Béziers. Ce fut lui que les fougueux conteurs de l'ère romantique choisirent comme type de la maison de jeu, et nous avons encore le frisson en songeant au demi-cent de pages épileptiques que nous avons lues quelque part à ce sujet.

Enfin, pour clore l'échelle, il y avait le numéro 9,

tout près de l'illustre café des Mille-Colonnes, — le numéro 9, Frascati au pied crotté, où les femmes étaient admises, — et quelles femmes !

Le numéro 9 se ressentait énergiquement du voisinage de ce bal inouï, que l'argot téméraire de ses habitués avait surnommé *le Pince.* — On y buvait. Ces dames, pour employer la langue académique, y tendaient leurs lacs perfides et se disputaient la bourse des joueurs heureux. — Sous les tables couvertes d'or se cachaient bien des bottes éculées ; bien des habits trop mûrs, boutonnés jusqu'au menton, voulaient dissimuler l'outrageuse vieillesse d'une chemise ennemie de la lessive. — Les dandies du lieu avaient d'éclatants gilets, des cravates aux couleurs cruelles et des mains en demi-deuil.

Judith, la grande juive, — *la reine de Sabbat*, comme on l'appelait, — fut longtemps la lionne du numéro 9. Elle plaçait chez Rothschild, son frère en religion, l'argent que les chrétiens gagnaient pour elle. On y voyait Olgala, Moscovite, toujours jeune, toujours folle, bien qu'elle eût été dix ans auparavant la maîtresse de Platoff, l'hetman des Cosaques.

Ces deux belles personnes faisaient des passions effrénées parmi les étudiants en droit et les marchands de chaînettes de sûreté.

Manque-t-il un dernier terme à cette damnable progression ? — Nous pouvons descendre plus bas encore, plus bas que la Montansier, que *le Pince*, que le Caveau du Sauvage ou celui des Aveugles !...

Nous n'avons qu'à faire un pas hors de l'enceinte, et nous trouverons d'un côté l'hôtel d'Angleterre, hideux réceptacle où la misère et le vol avaient leurs fêtes ; de l'autre, les bouges souterrains des rues de Valois et Beaujolais, taudis immonde que nul crayon n'aurait l'audace de peindre en détail, cavernes où des bandits débraillés se disputaient, avec des cartes sales, quelques pièces de six liards dérobées, pendant que, autour d'eux, des sirènes poussives, invalides lépreuses de l'infamie, offraient au rabais leurs repoussantes caresses...

Un pas encore et la rue du Rempart nous montrera, tout au fond du calice social, la dernière couche de lie. Ses *cuisines bourgeoises* s'ouvriront et nous laisseront voir cet amour sacrilège et hideux, dont le nom fait rougir le front de bronze des prostituées...

Nous l'avons dit. Il y en avait pour tous les goûts, pour toutes les bourses.

C'était le bon temps.

Les marchandes de tabac épousaient des boyards, les cafetiers faisaient monter la rente, les décrotteurs devenaient éligibles, et les bijoutiers en faux se passaient la fantaisie de marier leurs filles à des pairs de France.

Qui reconnaîtrait, hélas! à ce poétique tableau les tristes galeries, fécondes en faillites, où se promènent le soir quelques rares provinciaux arriérés d'un demi-siècle! Ces bonnes gens errent le long des grilles, cherchant la foule, cherchant la joie, cherchant le Palais-Royal. Que trouvent-ils? Le silence, la solitude.

Çà et là, le gaz éclaire encore les dorures d'un brillant magasin, dont le livre de vente ne s'allonge pas d'un feuillet tous les mois.

Le café Lemblin, ce bruyant asile des libéraux de la restauration, s'est fait tranquille et muet; le café Valois, quartier général des mauvaises têtes du parti *ultra*, est mort, — mort avant Chodruc-Duclos! Les enchanteresses du jardin ont fui, poussées par le fouet de la police. La roulette, le craps, le trente-et-quarante, sont tombés devant un vote de la Chambre. Il n'y a plus rien, sinon quelque chose de triste et de glacé, — des vieillards assis sur les bancs de pierre, — un jet d'eau boiteux, — quelques lorettes en disponibilité mélées à des bonnes d'enfant rougeaudes, — et quatre baraques autour desquelles les collégiens viennent, le jeudi, lire le journal.

La galerie d'Orléans seule, qui n'existait pas au temps dont nous parlons a conservé un souffle de vie. On y vend des tabatières, des brosses à dents et de petits livres obscènes. Les gens de Pézénas et de Brives-la-Gaillarde s'y donnent parfois encore rendez-vous...

Qui donc a fait ces lamentables ruines? — La police et la loi, au nom de la morale.

Ce lieu vivait du vice. Le vice l'engraissait et le faisait beau. La honte était sa prospérité, la débauche sa condition d'être. Il n'y avait rien en lui qui ne fût mauvais, corrompu, flétri. Vous eussiez retourné ses fondements sans y trouver un atome généreux ou noble. Le patriotisme lui-même, cette vertu si vivace qu'on retrouve encore au fond des cœurs les plus abandonnés, lui était inconnu. — Rappelez-vous seulement que l'apogée de sa grandeur fut durant le séjour des étrangers à Paris. Souvenez-vous que l'invasion lui fut bonne et qu'il accueillit l'entrée des Cosaques par un long cri d'allégresse. Souvenez-vous qu'il envoya ses mille courtisanes se coucher, ivres de vin et de joie, aux pieds de l'ennemi vainqueur !

Et c'est ce cloaque, unique en son espèce, que vous avez voulu traiter par des moyens ordinaires ! Vous avez prétendu l'amender, l'assainir ! Vous lui avez ôté un jour ses jeux, ses repaires, sa prostitution effrontée, ses mystères babyloniens, son ignominie !...

Mais tout cela, c'était son âme. Le voilà mort maintenant ; — vous l'avez assassiné.

Pourquoi ce meurtre ?...

Nous n'hésitons pas à l'affirmer, la police et la loi se sont cotisées pour aboutir à néant, sinon à quelque chose de pire. Ce grand coup d'épée dans la boue a fait plus de mal que de bien, et si les circonstances exigeaient la représentation de quelque vertueuse comédie, on en aurait pu choisir la fable avec plus de bonheur...

Mieux valait à coup sûr cette audacieuse agglomération de tous les vices concentrés sur un seul point, que leur éparpillement funeste et le voile hypocrite dont on les a couverts. Le Palais-Royal tenait sa place nécessaire dans l'équilibre de la grande cité. — Il y avait, grâce à lui, à Paris, un lieu d'où les mères effrayées éloignaient leurs enfants, un gouffre connu, signalé, un abîme au bord duquel on avait mis en quelque sorte une enseigne. Maintenant l'égout n'est nulle part. Ne serait-ce pas qu'il est partout ? — La porte infâme ressemble au seuil honnête. — Le tripot usurpe les allures d'une réunion de famille. — La courtisane croise un camail de soie sur sa gorge et s'appelle une lorette.

En vérité, s'il n'était point possible de combler le fossé, pourquoi avoir enlevé les garde-fous ?...

La morale est assurément un mot bien sonnant et qui fait son effet dans une harangue politique. Mais c'est en vain que nous cherchons ici la chose sous le mot. — Le cas qui nous occupe est double. Il renferme les jeux qu'on a fait semblant de détruire et la prostitution qu'on a poussée doucement du revers de la main pour l'établir un peu plus loin.

Quant à celle-ci, de grâce, la morale, cette grande règle de l'humanité, est-elle bornée aux limites d'un carré de moellons ? Puritains qui balayez fièrement le Palais-Royal, pourquoi laissez-vous la fange s'amonceler aux boulevards ? — Logiciens, ne savez-vous pas que, dans un incendie impossible à éteindre, il faut faire la part du feu, le concentrer, le resserrer, l'isoler ? Pourquoi, au lieu de cela, voyant brûler quelques maisons, en avez-vous chassé la flamme sur les demeures voisines qui étaient saines ?

La morale ! — Mais la morale n'a rien à faire dans ces déménagements du vice qui donne congé ici pour contracter plus loin bail par devant notaire. La morale d'ailleurs est absolue et ne connaît pas de moyens termes. Pourquoi parler de morale quand il ne s'agit que d'une parade manquée ?

Pour tant de bruit, ne voilà-t-il pas un grandiose résultat ! On a purifié le Palais-Royal afin que les mères y pussent promener leurs filles, sans les exposer à coudoyer la honte. — Et les mères, ingrates, promènent leurs filles ailleurs ! et justement elles les promènent volontiers sur cet asphalte inondé de lumière où la honte proscrite a trouvé un refuge...

Restent les jeux. Sur cette question la voix publique s'était, dit-on, dès longtemps prononcée. La loi par laquelle le gouvernement se dépouilla d'un revenu immense prélevé sur les facilités offertes à de dangereuses passions, fut accueillie par des applaudissements universels.

Réellement cette loi avait une victorieuse apparence de moralité.

Mais, en définitive, qu'a-t-elle fait cette loi ? — Elle

a envoyé à Bade ou à Hombourg M. le fermier-général des jeux qui a laissé derrière lui la roulette.

La roulette est chez nous, la roulette et le craps, et aussi le trente-et-quarante. Nous nous ruinons entre nous. M. Bénozet seul et les Anglais sont en Allemagne.

Personne n'est sans savoir qu'il existe à Paris une énorme quantité de maisons de jeux clandestines. Chacun en connaît vaguement deux ou trois. — Beaucoup prétendent qu'il en est de tolérées par un mystérieux privilège...

Ceci est un secret ; nous n'avons nul souci de le pénétrer. Il nous suffit d'avoir pour certain que les anciens jeux sont remplacés par un nombre décuplé de tripots privés qui, sous le nom de cercles, de clubs, de sociétés, ou même en se passant d'une dénomination quelconque, entrebâillent, vers le soir, leurs portes perfides où se glissent de pauvres employés, des étudiants, des enfants !

Au moins, la roulette officielle ne dépouillait que des hommes faits.

Et puis, dans les maisons publiques, tout se faisait à découvert, tandis que, dans ces obscurs comités, tenus par des gens notoirement en guerre avec la loi, quel contrôle est-il possible d'exercer !

Au Palais-Royal, à Frascati, on demandait les passeports. C'était, il est vrai, une garantie bien précaire, mais cette garantie, si faible qu'elle soit, peut-elle exister dans ces prétendues tables d'hôte pullulant dans Paris, où des femmes charmantes font les honneurs d'un somptueux dîner qui prélude aux escroqueries du soir ? Il n'y a plus là de surveillants à gage ; il n'y a que des dupes sans défiance, et des fripons profès, avides, adroits, intrépides...

Affaire de police, nous dira-t-on. C'est vrai. — Mais c'est qu'il n'est pas bon pour le public qu'une affaire soit dans ce cas. Les *escarpes* aussi sont affaire de police, — ce qui porte les hommes sages à revoir avec soin leur testament quand ils sont forcés de sortir après la nuit tombée.

Donc, nous regardons comme nuls en partie et en

partie malheureux les résultats directs de la purification du Palais-Royal. Mais on ne saurait nier sans injustice l'influence exercée par la décentralisation graduelle qui s'en est suivie, sur la banlieue de cette vieille cité du vice. Cette banlieue est ignoble de nos jours, elle était effroyable il y a vingt ans.

Elle s'avançait en radiant dans Paris jusqu'à une certaine profondeur, entourant le palais d'un cercle sombre qui faisait d'autant ressortir ses splendeurs douteuses. A l'ouest, c'étaient les rues du Rempart, Jeannisson, Traversière et ces passages tortueux qui mènent au carrefour des Moineaux. — En tournant vers le sud, on rencontrait les rues de Valois, Batave et Saint-Thomas-du-Louvre, puis ces quatre ruelles polluées qui courent parallèlement de la rue Saint-Honoré aux décombres de l'aile inachevée du Louvre. D'un bout à l'autre de ces quatre rues, on voyait un long chapelet de lanternes, annonçant aux gens sans aveu de toute sorte qu'ils trouveraient là un asile pour la nuit.

A l'est, la Cour des Fontaines donnait entrée dans la fameuse cour Montesquieu où s'ouvrait un caveau pareil à celui du Sauvage. La cour Montesquieu n'a point perdu encore entièrement le caractère qu'elle avait alors. On peut s'en faire une idée en visitant le passage de la Pompe et les abords de l'hôtel d'Athènes. — Quant à la cour des Fontaines, elle a subi le sort du Palais-Royal dont elle est une annexe. On n'y voit plus comme autrefois cette foule de marchands d'épinglettes, de chaînes de sûreté, de boucles, de ceintures, qui encombrait la façade du café Boudignot. Elle servait en quelque sorte de foyer aux mille variétés de filous qui se partageaient l'exploitation du jardin et des galeries.

A l'est encore, en remontant vers le nord, vous trouviez la rue des Bons-Enfants qui était dix fois plus obscure et plus mal hantée qu'aujourd'hui ; les derrières de la Banque, tout pleins d'hôtels tarés ; et enfin ces couloirs humides qui, de la rue Neuve-des-Bons-Enfants, descendaient aux caveaux bachiques de la rue de Valois.

Toutes ces rues étroites, à peine viables, étaient encombrées d'une population pauvre, fainéante et livrée tous les excès. Point de boutiques, des cabarets succédant incessamment à des cabarets, et n'interrompant leur ligne que pour faire place à l'allée borgne d'un hôtel garni ou d'une maison suspecte.

C'était la pépinière inépuisable où se recrutait l'armée de malfaiteurs qui tenait nuit et jour en échec le Palais-Royal et ses avenues. Chacune des immondes tavernes qui ouvraient sur la rue leurs devantures couvertes d'épais rideaux, était le quartier général de quelque bande d'industriels des deux sexes faisant la chasse aux portefeuilles et aux montres dans la cohue, ne dédaignant pas même de pêcher au foulard, et vivant des produits partagés du vol et de l'infamie.

Le dehors, comme on le voit, ressemblait beaucoup au dedans, ceci d'autant plus que l'un était l'hospice de refuge de l'autre. A part les malheureux, nés dans la fange des coupe-gorges que nous venons de nommer, il y avait des viveurs déchus, des joueurs ruinés, de brillants chevaliers d'industrie démasqués et rejetés parmi leurs pairs en haillons. On tombait du jardin dans la rue, — et la tradition des galeries rapporte que ce gros homme à la longue redingote qui, posté sous une porte de la rue Beaujolais, arrête les passants pour leur offrir à voix basse les objets sans nom de son mystérieux commerce, était autrefois un banquier millionnaire à qui la roulette fut impitoyable.

Quant aux femmes, le sort ne se mêlait point de leurs affaires. Leur avenir était certain. L'âge suffisait seul à les mettre au rebut. Quand nul Anglais ne prenait le caprice de les faire ladies, elles franchissaient un beau jour l'enceinte où la honte du moins se couronnait de fleurs, passaient, tête basse, la rue Saint-Honoré, et s'en allaient mourir dans quelque trou, martyres des misères infinies qui sont au bout de la débauche.

Entre toutes ces rues presque exclusivement habitées par l'écume de la population parisienne et composant le ténébreux dédale que nous avons appelé la banlieue du Palais-Royal, la rue Neuve-des-Bons-Enfants se distinguait par une physionomie à moitié honnête. On eût dit qu'elle était tenue en respect jusqu'à un certain point par les factionnaires de la Banque de France. Il n'au-

rait point fallu cependant s'y fier aveuglément. Le[s]
maisons de cette rue ont double visage, et, à deux étage[s]
au dessous de son pavé, c'est-à-dire dans les caves d[e]
la rue de Valois, Dieu sait que les factionnaires de l[a]
Banque n'avaient rien à voir !

Il se trouvait dans cette rue trois ou quatre garnis d[e]
mauvais renom et fort en vogue parmi les chevalier[s]
de ces dames. Rien n'y gênait l'orgie. L'ivresse y ava[it]
droit d'asile et s'y voyait traitée avec la considératio[n]
due au gagne-pain de la maison.

Les chambres de ces hôtels n'avaient aucune préten[-]
tion au luxe, mais elles étaient bien loin cependant d[e]
respirer cette repoussante misère des *loge-à-la-nuit* d[e]
la rue Froidmanteau, de la rue de la Bibliothèque [et]
autre casse-cou tapis derrière le Louvre. Ces chambr[es]
ressemblaient assez à celle des bonnes auberges de pr[o]
vinces. Il fallait y avoir passé une nuit pour savoir a[u]
juste ce qu'elles valaient. — Nous voulons parler d'u[ne]
nuit embellie par la chère trilogie de monsieur Scribe[:]
le vin, le jeu, les belles...

C'est à la porte de l'un de ces hôtels que nous avon[s]
laissé Carmen et l'Américain Western. Le maître d[e]
l'établissement, qui louait fort cher les services de l'I[n]
dien véritable ou prétendu au limonadier du Caveau[,]
avait mis son garni sous les auspices de son vieux pu[-]
pille et l'avait baptisé : HOTEL DU SAUVAGE.

Dans cet hôtel qui portait son nom, le Sauvage ava[it]
un trou noir et un grabat.

Du côté de la rue de Valois, on montait à la por[te]
principale du garni par un escalier de pierre, humid[e]
et glissant, qui servait en même temps de passage pou[r]
rejoindre la rue Neuve-des-Bons-Enfants.

Western avait le visage inondé de sang et portait d[es]
marques nombreuses de la lutte récente ; Carmen, q[ui]
avait mis un masque, le fit entrer néanmoins sans hé[si]
ter. La maîtresse de l'hôtel, femme supérieuremen[t]
dressée à ne rien voir, les reçut en souriant.

— Une chambre pour monsieur et madame ! cri[a]
t-elle en agitant sa sonnette.

Un garçon se présenta, tenant d'une main une cle[f]
de l'autre un bougeoir.

CHAPITRE V

L'AGONIE D'UNE RACE

Il était neuf heures du soir environ. Le jardin du Palais-Royal commençait à se désemplir lentement. La joie avait perdu quelque peu de sa ferveur. La fatigue allait poindre.

Il faisait froid. Les masques, à bout d'invectives rimées, cherchaient un refuge dans les cafés où le punch redonnait du ton à leurs voix enrouées ; les provinciaux, amateurs fidèles du théâtre, couraient prendre date à la queue de la Comédie-Française. Les filous vidaient chez le recéleur voisin leurs poches gonflées de butins hétéroclites, et les pâles suivants de la Fortune, un instant distraits par les folies du carnaval, montaient quatre à quatre les escaliers des maisons de jeu.

De ces défections diverses il résultait dans le jardin un silence comparatif. Ceux qui restaient, en effet, n'avaient plus à faire ou à dire que des extravagances de méchant aloi. Le public ne daignait plus applaudir ces acteurs du bas ordre qui prolongeaient outre mesure la comédie. On passait, indifférent désormais. — Le carnaval en plein air était clos jusqu'au lendemain, où la descente de la Courtille devait réveiller son agonie et le faire jeter en mourant un dernier et plus vif éclat.

Ce fut un instant de soulagement pour la pauvre famille rassemblée autour du malade de l'aile Valois.

Pendant trois heures les bruits croisés du jardin et de la rue l'avaient tenu dans un état d'excitation qui redoublait sa fièvre. Il venait de s'assoupir.

C'était un homme de quarante à quarante-cinq ans. Son visage, d'une maigreur effrayante, gardait néanmoins quelques traces à demi effacées d'une fierté mâle et forte, dont le caractère se reflétait avec énergie sur le noble front du jeune homme debout derrière son lit. Ce lit était composé d'un seul matelas affaissé par le poids constant du malade et se drapait à l'aide d'une grossière couverture de laine grise. Il n'avait point de rideaux. — Dans la ruelle pendait à la muraille humide un bénitier d'émail de forme antique. Ce petit meuble contrastait singulièrement avec l'aspect de la chambre nue. — Ce devait être quelque relique de famille.

Au centre des feuillages figurés sur l'émail, et dans un cartouche aux délicates échancrures, se voyait en effet un écusson timbré de la couronne en feuilles d'ache des maisons ducales, et autour duquel courait en festons cette devise chevaleresque : QUE DIEU VEUIL MAILLEPRÉ !...

Tout le reste de la famille, excepté le jeune homme et le paysan, profitant du sommeil du malade, entourait une petite table où il y avait du pain et du fromage.

Les jeunes filles mangeaient avidement ce mets grossier, servi avec parcimonie. Elles étaient debout, parce qu'il n'y avait dans la chambre que deux sièges, occupés par les deux dames.

La moins âgée de celle-ci pouvait avoir trente-cinq ans. Ses traits, pleins de douceur et de dignité, portaient le cachet de cruelles souffrances. Le chagrin avait creusé un cercle bleuâtre sous ses grands yeux, dont le regard restait pourtant calme et pieux au milieu de l'expression désolée de sa physionomie. — Elle ne mangeait point.

L'autre dame avait au moins soixante-dix ans. Assise sur son fauteuil de paille dans une position raide et guindée, elle portait à sa bouche le pain et le fromage avec un air de reine, et mettait de la fierté à faire emplir d'eau son verre par le paysan, qui se tenait debout respectueusement derrière elle.

La chambre n'avait pas d'autre meuble que la table, les deux siéges et le lit. Une seule lumière l'éclairait à moitié, laissant dans l'ombre le paysan, le jeune homme et le malade, ainsi que les murailles sombres, recouvertes d'un papier en lambeaux, et concentrant ses rayons ternes sur les cinq femmes réunies autour de la table.

La mine affamée des trois pauvres jeunes filles, dont les gracieux visages gardaient des traces de larmes, la tristesse découragée de leur mère et l'orgueilleuse raideur de la vieille dame, trônant superbe et hautaine au milieu de cette misère absolue, tout cela formait un tableau étrange, touchant d'un côté, austère de l'autre, et qui prenait une teinte de profonde désolation dès que l'esprit se reportait à ce grabat où un homme était à l'agonie...

Et cette scène avait lieu au Palais-Royal, un soir de mardi-gras, non loin des salons encombrés de Véry et des Frères-Provençaux, au-dessus des galeries inondées de lumière.

Et vraiment, ce n'était pas ici comme dans les mélodrammes, où l'on voit les *seigneurs* faire bombance, tandis que leurs innocents vasseaux meurent de faim à la porte du castel. La médaille était retournée. Au dehors, le peuple, ivre, chantait, riait, buvait ; au dedans, les débris d'une race seigneuriale avaient froid et se partageaient un dernier morceau de pain...

La vieille femme était madame la duchesse douairière de Maillepré.

Les autres étaient monsieur le marquis de Maillepré, son fils, qui n'avait jamais pris le titre héréditaire, parce que la mort du dernier duc ne se trouvait point légalement constatée, — la marquise, sa bru, — Gaston de Maillepré, son petit-fils, — et enfin les trois demoiselles de Maillepré, ses petites-filles.

Le paysan avait nom Jean-Marie Biot, et venait de Bretagne, où les Maillepré avaient possédé autrefois d'immenses domaines.

Gaston était désormais le seul héritier mâle de la

branche aînée de Maillepré-Maillepré. Il avait quinze ans. Sa taille élégante et virile déjà semblait développée avant l'âge. Il était beau, mais il avait parmi sa beauté un caractère de mélancolie grave et pensive qui lui donnait trop l'air d'un homme. Le malheur agit ainsi parfois sur les généreuses natures et les vieillit ne pouvant les briser. Le regard de Gaston n'avait plus cette fougue timide de l'adolescence ; il était rêveur et paraissait froid. Son front large, couronné de cheveux noirs dont les mèches éparses se rejetaient en arrière, annonçaient fièrement l'âme d'un gentilhomme ; mais sur ce front de quinze ans ne souriait plus l'insoucieuse joie du printemps de la vie.

Ce front avait médité ; ces noirs sourcils s'étaient froncés, défiant l'assaut de la souffrance. Il n'y avait là qu'un lointain reflet des grâces de l'enfance. Ce qui dominait, c'était une force noble, mâle, presque austère.

Ses membres étaient vigoureux, malgré sa crue hâtive ; mais sa poitrine, peu développée, rentrait légèrement et laissait saillir en avant, lorsqu'il ne s'observait point, les angles de ses épaules.

C'était, avec la mate pâleur de ses joues, aux pommettes desquelles se montrait pourtant un reflet rose, le seul indice qui pût donner à penser que la santé faisait défaut à cette précoce puberté.

L'aînée des jeunes filles avait un an de plus que Gaston. Elle ne lui ressemblait point. Ses traits, d'une régularité parfaite, semblaient avoir emprunté au visage ridé de la duchesse douairière quelque chose de sa hautaine sécheresse. Elle était du reste l'élève favorite de la vieille dame. On ne l'appelait que *mademoiselle* de Maillepré.

Son nom de baptême était Berthe.

La seconde avait nom Charlotte. Elle était moins belle que Berthe, dont les traits eussent tenté invinciblement le pinceau d'un peintre, mais elle avait plus de grâce et de charme. L'ensemble de cette physionomie exprimait une fermeté vive, un courage plein d'entrain et de gaieté.

La troisième était encore une enfant. Jamais Greuze

ni Lawrence n'entrevirent de plus radieux visage d'ange. Quand on la regardait, toutes les misères de la pauvre demeure disparaissaient. La naïve magie de son sourire éclairait l'obscurité, ornait le dénûment...

Elle s'appelait Sainte.

Il n'y avait plus de pain sur la table. La duchesse douairière lavait ses mains blanches et osseuses dans une aiguillère de faïence que lui présentait le paysan.

— Les regards de la marquise glissèrent de la table vide à ses trois filles qui avaient froid sous l'indienne légère de leurs robes. Une larme roula sur sa joue. — Sainte quitta sa place et mit sa blonde tête dans le sein de sa mère.

— Il viendra, dit-elle ; — il va venir !

La marquise la pressa doucement contre son cœur et eut un sourire sous ses larmes...

On entendit un pas d'homme sur les marches de l'escalier.

Gaston prêta l'oreille. Une pénible anxiété assombrit le nuage qui était sur son front.

— Dieu aurait-il pitié de nous ! murmura la marquise.

Les trois jeunes filles se retournèrent vivement vers la porte. L'espoir rayonnait sur tous les visages, et Sainte disait en joignant ses petites mains :

— Que Dieu est bon ! c'est lui ! c'est lui !...

La duchesse douairière seule demeura immobile et froide.

Quant à Gaston, loin de se réjouir, il leva les yeux au ciel et croisa ses bras sur sa poitrine, dans cette attitude qu'on prend d'instinct pour recevoir un choc douloureux.

On frappa trois coups brusques à la porte.

La marquise tressaillit et devint pâle.

— J'avais oublié !.., pensa-t-elle tout haut avec un accent de terreur.

— Ouvrez, Jean-Marie, dit Gaston.

— Ce n'est pas encore lui ! soupira Sainte, qui se réfugia derrière le siège de sa mère.

Jean-Marie Biot s'était avancé vers la porte.

Il se fit dans la chambre un profond silence. Au moment où le paysan tournait le bouton, la voix de la duchesse douairière s'éleva, impérieuse et solennelle.

— Mademoiselle de Maillepré, dit-elle, pourquoi omettez-vous de nous réciter les *Grâces*?

Berthe n'eut pas le temps de répondre.

La porte s'ouvrit. — Un énorme chien de boucher se précipita dans la chambre, soufflant bruyamment, fourrant çà et là son museau fauve, et frottant son poil rude contre les jeunes filles, muettes d'épouvante.

— La paix ! Bijou, la paix ! dit une voix de basse-taille à l'extérieur.

Le chien se planta carrément au milieu de la chambre et se prit à battre de la queue comme pour saluer l'entrée de son maître.

Celui-ci passa le seuil. — C'était un petit homme de quarante ans au plus, maigre, anguleux, portant un long cou entre deux épaules pointues et larges. De quelque côté qu'on le regardât, les profils de son visage fuyaient brusquement et faisaient saillir outre mesure un nez pyramidal, aux arêtes luisantes et comme affilées. Il n'avait point de menton. Sa lèvre inférieure rentrait, recouverte entièrement par sa jumelle, qui elle-même se reculait avec modestie à partir des racines de ce nez dont nous avons dit la forme triomphante. A droite et à gauche, les joues s'effaçaient avec une complaisance pareille. Le front enfin, orné de cheveux rares et d'un jaune grisonnant, fuyait énergiquement et faisait au menton absent un pendant symétrique.

Restait le nez, saillie unique, flanquée de deux yeux ronds à la fois endormis et malins comme des yeux d'oiseau de proie qui s'ennuie au perchoir.

Il ne faudrait pas que le lecteur prît ce petit homme pour un personnage vulgaire. Il avait nom M. Polype. Ce n'était rien moins que le principal locataire des trois étages supérieurs de la maison, qu'il affermait à l'administration du domaine d'Orléans pour les sous-louer en garni.

Il était en outre, propriétaire pour un quart du célèbre caveau où s'assemblait, dans la rue de Valois, la *Société des Fricotteurs.*

Il était, de plus, commanditaire d'une nuée de marchands de breloques en carton doré, de chaînes de sûreté, de chansons lubriques et autres pacotilles empoisonnées qu'on criait à vil prix aux avenues du Palais-Royal.

De plus encore, il avait bien quelques petites accointances avec la police et des rapports d'estime avec les principaux voleurs à la tire du jardin et des galeries.

Les langues méchantes le disaient recéleur ; ses amis prétendaient qu'il n'était qu'usurier. Mais la belle plume de son aile, ce que personne ne pouvait lui ôter, c'est que, à part ses autres industries, il était maître après Dieu du grand *Hôtel du Sauvage*, Cythère à six étages, sur cinq fenêtres de façade, qui valait positivement son pesant d'or.

— Bien le bonsoir, dit-il sans saluer et avec une voix dont Lablache eût envié les notes caverneuses ; — le malade va mieux ?... Ça me fait grand plaisir... Couchez, Bijou !

Le chien s'assit, droit et attentif, l'œil sur le nez de son maître.

— Le malade ne va pas mieux, Monsieur, répliqua la marquise avec douceur et tristesse.

— Non ?... grommela M. Polype ; — voyez-vous ça... Eh bien ! tant pis !... Je viens pour notre petite affaire...

— Mademoiselle de Maillepré, dit en ce moment la vieille dame qui gardait toute la raideur de sa pose hautaine, — ne vous ai-je pas priée de réciter les *Grâces ?*

— Madame... balbutia Berthe, — la présence de Monsieur...

La duchesse douairière promena lentement son regard autour de la chambre.

— Qui donc appelez-vous monsieur, mademoiselle de Maillepré ? demanda-t-elle.

Monsieur Polype prit la chaise que venait de quitter la marquise pour le recevoir, et s'y installa sans façon.

— La bonne dame radote donc toujours ? dit-il ; — le fait est que la petite n'est pas accoutumée à voir des gens comme il faut... Je la déconcerte... Mais il ne s'agit pas...

— Mademoiselle ! interrompit la vieille dame d'un ton sec et impérieux, faut-il que je vous ordonne ?...

— Veuillez m'excuser, madame, murmura Berthe en baisant respectueusement la main de son aïeule.

Elle se redressa et récita les *Grâces* en latin d'une voix tremblante.

— *Amen !* répondit à la fin de la prière la basse-taille retentissante de M. Polype, qui eut un bruyant éclat de rire.

Le malade gémit dans son sommeil et s'agita sous sa couverture.

La figure pâle de Gaston sortit de l'ombre où il s'était tenu jusque alors. Son regard se fixa sur le visage souriant de Polype, avec une expression de douleur profonde et menaçante...

Gaston, jusqu'à ce moment, s'était tenu à l'écart, silencieux, l'œil baissé, faisant effort pour garder son sang-froid.

Mais, au mouvement du malade qui suivit l'éclat de rire de Polype, Gaston pressentit un prochain réveil et fit un pas vers la table.

— Monsieur, dit-il tout bas et en tâchant de se contenir encore, — mon père sommeille...

Polype releva sur lui son œil en bonne humeur.

— Ah ! vous voilà, mon grand garçon ! s'écria-t-il ; — j'avais cru vous voir en Pierrot au Café-Spectacle... Ah ! ah ! mon gaillard ; à votre âge, moi, j'en faisais de belles !...

— Silence, monsieur, par pitié ! interrompit Gaston.

— Comme vous voudrez, jeune homme... Venons au fait... mon argent, s'il vous plaît !

A cette parole, chacun demeura muet. La marquise baissa la tête. Gaston, dont on apercevait maintenant dans l'ombre le front pâle, laissa tomber ses bras avec découragement. — On entendit, parmi ce morne silence, le souffle oppressé du malade.

— Mon argent, répéta M. Polype.

— Vous serez payé, monsieur... murmura la marquise.

La vieille dame, en ce moment, sortit de sa poche

une magnifique boîte d'or aux armes émaillées de Maillepré. Elle l'ouvrit lentement, après avoir passé sa main sur le couvercle, comme pour en faire reluire les délicates ciselures, et y puisa quelques grains de tabac d'Espagne.

Les yeux ronds de Polype brillèrent. Son nez remua. Ses doigts s'allongèrent d'instinct.

— Je crois bien que je serai payé ! dit-il ; — cela vaut, au bas mot, vingt-cinq louis, et vous ne me devez guère que quatre cent soixante-quinze francs... Nous ferons abstraction des centimes...

Il regardait toujours la boîte, qui pouvait valoir mille à douze cents francs. La duchesse venait de la poser sur la table à côté d'elle.

— Voulez-vous bien permettre, ma bonne dame ?... reprit Polype, dont la basse-taille trouva des notes moins terribles, et qui essaya un sourire en refermant ses doigts sur le bijou convoité.

— Quel est cet homme ? demanda la duchesse.

— Plaisante question !...

— Est-ce à moi qu'il parle, ajouta la douairière en s'animant, — assis et le chapeau sur la tête ?

— Apparemment... grommela Polype, baissant les yeux toutefois sous le regard froid et fier de la vieille dame.

— Ma mère, je vous en supplie, dit tout bas la marquise, — ne l'irritez pas !...

— Taisez-vous, madame ma bru, s'il vous plaît !... cet homme sait-il qui je suis !...

— Quelle folle !... marmotta encore Polype.

La vieille dame redressa tout à coup sa longue taille. Son œil terne eut une étincelle superbe.

— Chapeau bas ! s'écria-t-elle avec véhémence.

Polype se découvrit d'un geste machinal.

— Madame ! madame ! dit la marquise en touchant la main de sa belle-mère, — votre fils repose...

La duchesse la repoussa durement.

— Laissez, madame ! reprit elle.

Et se tournant vers le principal locataire immobile, elle ajouta :

— Je suis Berthe de Dreux, femme de Jean III, de

Maillepré, duc de Maillepré, marquis d'Avalon, comte de Pontroy et de Blessac, vicomte de Naye, seigneur de Saint-Thomas-des-Dunes, de Kergaz et de Vesvre, pair de France, chevalier des ordres du roi, prince du Saint-Empire romain, et le brigadier des armées de Sa Majesté très chrétienne !...

Cela dit avec emphase et lenteur, elle tourna le dos et se rassit, froide, sur son fauteuil de paille.

Polype demeura un instant comme abasourdi. — Puis il replaça rondement son chapeau sur sa tête, l'assura d'un coup sec et dit :

— Après ?...

La vieille dame était rendue à son état d'immobilité habituelle.

— C'est tout ?... reprit Polype ; — alors... mon argent, s'il vous plaît !

— Vous l'aurez, monsieur, dit la marquise ; — encore un jour ou deux de patience...

— Un jour... ou deux !... répéta ironiquement le principal locataire ; — ma parole, c'est adorable !... Ne dirait-on pas que votre premier terme est échu d'hier ?... Eh ! eh !... Ma foi ! il y avait longtemps que je savais que les titres ne sont pas des rentes !... Mais quand on est princesse et duchesse et comtesse... et le diable, parbleu !... on devrait payer ses dettes !... Il y a maintenant trois mois et demi que vous me traînez !... trois mois et demi et deux jours !... Pensez-vous que le domaine de monseigneur me fasse crédit à moi !... A moi qui ne suis pas duc !... ah ! ah !... ni prince non plus !... ni comte, ni marquis, ni baron... ni mendiant, ma foi !... et qui ne prends pas du tabac dans une boîte de cent pistoles ?...

Le petit homme s'animait en parlant et enflait de plus en plus son redoutable organe. Ses yeux roulaient. — Son nez, dépourvu de base et planté trop hardiment, oscillait au souffle de sa parole retentissante.

Le marquis gémit de nouveau.

— Monsieur monsieur ! dit Gaston ; — prenez garde !...

— Prendre garde ! s'écria M. Polype, qui frappa bruyamment la table de sa main ouverte ; — voilà comme je prends garde !... Mon argent ! mon argent !

Le chien de boucher se dressa sur ses quatres pattes à ce fracas soudain, allongea le cou et hurla.

Le malade, éveillé en sursaut, se souleva péniblement, et jeta du côté de la lumière un regard avide.

— Serait-il arrivé ?... demanda-t-il.

L'espoir autant que l'épuisement de sa fièvre faisait trembler sa voix.

Gaston, qu'un mouvement d'irrésistible colère précipitait sur Polype, s'arrêta et revint vers le lit. Il prit la main de son père qu'il baisa. — La petite Sainte se glissa derrière lui, entre le lit et la muraille, et mit bien doucement sa jolie lèvre rose sur l'autre main du malade.

— La paix ! Bijou, la paix ! dit le principal locataire. — Vous voilà donc éveillé, mon pauvre ami !... ajouta-t-il en s'adressant au marquis ; — Dieu sait qu'il y a bien des gens qui font semblant d'être malades pour ne pas payer leurs dettes ; mais je ne vous accuse pas de cela... Vous avez l'air d'un déterré, j'en conviens... Allons ! je ne veux pas faire d'esclandre dans la chambre d'un pauvre diable qui s'en va !... Bonsoir... Mais, demain matin, à huit heures, je vous préviens qu'on vous mettra dehors... la chambre est louée.

— Vous ne ferez pas cela, monsieur ! s'écria la marquise dont les sanglots éclatèrent.

Le petit homme la regarda d'un air étonné.

— Qui donc m'en empêcherait, ma bonne dame? demanda-t-il.

— Vous aurez pitié...

— Peuh ! connais pas.

— Vous savez, monsieur, dit Gaston avec cette lenteur de l'homme qui met toute sa force à contenir sa colère, — vous savez que nous attendons d'un instant à l'autre les pièces qui mettront fin à l'indigne spoliation dont nous sommes les victimes, et que l'heure approche où celui qui se fait appeler le duc de Maillepré Compans...

— Un digne seigneur !... interrompit Polype dévotement : cinq cent mille livres de rente !... Voilà un vrai duc !

Le malade se mit sur son séant.

— Un lâche, prononça-t-il avec effort ; — un traître !... Oh ! oui, l'heure approche où le vieux sang de Maillepré, qui n'a jamais failli devant Dieu, aura raison devant les hommes !... Mais cette heure est bien lente à venir ! ajouta-t-il tout bas ; — et j'ai peur de n'être plus là pour l'entendre sonner...

— Mon père !... mon bon père !... murmura Sainte, qui seule avait entendu ces dernières paroles et qui cachait en pleurant sa blonde tête sous les couvertures.

— Nous vous demandons un jour de délai, dit la marquise suppliante ; un seul jour !...

— Pas une heure, ma bonne dame ! L'homme que nous attendons ne peut tarder davantage...

— Tant mieux pour vous !... Quant à moi, j'ai mes petites raisons pour ne pas attendre du tout... Si je vous mets demain dans la rue, voyez-vous, je suis rempli de mes avances par... par quelqu'un qui vous porte de l'intérêt.

— Le duc ! s'écria Gaston dont la joue devint livide.

— Le duc ! répéta le malade d'une voix sourde ; — infamie !... infamie !

Gaston fit encore un pas vers M. Polype. — Il y avait, amassées sur son front, de terribles menaces.

— Vous voulez donc assassiner mon père ? dit-il tout bas.

— Je veux mon argent, répliqua le petit homme qui recula d'un pas vers la porte ; — et ne m'approchez pas, je vous préviens, jeune homme, parce que Bijou sait son métier.

Le chien dressa l'oreille en entendant son nom.

— Un jour, par pitié ! dit encore la marquise.

— Un jour ! répétèrent les trois jeunes filles qui entourèrent M. Polype, les mains jointes et les larmes aux yeux.

— Entendez-vous ! reprit Gaston, dont la prunelle brûlait et qui comprimait à deux mains les battements

de sa poitrine haletante ; — on vous prie... on pleure...
Un jour... un seul jour !

Le principal locataire haussa les épaules.

Gaston, l'œil en feu, la tête perdue, s'élança impétueusement, mais sa mère l'entoura de ses bras.

Polype eut un ricanement et se dirigea vers la porte en disant :

— Attention, Bijou !.... on veut nous faire un mauvais parti...

— Laissez, ma mère ! criait Gaston affolé ; — je veux punir ce misérable !...

— Ce misérable sait où il couchera demain, répliqua Polype ; je vous défie d'en dire autant, mon brave !

La marquise, hélas ! n'avait point de peine à retenir son fils. Une toux creuse et convulsive venait de le saisir. Un point ardent tachait maintenant la pâleur de sa joue, — et, lorsqu'il voulut parler encore, sa lèvre blême se teignit de sang...

C'était le dernier des Maillepré.

La pauvre mère leva au ciel ses yeux chargés de désespoir...

M. Polype se retirait, moitié maugréant, moitié triomphant, lorsque, arrivé à deux pas de la porte, il aperçut une forme sombre et d'apparence presque gigantesque qui se dressait entre lui et seuil.

Il s'arrêta et laissa passer son chien.

— Monsieur le marquis, dit à ce moment une grosse voix, fortement empreinte de l'accent morbihannais, — voulez-vous que je les jette tous deux, homme et bête, par la croisée ?

— Tue-les ! tue-les ! Jean-Marie ! s'écria le jeune Maillepré avec fureur.

— Pille, Bijou ! murmura le petit homme.

Le chien s'élança aussitôt. — En même temps, Biot se baissa. On entendit un aboiement tronqué, — puis l'on vit Biot se relever et balancer à bout de bras l'énorme bête, qu'il avait saisie par la peau du cou, comme on fait d'un roquet.

Biot ouvrit la porte, éleva le chien à deux mains, et le précipita, hurlant, du haut de la cage de l'escalier.

Le petit homme se réfugia jusqu'à la place occupé naguère par Gaston derrière le lit.

Biot s'avança résolument vers lui.

Les jeunes filles se taisaient, terrifiées.

— Je vous accorde un jour... balbutia Polype.

Le malade était tombé depuis quelques minutes dans une sorte d'accablement inerte. — La marquise or donna au paysan de s'arrêter.

— Sortez, monsieur ! dit-elle précipitamment, et que Dieu vous pardonne le mal que vous nous faites !

Le petit homme se glissa entre Biot immobilisé et le lit.

— Merci, ma bonne dame, dit-il humblement.

Puis, arrivé au seuil, il renfla tout à coup sa basse taille et ajouta :

Il fait froid, dans le ruisseau, braves gens ! Demain à huit heures, vous m'en donnerez des nouvelles.

La porte se referma brusquement.

— Mademoiselle de Maillepré, que se passe-t-il ici demanda la duchesse.

— Hélas ! madame ma mère, répondit Berthe en pleurant, — demain nous n'aurons plus d'asile !...

La vieille dame caressa sa belle boîte d'or en souriant.

— Plus d'asile ! murmura-t-elle ; — et le château de Maillepré !... et l'hôtel de monsieur mon beau-père, rue des Francs-Bourgeois au Marais !... et le château d'Avalon en Bourgogne !... et la terre de Kergaz en Bretagne !... et le manoir de Naye !... Cette jeune fille rêve !...

La marquise avait déposé Gaston, à demi évanoui, sur son siége.

Durant quelques moments un silence profond régna dans la chambre.

Au bout de ce temps, la voix creuse du malade se fit entendre.

— Mets-moi sur mon séant, Biot, dit-il.

Le paysan obéit.

— Il n'y a plus qu'un Maillepré, reprit le marquis avec lenteur et solennité ; — Gaston, mon fils, vous êtes chef d'une noble race dont Dieu a permis la ruine...

Soyez heureux si vous pouvez, sinon, supportez la peine en chrétien, et souvenez-vous de notre devise...

Il s'arrêta pour reprendre haleine.

— Notre cause est juste, poursuivit-il ; soutenez-la, mon fils ; — demain, l'homme que j'attends viendra... Ne lui faites point de reproche... ce que Dieu veut, nous devons le vouloir...

Il s'arrêta encore. Sa voix s'affaiblissait.

— Adieu, madame ma mère, reprit-il ; — adieu, madame de Maillepré... ma Louise ! Je vous aime en mourant comme je vous aimai toute ma vie... Adieu, Gaston, mon fils noble et cher...

Gaston, soutenu par sa mère en larmes, vint se mettre à genoux au chevet du lit. — Les trois jeunes filles y étaient déjà. — Chaque fois que le malade s'interrompait, on entendait des sanglots étouffés et la toux sourde, implacable, de l'héritier de Maillepré...

— Ne vous inquiétez point de moi, dit encore le marquis ; — nos aïeux ont fondé trop de lits dans les hospices de Paris pour que Maillepré mourant n'y puisse trouver place... Adieu, vous tous, ma femme et mes enfants bien-aimés... Berthe, Charlotte... et Sainte, mon pauvre bel ange !

Il se tut. Biot remit sa tête sur l'oreiller.

La vieille duchesse sommeillait sur son fauteuil de paille.

Les lèvres du malade s'entr'ouvrirent une dernière fois. Les sanglots firent silence, et l'on entendit :

— Mon Dieu !... que j'aurais voulu voir cet homme qui vient de si loin pour apporter à Maillepré la vie et la fortune... S'il pouvait savoir que je meurs !... Western ! Western !! . . . .
. . . .

Western, en ce moment, était attablé, non loin de là, dans un cabinet de l'hôtel du Sauvage, vis-à-vis de Carmen, qui lui avait pris sa mémoire et son cœur.

CHAPITRE VI

LE FANDANGO

Il y avait une heure que Western avait franchi, guidé par Carmen masquée, le seuil de l' *Hôtel du Sauvage*. Il s'était lavé la figure. La lutte avait laissé peu de traces sur son crâne. On voyait seulement, au milieu du front, une tâche violâtre, de laquelle rayonnaient quelques minces filets de sang, à l'endroit où l'avait atteint la lourde bouteille. Quant au couteau de l'Ours, Carmen avait si bien paré le coup, que la lame avait seulement glissé sur la main de l'Américain, sans pouvoir entamer sa peau rude.

On leur avait donné une chambre assez vaste, à deux fenêtres, défendues au dehors contre les regards indiscrets par des jalousies, et au dedans par d'épais rideaux de laine rouge soigneusement croisés. Vis-à-vis des deux fenêtres, à droite et à gauche de la porte d'entrée, il y avait deux jours de souffrance, servant à éclairer le corridor intérieur et clos à l'aide de verres dépolis. A droite, en entrant, se trouvait la cheminée, où brûlait un bon feu. A gauche, une alcôve, fermée de rideaux rouges, drapait ses ambitieux lambrequins, à festons d'un jaune vif, surmontant de gros glands de laine. — Entre la porte et la cheminée se trouvait une table servie devant un canapé d'étoupes, recouvert en drap rouge à bordures jaunes.

Cette chambre était grossièrement planchéiée ; son

plafond se composait de madriers ajustés et blanchis à la chaux.

Carmen était à demi couchée sur le canapé. Western, assis dans un fauteuil, de l'autre côté de la table, achevait une tranche de biscuit qu'il arrosait généreusement de vin de Bordeaux. — Il y avait sur la table d'autres mets, auxquels Carmen avait touché légèrement. Elle ne mangeait plus.

L'Américain avait en ce moment une expression de visage dont il eût été difficile d'analyser au juste le caractère confus. La lutte avait chassé l'ivresse. Il était de sang-froid quant au vin ; mais sa tête n'en valait pas mieux pour cela. Le trouble des sens était chez lui à son comble.

Avec son sang-froid, cependant, il avait retrouvé sa timidité sauvage. Il n'osait plus. Carmen, étendue sur le sofa, dans une pose gracieuse, abandonnée, lui souriait. — Le rouge montait avec violence aux joues de Western, qui baissait les yeux et buvait, tâchant de puiser un peu de courage au fond de son verre. Mais le tiède vin de la Gironde n'avait pas assez de fumées pour cette robuste cervelle. L'Américain sablait impunément ce tranquille nectar, qui prend feu tout au plus au contact volcanique d'une tête de Gascon. — La passion seule le brûlait, combattue énergiquement par des habitudes austères et aussi par une obsédante pensée.

Depuis une demi-heure, Western songeait incessamment qu'il avait ce soir-là un devoir sacré à remplir.

Carmen était belle comme ces tentations incarnées que la tradition place autour de saint Antoine en prières, et qui faisaient assaut de charmes surhumains et de magiques sourires pour gagner l'homme de Dieu à l'enfer. — Son coude s'appuyait au coussin du sofa. Sa blanche main, demi-perdue dans les masses lourdes de ses cheveux, soutenait son front incliné. La chaleur étouffante du caveau et aussi la lutte avaient mis du désordre dans sa coiffure, dont quelques boucles, échappées à leur chaîne de perles, jouaient au hasard sur sa joue. Sa main droite caressait avec distraction le manche d'or du stylet arraché à l'écaillère, et qui avait failli être fatal à Western. Ses riches épaules touchaient le dossier du sofa, dont l'étoffe rouge repoussait l'harmonie exquise de leur contour sous le voile transparent d'une guimpe détachée.

Sa paupière abaissée cachait en partie sous le rideau de ses longs cils la flamme aiguë de son regard. Sa bouche s'entr'ouvrait pour montrer en un sourire l'émail perlé de ses dents régulières et fines. — Que dire? Elle était charmante. Il y avait autour d'elle comme un rayonnement merveilleux de beauté. Sa grâce séduisait invinciblement ; son sourire contraignait à l'aimer.

Western subissait l'attrait. Tout son être s'élançait avec adoration vers cette enchanteresse qui donnait à son cœur des frémissements inconnus. La passion chauffait jusqu'au transport sa nature lente et froide. — Mais, entre lui et l'idole, il y avait sa timidité. S'il adorait, c'était tout bas. Il n'osait pas joindre ses mains et se mettre à genoux. C'était un tête-à-tête bizarre et comme n'en avait point vu souvent le boudoir banal où ils se trouvaient. Nulle parole n'interrompait le silence depuis que Carmen avait terminé son repas. L'Américain buvait. A peine regardait-il de temps en temps sa belle compagne à la dérobée. Son trouble, ses désirs, sa peur, tout cela perçait naïvement sous sa gravité d'habitude. — Il eût vidé sa bourse sur la table, rien que pour oser et savoir dire...

Carmen, lorsque par intervalles leurs regards se croisaient, faisait reluire sa prunelle, et ramenait sa paupière ombragée, aiguisant ainsi le tranchant de son œillade. Western alors avait l'âme pleine de paroles passionnées, mais ces paroles venaient mourir sur sa lèvre. Il baissait les yeux et se taisait.

En ces moments, on eût remarqué sur la bouche de Carmen un singulier sourire. Sa beauté se transformait. Ce qu'il y avait en elle de doux, de féminin, semblait disparaître tout à coup pour faire place à une assurance audacieuse. Sa grâce exquise tournait à la force. — On croyait lire sur son front hardi de menaçantes et téméraires pensées.

Western l'aperçut une fois sous ce jour extraordinaire. Il crut rêver.

Durant une seconde, le regard de Carmen, dur, hautain, perçant, pesa sur lui. Ce fut comme l'éclair glacé qui jaillit de la prunelle du serpent. Western eut froid jusqu'au cœur. Il se sentit trembler devant ce rayon éblouissant, qui l'étonnait et le terrifiait.

Avait-il bien vu ? — Sa paupière battit, blessée. — Quand il la releva, Carmen avait aux lèvres un sourire amoureux et suave.

Western réfléchit. Sa prudence, réveillée, fit entendre vaguement sa voix, secouant d'instinct l'apathie morale où l'avait plongé l'assaut inattendu et fougueux de la volupté. L'impression subie s'amoindrit et devint double. Il était attiré encore, mais quelque chose arrêtait son élan, et de mystérieuses froideurs éteignaient le foyer de ses désirs.

Cette réaction fut soudaine et vint se peindre aussitôt sur sa physionomie franche et simple.

Carmen comprit que la domination qu'elle exerçait par surprise arrivait à son terme. Mais elle n'avait pas besoin sans doute que son empire fût de longue durée, car rien en elle n'annonça le désappointement ou le chagrin. Son beau visage demeura serein et prit seulement une nuance d'imperceptible indifférence dédaigneuse.

Werstern, au contraire, avait l'air de plus en plus embarrassé.

Evidemment il eût voulu maintenant rompre cette entrevue.

Il se versa un plein verre de vin de Bordeaux pour se donner courage et l'avala d'un trait.

— Vous m'avez abordé, — dit-il ensuite, — en invoquant le nom de la patrie commune... Si loin de mon pays, la voix d'une fille de l'Amérique m'a remué le cœur et vous n'aurez pas en vain demandé mon aide...

— Pourquoi ne me dites-vous plus que vous me trouvez belle ?... interrompit Carmen en l'enveloppant de son regard charmant.

Western balbutia. — Il hésitait entre la passion qui

le reprenait et le sentiment de répulsif effroi dont l'at teinte soudaine avait traversé son amour.

Carmen se souleva sur le coude et tira le cordon d'une sonnette qui pendait au dessus de sa tête.

Elle mit à ce geste toute la mollesse gracieuse d'une femme sûre de sa beauté, qui veut porter au comble l'ivresse d'un amour indécis.

Mais Western avait les yeux cloués au sol. Il ne la voyait point.

Un garçon se présenta presque aussitôt.

Une carafe de kirsch ! dit Carmen en français.

Western consultait sa montre.

— Ecoutez ! reprit-il résolument : — je suis presque un vieillard, mais mon cœur est jeune, parce que le travail ne lui laissa jamais le temps d'aimer... Le démon s'est servi de vous pour me tenter... Vous vous êtes trouvée sur mon chemin comme une pierre d'achoppement contre laquelle j'ai failli trébucher... Oui, vous êtes belle, poursuivit-il en s'animant, — belle comme ne put jamais l'être une femme !... Il y a dans vos yeux une flamme qui brûle et rend insensé... Quand vous me regardez ainsi, mon âme tressaille de joie... Je sens au dedans de moi la force renaissante et les chauds élans de mes jeunes années...

Carmen ne dissimula point un sourire d'orgueilleux triomphe.

L'Américain passa le revers de sa main sur son front.

— C'est la première fois de ma vie que j'omets un devoir !... murmura-t-il.

Le garçon revint avec la carafe de kirsch.

— Fi ! s'écria Carmen, — y a-t-il des devoirs en temps de folie !... Ecoutez les chants du dehors... écoutez la danse qui ébranle le parquet sur nos têtes...

— Oui, répliqua Western dont le front se plissa ; — mais ceux qui attendent et qui souffrent !...

Carmen avait dit vrai. Le plafond sonore et formé d'un double plancher, recouvrant en dessus et en dessous les solives, résonnait sous les piétinements drus d'un galop enthousiaste. On entendait parfaitement l'orchestre, composé de trois ou quatre voix chantant faux et d'une trompe de carnaval, qui jetait au travers du motif ses sons discords et lamentables. Le galop avait alors toute la vogue que perd en ce temps-ci la polka détrônée. C'était la danse indispensable, aimée, sans laquelle toute joie était tiède.

De la pièce où se trouvaient Carmen et Western, on pouvait conjecturer que le nombre des danseurs de l'autre étage ne dépassait pas dix à douze. Mais ils se démenaient tant et si bien que la maison tremblait sous leurs pas...

Carmen eut comme un frémissement d'envie ; ses yeux pétillèrent ; sa taille affaissée se raidit ; son sein se souleva.

Elle emplit de kirsch le verre de Western et bondit, légère, sur ses pieds. — En passant devant la porte, elle poussa le verrou intérieur, ce dont Western ne s'aperçut point.

Elle revint vers la table en mesurant avec méthode son pas gracieux.

Puis éclata dans la chambre silencieuse un roulement sec et cadencé. Carmen avait aux mains des castagnettes d'ébène.

Son beau corps ondula lentement. Ses pieds effleurèrent le sol. Ses cheveux dénoués roulèrent à longs flots sur ses épaules. L'azur sombre de ses yeux eut des étincelles diamantées.

Elle dansait une de ces danses espagnoles auxquelles la mode donne de temps en temps des noms nouveaux et qui restent comme des types éternellement aimés de grâce lascive, de vigueur cavalière, d'audace fanfaronne et d'ardente mollesse...

Elle s'avançait, humble, tendre, soumise, quêtant du regard et du geste un sourire, un baiser, quelque chose d'amour ; — puis ses reins souples se redressaient, son front se relevait superbe, le dédain glissait sur sa bouche ; — puis encore elle revenait, priant et disant éloquemment l'amer supplice d'une âme jalouse...

Elle provoquait, alerte, coquette ; elle implorait, amante passionnée, pour triompher bientôt et rire — et se pâmer en d'adorables langueurs...

Western la regardait stupéfait. Cette pantomime rapide, qui déroulait devant lui scène à scène le plus voluptueux des drames, le ravissait, le transportait, le courbait de nouveau sous le joug. Il suivait avidement les phases de plus en plus sensuelles de cette danse magique, fille des chaudes tendresses des Espagnes, qui court, qui pose, qui se déploie, qui tourne, qui caresse, qui fascine...

Un nuage était sur ses yeux. Ses tempes battaient, sèches et brûlantes. — La chambre s'éclairait pour lui de lueurs vagues ; la danseuse nageait dans un tourbillon fantastique. Il lui semblait que l'air la soulevait doucement et la ramenait, balancée, au sol que n'effleuraient plus ses pieds de fée.

Le charme le tenait esclave. Il était bercé dans un rêve enchanté...

Carmen précipitait cependant comme à plaisir les passes expressives de son fandango. Son beau corps ondulait, souple, flexible et fort. Çà et là, le velours sombre de son spencer détachait ses formes esquissées sur les murailles blanchies, et son pâle visage ressortait entre les masses soulevées de ses cheveux noirs, magnifique et comme éclairé par la flamme noyée de ses prunelles.

Nulle fatigue ne s'apercevait parmi la grâce vigoureuse de ses mouvements. Sa respiration était égale et douce.

Elle dansa longtemps ainsi, soutenue et guidée par les roulements mesurés de ses castagnettes.

Quand elle s'arrêta, ce fut tout près de Western. Son torse se renversa lentement en arrière ; sa tête se pencha, souriante, sur l'épaule droite, dont le bras arrondi élevait ses castagnettes à la hauteur du front. — Son autre main reposait sur sa hanche.

Tout Paris devait courir quelque quinze ans plus tard pour voir Fanny Esllsler couronner par cette pose incomparable les merveilles de sa luxuriante cachucha.

Western vit Carmen immobile demeurer en équilibre. Il s'élança d'instinct pour la soutenir. — Carmen se laissa tomber dans ses bras.

Mais les muscles de l'Américain défaillirent au contact de ces formes élastiques et jeunes, emprisonnées sous le velours. Il chancela sous le fardeau, et n'eut que le temps de déposer Carmen sur le sofa. — Ses jarrets fléchirent. Il se laissa choir sur ses genoux.

Carmen appuyait de nouveau sa tête aux coussins.

Elle abaissa sur Western prosterné un indéfinissable regard, où il y avait du mépris et aussi de la compassion, — où il y avait encore cette menace diabolique devant laquelle l'Américain avait frissonné naguère.

— Qui êtes-vous donc ?... murmura-t-il après quelques secondes de silence extatique et sans se rendre compte du sens de ses paroles.

— Je suis un homme, répondit Carmen.

L'Américain se releva, étonné.

— Un homme !... balbutia-t-il.

Carmen ramena coquettement en faisceau régulier les plis de sa robe, rejeta en arrière ses longs cheveux et alanguit davantage la mignarde paresse de sa posture.

Western la considérait d'un œil indécis et craintif.

— Buvez, dit-elle avec un accent railleur et en montrant du doigt le verre plein ; — vous avez besoin de courage.

L'Américain alla s'asseoir à sa place première.

— Je ne suis pas superstitieux, murmura-t-il ; mais l'esprit du mal revêt parfois, dit-on, le masque de la beauté...

Carmen l'interrompit par un franc éclat de rire.

Western rougit et demeura honteux.

Il se fit un silence.

A l'étage supérieur, la danse faisait trêve. On n'entendait plus que le bruit des siéges grinçant sur le parquet, le choc des verres, et les éclats intermittents d'une conversation folle.

Le souper avait succédé peut-être au galop. C'était l'heure. — En ce bon temps de carnaval, l'estomac double ses capacités et devient apte à d'exorbitantes fonctions. Le dîner n'était pas bien loin encore, mais il fallait tuer le temps jusqu'à l'ouverture des bals de l'Odéon et de la Porte-Saint-Martin, les dignes précurseurs de Musard.

On parlait haut, comme toujours en ces circonstances. D'en bas, une oreille exercée eût aisément reconnu la voix des acteurs de cette petite débauche. Il y avait, par exemple, un solennel faux-bourdon qui ressemblait singulièrement à l'organe emphatique du Dindon du Caveau. On retrouvait également quelques inflexions distinctes des voix de l'Ours, du Melon et du Hibou. — Mais celui qu'on reconnaissait le mieux, c'était Josépin, le Matelot-Tanche, qui embouchait le porte-voix chaque fois qu'il mettait la main sur un calembour.

Ni Carmen ni l'Américain n'avait en ce moment l'esprit à ce qui se passait au-dessus de leurs têtes.

Western semblait comme étourdi. Il y avait une brume épaisse autour de son intelligence. Carmen était pour lui un être inexplicable, et il se perdait à vouloir suivre par le souvenir les événements de cette soirée.

Durant cinquante ans, il avait vécu la vie calme et réglée d'un homme d'affaires, dans un pays d'affaires. Depuis quelques heures, le bizarre, le roman, la féerie l'entouraient, le pressaient, l'affolaient.

Carmen réfléchissait. Son beau visage avait pris une expression de gravité pensive. Ses yeux demeuraient fixés sur Western et ne le voyaient point. Ses sourcils se fronçaient légèrement.

Ce fut elle qui rompit la première le silence.

— Buvez ! répéta-t-elle.

Machinalement, Western porta le verre à ses lèvres, mais il le repoussa aussitôt avec dégoût.

— Buvez, vous dis-je ! répéta encore Carmen.

L'Américain secoua lentement la tête.

— Il faut regarder tout cela comme un rêve, dit-il. — Sais-je ce qui s'est passé en moi ce soir ?... Ce sont des heures de tentation et de démence que j'effacerai de mon souvenir... Je ne vous verrai plus, femme... Voulez-vous de l'or ?

— Je veux que vous buviez ! répondit Carmen impérieusement.

Western tira de sa poche une lourde bourse qu'il jeta au devant de Carmen.

Celle-ci la repoussa et reprit d'une voix plus douce:

— Vous êtes généreux... Croyez moi... buvez.

— Pourquoi cela ?...

Carmen eut l'air d'hésiter.

Pendant ce court moment d'indécision, l'œil-de-bœuf en verre dépoli, situé immédiatement derrière elle, s'ouvrit sans bruit aucun, et, durant une seconde, une tête extraordinaire vint s'y encadrer.

C'était une grande figure rougeâtre, au front sillonné de cicatrices, à la chevelure complètement rasée, sauf une mince touffe de poils gris, relevés en pointe à l'extrême sommet du crâne.

Cette figure avait les yeux caves et éteints. Elle jeta dans la chambre un regard circulaire, sourit d'un air mystérieux, et referma doucement le jour de souffrance...

Carmen répondit en attachant sur Western un regard fixe et hardi :

— Je veux que vous buviez, parce que, si vous buvez, vous tomberez ivre... une fois ivre, vous vous endormirez... et je pourrai prendre alors le portefeuille qui est dans la poche de votre habit...

— Ah !... fit Western ébahi.

— Oui, reprit froidement Carmen ; tandis que si vous ne buvez pas, vous ne vous endormirez pas... et alors, comme il me faut ce portefeuille, je serai forcée de vous assassiner...

CHAPITRE VII

ENTRE QUATRE PLANCHES

Western n'eut pas même l'idée que cette étrange déclaration pût être sérieuse. Il pensa que Carmen raillait. Il pensa encore que peut-être, par une compensation mystérieuse, Dieu avait refusé la raison à cette créature comblée d'un si admirable don de beauté.

Carmen amollit davantage les grâces nonchalantes de sa pose et s'arrangea comme pour dormir.

Mais son regard, contrastant avec ce paresseux abandon, se fixait toujours, dur et froid, sur Western.

— Vous voyez bien, reprit-elle enfin, — que le plus sage est de boire...

Western la regardait, de plus en plus étonné. Un instant, le rire lui monta aux lèvres, — tant il se sentait fort devant cette extravagante menace.

Carmen allongea le bras et poussa de la pointe de son stylet mignon le verre plein, en disant :

— Allons !...

— Mais, répliqua Western, saisi par la bizarrerie de la situation, — que voulez-vous faire de mon portefeuille ?

— Je l'ai vendu, répondit Carmen.

— A qui ?...

— A cet homme qui a prononcé votre nom à votre oreille, ce soir, dans le jardin du Palais-Royal.

Le front de Western se plissa.

Il avait oublié cette circonstance, parmi la succession rapide, étourdissante, des événements de la soirée; mais, à cette seule parole de Carmen, elle se représenta vivement à son souvenir. Il se rappela son étonnement, ses vains efforts pour retrouver cet être invisible qui l'avait nommé dans la foule.

Il eut un mouvement de vague effroi. Son cœur se serra; — car dans cet immense Paris où il se trouvait seulement depuis quelques heures, un réseau mystérieux et fatal semblait l'envelopper de toutes parts. Il était seul, sans amis comme sans ennemis, et pourtant de ténébreuses haines s'attachaient à ses pas.

Partout il avait rencontré devant lui la lutte et l'attaque, et si une fois il avait vu lui sourire des lèvres avenantes, c'était la bouche d'une sirène qui l'appelait au bord de l'abîme...

Car il en était là de prendre au sérieux désormais la menace de Carmen. Ce souvenir récemment évoqué changeait brusquement le cours de ses idées. Derrière Carmen il voyait une ligue d'ennemis inconnus, intéressés à le perdre.

Et, comme il arrive toujours lorsque l'âme s'attriste, la voix de la conscience s'élevait en lui, haute et sévère. Il se reprochait amèrement de s'être laissé prendre comme un enfant, lui qui avait un pied sur le seuil de la vieillesse, aux joies folles d'une nuit de carnaval. Il ne trouvait plus d'excuse dans son ignorance de ces mœurs étrangères, dans la nouveauté soudaine du spectacle, dans l'entraînement électrique que dégage une foule en délire...

Il repoussa son siège, jetant à droite et à gauche son regard inquiet, comme s'il se fût attendu à voir surgir de quelque recoin un adversaire armé. — Par un geste rapide, auquel répondit le rire moqueur de Carmen, il s'empara du long couteau à découper qui était sur la table.

— Fou que vous êtes! dit Carmen; — il vaudrait mieux boire.

La tête de l'Américain se redressa ferme et digne. Toute hésitation ainsi que toute timidité avait disparu de sa physionomie.

— Je ne boirai pas, répliqua-t-il en mettant la main sur l'endroit de sa poitrine où se trouvait son portefeuille. — Si je dois mourir, femme, ce sera en défendant comme il faut le dépôt confié... Je suis coupable, car ce dépôt devrait être en sûreté déjà... Mais si une mort vaillante peut expier quelques heures de faiblesse, Dieu me pardonnera.

Il se leva et fit un pas vers la porte.

Carmen abandonna sa pose paresseuse, sauta sur ses pieds, et vint d'un bond se mettre entre la porte et lui.

— Place ! dit l'Américain.

— Ainsi, murmura Carmen au lieu de répondre, — vous êtes bien décidé à mourir ?...

Western recula d'un pas. Ses sourcils se froncèrent violemment. — On eût pu croire un instant qu'il allait s'élancer sur Carmen et la broyer sous sa force supérieure.

Mais ses bras retombèrent le long de son corps.

— Hâte-toi ! reprit-il en contenant sa voix ; — appelle bien vite tes auxiliaires, ou le piège que tu m'as préparé se rougira de ton propre sang... Ma tête s'égare, et je vais oublier que tu es une femme !...

— Je suis un homme, répondit Carmen, dont les traits contractés exprimaient un orgueil sauvage, — et je suis seul !

Western secoua la tête, et son regard interrogea d'un air de doute les draperies closes de l'alcôve. Puis, prenant son parti tout à coup, il traversa la chambre et fit jouer brusquement les rideaux sur les tringles. L'alcôve était vide.

Ceci devenait pour Western une énigme insoluble. Nulle autre cachette n'existait dans la chambre. Il était armé. On le menaçait de mort. Son ennemi était une femme, dont la blanche main jouait avec le manche ciselé d'un poignard de parade.

Deux fois cette femme avait dit : — Je suis un homme, — mais la lumière tombait d'aplomb sur ses formes délicieuses,

C'était de la folie, ou c'était une audacieuse mystification.

Cette dernière pensée fit monter le rouge au front de

Western, qui referma les rideaux d'un geste véhément et revint vers la porte.

A moitié chemin, il rencontra Carmen qui avait les bras croisés sur sa poitrine.

— Faites-moi place, dit-il. — Je suis dans un pays inconnu, où je n'ai point trouvé jusqu'ici une hospitalité chrétienne... J'ai cru trop vite à vos menaces, peut-être ; mais, du moins, ne m'avez vous point vu pâlir devant la pensée de la mort.

Il en était à s'excuser de ces craintes vis-à-vis de lui-même, et il jeta son arme à terre avec une sorte de honte.

En même temps, il poussa doucement Carmen pour se faire un passage.

Carmen résista. Western, déterminé à sortir, de quelque façon que ce fût, de sa situation fausse, voulut l'écarter de force.

Mais ce ne fut pas Carmen qui céda la place. Ses deux bras se raidirent soudain et pesèrent sur la poitrine de Wertern, qui, rejeté en arrière avec une irrésistible violence, chancela et recula de plusieurs pas.

Nous avons vu Western à l'œuvre dans le jardin et au caveau ; nous savons ce qu'il savait faire et ce que valait son poignet dans une lutte. — Ajoutons qu'il avait au plus haut degré la conscience de sa force et qu'il était citoyen d'un pays où l'homme le plus paisible est obligé bien souvent d'en appeler à sa vigueur physique.

Le choc qu'il venait de soutenir eût ébranlé un athlète.

Il demeura comme étourdi sous son étonnement et se crut le jouet du plus extravagant de tous les songes...

Car son vainqueur était là. C'était une femme, —une femme jeune et belle qu'il eût soulevée dans ses bras comme un enfant.

Du moins eût-il pu le penser naguère ; mais lorsqu'il releva sur Carmen son regard stupéfait, Carmen lui apparut sous un autre et terrible jour...

Elle avait franchi la distance qui les séparait, et se tenait debout, droite et haute, à deux pas en avant de

lui. On eût dit qu'elle avait grandi soudain à la tail[le]
d'un homme, tant son front se dressait fièrement. S[es]
noirs sourcils froncés assombrissaient les feux de s[on]
œil grand ouvert. — Elle était belle encore, comm[e]
est beau et sublime l'archange tombé qui défie la tou[te-]
puissance de Dieu.

Tout en elle, sa pose, son geste, son regard, était u[ne]
mortelle menace...

Le portefeuille ! dit-elle d'une voix rauque et qu'o[n]
n'eût point reconnue pour la mélodieuse voix de [la]
belle fille, couchée naguère sur le sofa.

Western pâlit et baissa les yeux. Le flamboyant [re-]
gard de cet être étrange engourdissait le ressort de s[es]
membres et paralysait sa volonté.

— Le portefeuille ! répéta Carmen en touchant d[u]
doigt son épaule.

En même temps, elle levait lentement son autr[e]
main, qui tenait le poignard.

Il fallut ce danger suprême pour secouer l'apathie d[e]
Western. L'instinct de la conservation se réveilla e[n]
lui. Averti par l'expérience récente de la prodigieuse v[i-]
gueur de son adversaire, il rassembla toutes ses forces
et, se dérobant soudain, il revint sur Carmen qu'il a[s-]
saillit d'une étreinte désespérée.

— Homme ou femme ! s'écria-t-il, — tu veux m[e]
prendre plus que ma vie... Que ton sang retombe su[r]
ta tête !...

Carmen ne répondit point... On entendit seulemen[t]
dans le silence qui s'ensuivit un ricanement court e[t]
sec.

Puis Carmen, dégagée comme par enchantement d[u]
cercle de fer qui se refermait sur ses reins, s'enfuit, r[e-]
vint, s'éloigna de nouveau jusqu'à l'autre extrémité d[e]
la chambre, — pour se ruer de là par un bond de tigr[e]
sur Western qui tomba terrassé.

Quand il voulut se relever, le genou de Carmen étai[t]
sur sa gorge.

— Le portefeuille ! dit-elle une troisième fois.

— Non ! répondit Western.

La main de Carmen s'abaissa... La gorge du vainc[u]
râla sourdement...

Carmen s'agenouilla auprès de lui, ouvrit son habit prit dans la poche le portefeuille qu'elle mit dans son [s]in.

Elle se releva.

Western ne respirait plus.

Carmen le contempla un instant étendu à ses pieds. Elle était pâle autant que le cadavre. Le feu de sa [p]runelle s'éteignait par degrés. — Un sourire amer [et] douloureux vint plisser sa lèvre.

Puis sa tête se pencha sur son épaule et son regard [e]ut pitié.

A l'étage supérieur, on était au dessert. Un chœur [ba]chique détonnait avec accompagnement de verres, [d']assiettes, de bouteilles et de couteaux.

Si je meurs que l'on m'enterre
Dans la cave où est le vin...

L'air s'endormait, les voix étaient somnolentes et avi[n]ées. Mais, au dernier couplet, l'orgie s'éveilla. Le chant [r]etentit, enflé tout à coup, et ce fut le porte-voix de [J]osépin qui lança en mugissant la reprise finale :

Si je meurs que l'on m'enterre...

Ce vers frappa l'oreille de Carmen comme eût fait [u]ne décharge d'électricité. La réaction de fatigue, — et [p]eut-être de repentir, — qui, en elle, avait suivi la lutte, [p]rit fin soudainement.

Elle revint brusquement au sentiment de sa position, [à] la nécessité de faire disparaître la trace du meurtre et [de] quitter l'hôtel.

— Où cacher, — où *enterrer* ce mort?...

L'alcôve était peu profonde et ne contenait qu'un lit [p]as monté sur pieds, dont le bateau touchait presque le [s]ol. — Il n'y avait pas place.

Et nul autre enfoncement, nul autre recoin dans la [c]hambre...

Carmen se souvint que, en dansant, elle avait trébuché plusieurs fois sur l'un des madriers du plancher, [l]qui, posé hors de l'aplomb, cédait et basculait presque [s]ous les pieds. Elle le chercha du regard, le trouva et [s]'en approcha tout doucement.

Il y avait en elle une mystérieuse horreur. Le br[uit] de ses pas l'effrayait. — Son œil était farouche et [sa] respiration contenue soulevait sa poitrine à interval[les] inégaux.

Elle essaya d'ôter la planche, qui résista. Le bo[is] jouait dans une certaine mesure qu'il ne dépassait poin[t.] Carmen alla prendre la barre de fer du foyer, dont el[le] introduisit l'extrémité recourbée dans l'entrebâilleme[nt] des madriers. Cela fit un levier. Le bois craqua ; l[es] chevilles, arrachées, sautèrent.

Carmen se trouva devant un trou carré, oblong, fig[u]rant exactement la cavité d'un cercueil.

Le fond était formé d'une planche semblable à cell[e] du dessus, et qui faisait sans doute partie du plafon[d] de l'étage inférieur. Les parois, dans le sens de la lon[g]ueur, étaient deux solivaux, dans la largeur, deu[x] poutres transversales.

La moitié au moins des auberges de bas ordre e[st] construite ainsi : c'est déjà du luxe, car l'autre moiti[é] laisse voir impudemment ses poutres raboteuses et s[es] solives mal équarries, dont les intervalles, en vertu d[es] lois et arrêts sur la prescription non troublée, sont l[a] légitime propriété d'araignées innombrables et de leur[s] dynasties.

Carmen détourna les yeux. Son cœur défaillait...

Mais il n'était point dans sa nature de garder long-temps cette faiblesse. — Elle secoua la tête vivement, et se redressa de toute sa hauteur. Ses longs cheveux, baignés d'une sueur froide, s'agitèrent en mèches compactes et serpentantes. Son œil, redevenu hardi, mesura sans sourciller le trou, puis le cadavre.

Le trou et le cadavre étaient de la même longueur.

Carmen s'achemina vers ce dernier d'un pas ferme.

L'œil-de-bœuf, situé à droite de la porte, s'ouvrit pour la seconde fois, et la grande figure rouge, rasée, avec sa longue houpe de poils s'y encadra de nouveau.

Les habitués du Caveau eussent eu peine à reconnaître le Sauvage, ainsi débarrassé de son diadème de plumes multicolores. C'était lui pourtant, qui gardait

igneusement sous sa coiffure de parade la touffe à
calper des Indiens Cherokees.

M. Polype, son maître, lui avait donné dans l'hôtel
un coin et un grabat.

Quand, après la parade, on omettait d'enfermer le
Grand-Chef dans son taudis, comme une bête sauvage,
il sortait la nuit, parcourait les corridors avec cette
marche silencieuse particulière aux Indiens et mettait,
partout où il pouvait, un regard d'enfant curieux.

Son taudis était situé immédiatement au-dessous de
la chambre où avaient soupé Carmen et Western, c'est-
à-dire dans cette manière d'entresol particulière aux
maisons prises entre les rues Neuve-des-Bons-Enfants
et de Valois, qui se trouve d'un côté au-dessous du premier étage et de l'autre côté au-dessus.

Ce soir, l'hôtel était comble. On festoyait dans toutes
les chambres. Les garçons avaient en vérité bien autre
chose à faire qu'à s'occuper du Sauvage.

Celui-ci, profitant de cette liberté, allait, depuis une
heure, d'étage en étage, se cachant à l'approche des
garçons et violant avec un imbécile plaisir les mille
secrets d'amour ou d'ivresse défendus par un verrou
tremblant et une cloison vermoulue.

La chambre rouge, comme on appelait dans l'hôtel
la pièce où Carmen restait seule en ce moment, attirait
surtout la curiosité du Grand-Chef, parce qu'il était
parvenu de longue-main à faire jouer la charnière de
l'un des jours de souffrance, ce qui lui permettait de
tout y voir à son aise.

Au moment où il mettait sa tête rase dans l'ouverture Carmen était entre lui et le cadavre. Ses yeux
mornes roulèrent, cherchant l'autre personnage de cette
scène, et ne le trouvant point.

Carmen, cependant, saisit Western par ses habits et
se prit à le traîner vers le trou. Elle était toujours entre le corps et le Sauvage qui faisait ses efforts pour
voir...

Il vit enfin.

La tête et les épaules de Western étant tombés dans
le trou, Carmen en fit le tour pour y pousser le reste
du cadavre.

L'œil du Grand-Chef s'écarquilla. — Ses lèvres [re]muèrent sans produire aucun son, mais prononça[nt] évidemment en dedans ce mot :

— Le Yankee !...

Quelque chose de comparable à l'intérêt puissa[nt] qu'un homme du peuple prend aux scènes mal léché[es] du mélodrame se peignit sur sa physionomie soudai[ne]ment avivée.

Carmen effaça du pied les rares taches de sang q[ui] marbraient le plancher et les saupoudra de cendre.

Cela fait, elle remit en place le madrier.

La grande figure de l'Indien eut un sourire d'étonne[ment admiratif.

Sa bouche s'ouvrit et donna passage à une exclama[tion gutturale...

Carmen, occupée à emboîter la planche, tressaillit d[e] la tête aux pieds et se retourna.

Elle n'aperçut rien. — La face rouge du Sauvag[e] avait disparu, et l'œil-de-bœuf s'était refermé.

Carmen prêta l'oreille. — Nul bruit ne se faisait e[n]tendre, sinon les voix enrouées et ivres des buveurs d[e] l'autre étage, qui, à bout de chansons, hurlaient l[e] *Libera...*

Carmen remit son masque et se dirigea vers la port[e.]

Au moment où, après avoir tiré le verrou, elle tou[chait le bouton, le même cri guttural qui l'avait effrayé[e] se fit entendre de l'autre côté de la porte.

Puis la clef, restée à l'extérieur, tourna vivemen[t] dans la serrure.

Carmen eut un éblouissement et ses jambes tremblè[rent sous le poids de son corps. — Néanmoins elle pes[a] de toute sa force sur le bouton.

Ce fut en vain. — Elle était enfermée.

CHAPITRE VIII

CINQ BOLS DE PUNCH

Carmen demeura un instant comme foudroyée.

Il y avait un témoin du crime.

Elle s'était reculée jusqu'au milieu de la chambre, et [te]nait le pied posé sur la planche qui recouvrait le ca[da]vre, comme si elle eût voulu la sceller de son poids.

Son corps se penchait en avant. — Elle avait les yeux [cl]oués au sol, le sein soulevé, l'oreille attentive. — Un [ro]uge vif remplaçait, sous son masque, la belle pâleur [de] ses joues.

Elle écoutait. — Aucun bruit n'avait suivi l'exclama[ti]on poussée dans le corridor.

On n'entendait que le fracas confus de la rue, où le [ca]rnaval essoufflé râlait ses derniers chants de fête, et [le]s éclats de voix de l'étage supérieur.

Carmen attendit, pendant une minute, immobile et [ga]rdant sa pose effrayée.

Puis elle se baissa et prit à terre le long couteau dont [W]estern avait voulu se faire une arme.

Sa main en serra fortement le manche d'ébène. Les [p]lis de son front disparurent. Elle arracha son masque [et] son œil se fixa, résolu, sur la porte.

Ce fut en elle un flux soudain de courage indompta[b]le et superbe. Son sourire défia le danger imminent ; [s]es narines se gonflèrent à la pensée de la lutte pro[c]haine...

Athènes se fût prosternée devant le magnifique rayon[n]ement de cette beauté belliqueuse, et l'eût appelée

Pallas. Tout en elle à présent était force et mépris [or]gueilleux du péril.

C'en eût été fait, à coup sûr, de quiconque eût ouv[ert] la porte en ce moment.

Mais la porte ne s'ouvrit point, et un silence profo[nd] continua de régner dans le corridor.

L'attente se prolongea et refroidit le sang de Carme[n.] Le souvenir du meurtre revint. Elle se sentit frissonn[er] de nouveau, parce que la pensée du danger s'éloign[ait] et qu'elle se trouvait seule, rivée à son crime, emprison[-]née avec un cadavre.

Sa pose perdit insensiblement sa fierté virile. Son [œil] inquiet erra tout autour de la chambre, cherchant l'[is]sue qu'elle savait ne point exister. Une seule pens[ée] était dans son esprit : fuir ; — Fuir ce lieu maud[it] dont chaque objet lui parlait énergiquement [de] l'homme qui était là sous ses pieds ! fuir ces draperi[es] que son imagination frappée teignait de sang, — ce[tte] table où restaient les miettes du dernier repas de We[s]tern assassiné, — ce sol, enfin, saupoudré de cendr[e] et dont l'une des planches lui semblait s'agiter lent[e]ment et donner passage à des plaintes...

Elle était femme en cet instant. Elle avait des remor[ds] de femme ; elle était faible ; elle tremblait ; elle pleura[it.]

A son tour elle jeta le couteau. Elle eût voulu voir [la] porte s'ouvrir, non plus pour résister ou se frayer u[n] passage, mais pour mettre un vivant entre son épo[u]vante et le mort.

Et chaque seconde augmentait pour elle cet ét[at] d'insupportable angoisse. Il fallait fuir, à quelque pri[x] que ce fût.

Elle ouvrit l'une des fenêtres et en releva les jalousi[es] baissées. La chambre se trouvait au premier étage [de] la maison, par rapport à la rue Neuve-des-Bons-Enfant[s,] mais les croisées donnaient sur la rue de Valois. De[ux] étages les séparaient par conséquent du pavé.

Carmen mesura cette distance, et son parti fut pr[is] aussitôt.

Il y avait des passants dans la rue. Tous les boug[es] souterrains et autres étaient encore ouverts ; — ma[is] Carmen voulait fuir.

Elle retira précipitamment l'un des draps du lit et [s'atta]cha de le nouer aux barreaux du balcon... Ses mains [ét]aient sans vigueur et sans adresse. Ce ne fut qu'après [b]eaucoup d'efforts inutiles qu'elle parvint à fixer tant [bi]en que mal l'une des extrémités du drap.

L'autre bout pendit bientôt au dehors, et Carmen se [p]encha pour voir la hauteur qui lui resterait à franchir.

Elle aperçut un bras sortant de la muraille, entre le [p]remier étage, occupé par un marchand de vins de la [ru]e de Valois, et l'étage où elle se trouvait elle-même. Ce bras saisit le drap et le secoua rudement...

Carmen était dans cette disposition d'esprit où les [n]erfs ébranlés réagissent énergiquement sur l'imagination qui s'étonne, s'effraie, et voit les choses sous un [jo]ur fantastique ou surnaturel.

Cette main mystérieuse qui s'opposait à sa fuite lui [p]arut ne point être de ce monde. Elle pensa au démon [q]ue le meurtre récent faisait son maître. Elle pensa au [m]ort lui-même qui dormait sous ses pieds, et qui peut-être...

C'était une nature intrépide jusqu'à la témérité; mais [il] y avait en elle des souvenirs d'Écosse, la terre des [s]ombres légendes, et des souvenirs d'Espagne, le pays [d]es noires diableries.

Elle se rejeta en arrière. — En arrière il y avait un [a]ir chaud où nageait comme une odeur de sang...

Ainsi traquée entre les fantômes de son imagination [e]t l'horreur de la réalité, Carmen se reprit à l'audace [d]u désespoir. Elle se pencha de nouveau et davantage.

Elle vit que le bras sortait d'une petite ouverture [é]crasée qui devait servir de soupente prise sur la hauteur du premier étage. A cette ouverture, se montrait [u]ne tête rase, du sommet de laquelle partait une touffe [d]e cheveux blancs.

Cette apparition bizarre, éclairée à rebours par la [l]ueur vacillante des reverbères, n'était pas de nature à [c]hanger le cours des idées de Carmen.

Le bras secouait toujours le drap, essayant de l'arracher, et cet effort constant était accompagné d'un chant [s]ourd, lent et monotone.

Carmen s'appuya, défaillante, aux barres de fer [du] balcon.

Elle resta ainsi affaissée et incapable de se mouv[oir] durant plusieurs minutes.

Au bout de ce temps, un bruit de pas se fit dans [le] corridor, et le verre dépoli des jours de souffrance [de]vint à demi lumineux.

Les pas s'arrêtèrent devant la porte.

Carmen pensa qu'on venait la saisir.

Mais c'était une diversion aux tortures de son épou]vante. Son regard s'éclaira de joie pour saluer l'événe]ment, quel qu'il fût, qui la tirait de son horrible rê[ve.]

Le rêve évanoui, sa force d'âme et de corps lui re[ve]nait. Elle se retrouvait elle-même avec toute sa terri[ble] énergie...

Les gens arrêtés au dehors s'entretenaient à ha[ute] voix, et Carmen crut distinger des paroles qui ne [se] rapportaient que trop bien à sa situation. — Une m[ain] fit tourner la clef dans la serrure avec maladresse [et] sans pouvoir ouvrir.

Carmen regarda par la fenêtre. La tête et le br[as] avaient disparu, mais le drap presque entièrement d[é]taché, n'eût point pu soutenir le poids de son corps. Jugeant sa situation d'un coup d'œil rapide, elle [ra]massa le couteau, saisit de l'autre main la barre de [fer] du foyer, souffla les lumières et s'élança derrière les [ri]deaux de l'alcôve.

On redoublait d'efforts cependant pour ouvrir la port[e.] La clef allait et venait dans la serrure, dont elle réussis]sait seulement à fausser le mécanisme.

Mais cela ne pouvait durer. On allait entrer. — Ca[r]men était préparée.

Persuadée que les gens rassemblés dans le corrido[r] étaient des agents de la police envoyés pour l'arrête[r,] elle avait résolu de les surprendre au moment de le[ur] entrée et de forcer le passage. — Elle attendait, rama[s]sée sur elle-même, prête à bondir et à frapper.

— Diable de clef!... dit une voix lourde au deho[rs.]

Enfonce la porte, répliqua une autre voix.

Mauvais ou bon, le conseil fut immédiatement suivi

deux ou trois vigoureux coups de pied firent office de serrurier et le pêne sauta enfin hors de la gache.

Les jarrets souples de Carmen se plièrent. Elle entr'ouvrit les rideaux et serra son arme ; mais, au lieu de l'uniforme des sergents de ville attendus, elle vit paraître au seuil le funèbre Hibou qui avait maintenant une tête d'homme, le Melon auquel il ne restait plus que trois ou quatre tranches et le Matelot orné de son inévitable porte-voix.

Elle laissa retomber aussitôt les draperies du rideau et se glissa derrière le lit.

— Messieurs ! messieurs ! criait un garçon dans le corridor, — je vous dis que cette chambre est occupée !... Vous allez faire du scandale !

— C'est le moment, répondit Josépin avec une gravité d'ivrogne.

— Et c'est le lieu, ajouta pesamment le Dindon.

— Or, conclut l'Ours, dont la peau était ouverte sur le devant comme un paletot, — le temps et le lieu constituent l'à-propos...

Ils étaient cinq, ivres comme des Anglais, et s'avançaient sans façon dans la chambre, où la lumière du garçon qui venait le dernier, ne jetait encore qu'un jour douteux.

— Messieurs, messieurs ! reprit celui-ci en entrant à son tour ; — vous voyez bien que la bougie est éteinte... Il y a un monsieur et une dame...

— Toujours !... dit la moitié de Melon.

— Amour, amour, quand tu nous tiens, déclama tendrement le Dindon, — on peut bien dire... adieu, garçon !

Le Dindon, en prononçant cette variante au dystique de La Fontaine, prit le garçon par les épaules et voulut le pousser dehors.

Mais le garçon était à jeun. Il eût battu toute la troupe avec une seule main : il fallut parlementer.

— Messieurs, dit-il après avoir repoussé le Dindon, — soyons raisonnables...

— C'est cela, raisonnons !

— On ne peut pas vous donner cette chambre, puisqu'elle est occupée.

— Alors, donnez-nous une autre chambre.
— Il n'y en a pas... tout est plein.
— Alors, donnez-nous celle-ci.
— Mais c'est impossible !...
— Alors, donnez-nous en une autre ?

C'était Josépin qui faisait ainsi preuve d'inflexible l[o]gique.

— Eh ! vous en avez une ! reprit le garçon ; — [re]montez dans la vôtre !

— La nôtre ! répliqua l'ours ; — vous n'y songez p[as] domestique !... Dans la nôtre, nous avons renfermé n[os] cinq épouses, qui dorment sous la table... Ce spectac[le] est ignoble pour des gens de sang-froid... D'ailleur[s] nous avons à traiter une importante affaire, et si c[es] faibles femmes s'éveillaient, elles voudraient danser l[e] galop...

— Ohé !... cria Josépin en ce moment ; répète t[es] vers sur la prudence et sur l'amour, Roby !... Il fa[it] froid, et cependant le monsieur et la dame ont oubl[ié] de fermer leur fenêtre !...

— Téméraire monsieur ! dit Roby le Dindon ; — dam[e] trop étourdie !... à quel rhume n'exposez-vous pas v[os] cerveaux !...

— Ohé ! cria derechef Josépin ; — ohé ! ohé !... l[e] monsieur est un mythe ; la dame une chimère... No[us] sommes maîtres de ces lieux... Garçon ! cinq bols d[e] punch !

Ce dernier était à bout d'éloquence.

— Restez si vous voulez, dit-il. — Je vais cherch[er] la garde !

— La garde ! répéta le Dindon ; — l'ai-je bien entendu !...

Josépin quitta la fenêtre et vint dresser sa longu[e] taille devant le garçon.

— La garde ! dit-il ; — quel rapport possible vois-t[u] entre cinq bols de punch et la garde, stupide serviteur !... Sais-tu à qui tu parles ? Tu parles à Josépin ; — c'e[st] moi, docteur médecin, l'une des espérances les plus légitimes de la faculté de Paris... Tu parles à Roby, — c'est ce Dindon, — qui a devant lui un immense avenir, bien qu'il ne sache pas s'il se fera poète, comédien o[u] inventeur de machines... — Tu parles à Edme Durandin, qui cache sous l'apparence d'un melon entamé un cœur ambitieux et l'espérance de conquérir une étude d'avoué... Tu parles à Léon du Chesnel, noble homme déguisé en Ours... Enfin, domestique ! vois-tu bien ce Hibou ?

— Oui... après ?... grommela le garçon impatienté.

— Ce Hibou, reprit Josépin avec solennité, — c'est Denisart.

— Eh bien ?

— Tu ne sais pas ce que c'est que Denisart ?...

— Ma foi non !... laissez-moi passer !...

Denisart et Durandin avaient trouvé les deux verres de kirsch et trinquaient à la sourdine.

— Esclave ! poursuivit Josépin, — Denisart est un problème.

— Monsieur et madame ! dit le garçon en se tournant du côté de l'alcôve, patientez encore un peu ; — la garde va faire finir tout ça.

Le long corps de Josépin oscilla, ébranlé par le rire énervant des gens ivres :

Mais, domestique, balbutia-t-il ; — ton monsieur et la dame sont partis par les fenêtres !

Le garçon s'élança vers la croisée et aperçut le drap que Josépin avait découvert le premier.

— Partis sans payer ! s'écria-t-il stupéfait ; — au voleur ! au voleur !

Il courut à l'alcôve, releva prestement le rideau et vit que le lit intact ne contenait personne.

— Au voleur ! au voleur ! hurlèrent les cinq ivrognes en se tenant les côtes.

Carmen, blottie derrière le lit, retenait son souffle.

— Une carte de vingt francs ! dit le garçon en traversant la chambre à grands pas ; on ne saute pas deux étages pour cela !... Ils auront volé les couverts !

Les couverts étaient sur la table. — Le garçon y trouva de plus la bourse de Western.

— Tiens, tiens ! murmura-t-il avec un sourire consolé ; — ils ont au moins laissé le pourboire !

— Allons, page, allons ! dit Josépin.

— Cinq bols de punch ! ajouta Denisart ; — je veux le mien au kirsch !

— Le mien au rhum !

— Le mien au cognac !

— Le mien au madère !

— Le mien à la romaine !

Josépin étendit la main et compta laborieusement sur ses doigts :

— Kirsch, rhum, cognac, madère, romaine... Je crois que cela fait cinq, dit-il ; — le compte y est... varlet, dépêche-toi, ou je te brise mon porte-voix sur le crâne !

Le garçon ne répondit point et ne bougea pas. Il avait les yeux grands ouverts, et la bouche béante, et regardait le creux de sa main avec ravissement.

Il venait d'y verser le contenu de la bourse de Western, vingt-cinq napoléons en or.

Il était ébahi, fasciné, ébloui ; il rêvait.

— Vingt francs de dépense, murmura-t-il, — et quatre cent quatre-vingts francs pour le garçon ! voilà des pratiques !...

Roby lui mit le porte-voix de Josépin à l'oreille, et cria à tue-tête :

— Ni l'or, ni la grandeur ne nous rendent heureux !...

Le garçon fit un saut de côté. Les cinq ivrognes l'entourèrent en criant !

— Du punch ou la mort !...

Le garçon se boucha les oreilles et s'enfuit.

On roula la table au milieu de la chambre.

Josépin déposa son porte-voix dans un coin, Roby se dépouilla de son corps de dindon, Denisart de ses plumes de hibou, du Chesnel de sa peau d'ours ; Durandin jeta au rebut le reste de son melon.

Il resta cinq jeunes gens assez bien découplés, qui, mis ainsi à l'aise, s'assirent autour de la table.

La séance est ouverte, dit Josépin ; — qui demande la parole ?

— Moi ! répondirent à la fois les quatre autres.

Josépin se gratta le front.

— Je ne vois pas la possibilité de céder à vos désirs, reprit-il ; — et, pour vider ce conflit, je m'accorde la parole à moi-même... Mais d'abord êtes-vous assez

ivres pour parler convenablement de choses sérieuses !
— Nous sommes ivres, répondit Durandin, — mais nous pouvons l'être davantage... attendons le punch.

Le chœur répéta :

— Attendons le punch !

— Et, après le punch, dit Léon du Chesnel avec une sorte d'autorité, — vous vous tairez ; je parlerai.

Tant qu'on avait gardé le masque, Josépin avait semblé être le chef de la bande, mais, une fois les visages découverts, on aurait pu remarquer que tout le monde, Josépin lui-même, prenait, vis-à-vis de du Chesnel, un air de déférence.

Personne ne réclama contre le droit qu'il s'arrogeait de parler le premier.

Quatre garçons et M. Polype en propre original arrivèrent bientôt, portant chacun un bol de punch.

Les verres s'emplirent à la ronde.

— A notre fortune ! dit Léon du Chesnel en élevant le sien.

— A notre fortune ! clama le chœur.

On vida les verres avec précision, puis on les remplit de même.

— A notre dernier jour de folie ! dit encore Léon.

— Pourquoi dernier ? demanda Durandin, nous n'avons pas la goutte...

— Bois et tais-toi !...

Le chœur répéta docilement le toast.

Du Chesnel posa son verre vide et se leva. Le président Josépin frappa l'une contre l'autre deux cuillers à punch, afin de réclamer le silence. — Durandin, Roby et Denisart mirent leurs coudes sur la table.

Carmen dégagea doucement sa tête des couvertures qui la cachaient et s'arrangea pour écouter.

CHAPITRE IX

LE TALISMAN

— S'amuser toujours, dit Léon du Chesnel, est sans contredit ce qu'il y a de plus ennuyeux au monde. J'entends s'amuser gratis ; car lorsque le plaisir coûte quelque chose, cela tourne au stupide, purement et simplement. — Nous devenons vieux : j'ai vingt-trois ans. — A cet âge, Alexandre, fils de Philippe, roi de Macédoine, avait déjà fait son chemin...

— Napoléon... voulut interrompre Roby.

— Tais-toi !... Evidemment la jeunesse est le temps du calcul, comme l'âge mûr est le temps de l'apathie... A dix-sept ans on réfléchit mieux qu'à trente... L'homme de douze ans, s'il pouvait divorcer avec les billes et la toupie, étonnerait tout le monde. — Il suit de là que nous sommes tous en retard, et que chaque poil de barbe qui nous pousse est un symptôme alarmant de décadence morale... Buvons !

L'assemblée s'empressa d'obéir, et remit ensuite les coudes sur la table.

Léon avait prononcé d'un ton à la fois dogmatique et rapide cette série de propositions décousues. Leur sens, bizarrement paradoxal, opérait sur les intelligences alourdies de ses compagnons une sorte d'éblouissement. Ils comprenaient les mots et s'égaraient à vouloir suivre les fantasques détours de l'idée.

Léon était peut-être ivre comme les autres, mais il portait plus vaillamment son vin. Sa parole restait libre,

...surée, incisive, et son œil, légèrement injecté de sang, ...vait çà et là de vives lueurs de raison.

C'était un jeune homme de taille élégante et bien ...rise, mais quelque peu appauvrie par les excès d'une ...récoce débauche. Son visage était comme sa taille. ...n demi-cercle profondément creusé entourait ses yeux, ...ux rayons spirituels, mais intermittents et noyés par ...a chute périodique d'une paupière fatiguée. Son front, ...ù se dessinaient des plis fugitifs qu'on ne pouvait ...ncore appeler rides, était évidé aux tempes, renflé ...égèrement au-dessus des sourcils et couronné de che-...eux noirs épais parmi lesquels brillaient déjà bon ...ombre de ces poils étiolés, tordus et comme grillés ...ue cherche en vain souvent sur des têtes de quarante ...ns la pince subtile de l'épileuse. Le souper récent ...'avait pu mettre de couleurs à ses joues qui gardaient ...ur carnation maladive. Mais il avait à la bouche un ...oyeux et fin sourire, dont le trait moqueur se masquait ...e franchise.

Au demeurant, sa figure avait de la distinction et de ...'attrait. L'énergie s'y montrait en quelque sorte par ...ouffées au milieu d'une fatigue d'habitude et d'un ...aisser-aller insoucieux.

Sous sa peau d'ours, il était mis avec une recherche ...quelque peu excentrique et hardie.

Josépin, qui s'asseyait à sa droite, était un grand ...eune homme blond à l'air timide et débonnaire. Le ...aractère saillant de sa physionomie échappait peut-être ...n ce moment où le punch éteignait et allumait tour à ...our son œil bleu-clair. On découvrait en lui seulement ...omme une arrière-nuance de cette gaucherie futée qui ...distingue le paysan normand.

La tête de Roby, le dindon, sous la gravité lourde de ...son ivresse, gardait une expression spirituelle, vantarde, ...effrontée; il devait y avoir de l'astuce sous ce front ...conique, mais encore plus d'étourderie. Roby était joli ...garçon ; il penchait vers le genre tapageur et s'arrêtait ...juste en deçà du point où l'on casse les assiettes. Son nez ...éveillé, sa bouche rieuse, son teint allumé, tout cela lui ...constituait un fonds inépuisable de succès dans certaine ...zone de l'atmosphère féminine. Il ne visait point à la distinction. Sa mise ressemblait à une phrase roma[n]que. — Il était heureux pourvu que son gilet se vî[t] très loin.

Il y avait dans Roby de l'acteur de province et [de] l'étudiant en médecine.

Durandin avait une tête toute ronde, qui souri[ait] comme le ventre de Lepeintre jeune. C'était un g[ros] garçon sans malice et qui mettait beaucoup d'esprit [à] se donner les allures d'un niais. — Le costume qu['il] avait choisi pour la mascarade était une mani[ère] d'emblème. Il s'était enveloppé ce jour-là sous l'éco[rce] d'un cantalou, comme il se drapait d'habitude so[us] l'affectation d'une candeur étourdie.

Quant à Denisart, que Josépin appelait un problè[me] et que nous avons vu sous le sombre plumage d'u[n] hibou, c'était un personnage maigre, anguleux, solen[n]el. Il avait le regard faux et la parole emphatiqu[e.] On ne pouvait reconnaître précisément son âge à l'ex[a]men de sa physionomie, mais il paraissait être le moin[s] jeune de la bande, et son front demi-chauve lui donna[it] bien une trentaine d'années. Son costume visait év[i]demment à une rigueur austère. Il était tout de noi[r] habillé, sauf la cravate blanche, non empesée, dont l[es] coins, à grands ourlets, retombaient sur sa chemise. — Ce personnage repoussait énergiquement. Il s'épanda[it] autour de lui comme un parfum de tartuferie, mêlé a[u] pédantisme moisi des suivants de l'Université. — En c[e] moment, il fléchissait sous l'ivresse. Son nez étroit e[t] mince rougissait comme un charbon ardent. Sa bouch[e] rentrée était pâle, entre les creux bistrés de ses joues. Quelques débris de gravité rogue restaient parmi ce[s] stigmates de l'orgie et ajoutaient à l'odieux de so[n] aspect...

On avait bu. Josépin venait de réclamer de nouvea[u] le silence à l'aide de ses deux cuillers à punch. — Du Chesnel poursuivait :

— Messieurs, il y a un Dieu, puisque le monde es[t] organisé. — D'ailleurs, dans un moment de franchise, notre sublime Béranger a daigné proclamer son existence. — Mais le monde est mal organisé, donc il y a un diable.

Ceci pourrait vous paraître puéril, si je ne me hâtais d'ajouter que nous sommes menacés de le tirer par la queue tous les cinq dans un très bref délai.

La vie de l'homme est démesurément longue. Il ne lui faut que deux ou trois ans bien employés tout au plus pour désapprendre à jouir, et vous en voyez qui traînent jusqu'à des trois quarts de siècle ! — Ceux-là sont de deux sortes : les uns ont de l'argent, leur vieillesse est un tranquille sommeil ; les autres n'en ont pas, leur vieillesse est un mauvais rêve. — Or, les stupidités de notre civilisation ne permettent pas aux adolescents d'adopter cette sage coutume iroquoise qui fait un devoir de scalper quiconque a dépassé la cinquantaine.

C'est misérable. — Chacun de nous est exposé par les lacunes de cette législation incomplète à porter perruque un jour venant et à manger du bœuf à la mode avec un ratelier mécanique.

— Il faut nous tuer ! dit Roby, frappé par l'horreur de ce tableau.

— J'ai dans ma poche un flacon d'acide hydro-cyanique, ajouta le docteur Josépin avec l'empressement d'un homme de science ; — quatre gouttes dans chaque verre de punch...

Durandin et Roby tendirent leurs verres ; Denisart éloigna le sien.

Du Chesnel haussa les épaules.

— Attendez au moins le dernier verre ! dit-il ; — et disez-vous...

L'argent n'est rien. Ce qui fait sa valeur, c'est que tout le reste est moins que rien. — Dans ce néant, les hommes errent, affairés, et cherchent incessamment quelque chose. — Le bonheur consiste à se figurer qu'on va le trouver.

Quand on se figure qu'on l'a trouvé, il y a déjà décadence. L'ennui est là. Tous les philosophes conviennent que le succès est une calamité. — Buvons !

Tous les verres s'emplirent et se vidèrent. Denisart fit exception, en ce que le sien s'emplit et se vida deux fois.

— En conséquence, reprit du Chesnel, dont les yeux

distraits se promenaient au plafond, — le plus s[age]
pour nous est de devenir millionnaires.

— C'est évident, dit Josépin.

— Incontestable, appuya Roby.

— Il est étonnant, ajouta Durandin, qu'une idée [si]
simple ne nous soit pas venue plus tôt.

— Ce n'est pas une idée, grommela Denisart.

— Si fait, répliqua froidement du Chesnel. — C[']est
même une vieille idée... Avez-vous confiance en moi[?]

— Parbleu ! s'écria-t-on ; — nous allons boire à [ta]
santé !

— Buvez !... Avez-vous bien compris tout ce que [je]
vous ai dit ?

— Non, répondit le chœur.

— Eh bien ! poursuivit du Chesnel, dont l'intenti[on]
manifeste avait été jusque alors de venir en aide a[ux]
fumées du punch et d'étourdir de plus en plus ses co[m]-
pagnons par un cliquetis de paroles ; — je vous ju[re]
sur l'honneur que j'ai un moyen de vous faire to[us]
riches...

— Un talisman !... s'écria Durandin.

— Un talisman, répondit du Chesnel.

L'ivresse a d'étranges crédulités. Tout le mond[e,]
Denisart lui-même, ouvrit de grands yeux et il se fit u[n]
moment de profond silence.

Durant ce silence, Carmen entendit à l'étage inférie[ur]
un bruit périodique et sourd. C'était comme des cou[ps]
de marteau, attaquant avec précaution le dessous d[u]
plancher. — Ce bruit était accompagné du chant mo[-]
notone et lent qu'elle avait entendu déjà lorsqu'u[ne]
main mystérieuse avait secoué le drap de lit prépa[ré]
pour sa fuite...

— Un talisman, reprit du Chesnel, — un vrai talisman. — Mais il faut que vous m'aidiez franchement [à]
le mettre en œuvre... Et d'abord, il n'est aucun de vou[s]
qui n'ait fait son beau rêve d'avenir, plus ou moi[ns]
baroque et impossible... Il n'est aucun de vous encor[e]
qui n'est fait quelques efforts pour atteindre le but convoité. — Il faut que je connaisse ce but et ces efforts...
Déboutonnez vos consciences à la ronde... A toi, Durandin !

— Moi! balbutia le gros garçon, — j'aimerais mieux...

— A toi! Durandin, à toi! cria le chœur.

— Du diable si je sais, voyez-vous?... dit Durandin; — ma foi... au fait, c'est facile à dire. J'ai connu un gros avoué qui était bien le plus heureux des hommes... Ça a déterminé ma vocation... Mon but est d'acheter une charge d'avoué...

— Et tes moyens?...

— Pas le sou!...

— Mon talisman te va comme un gant, Durandin.

— Vraiment!...

— La paix!... A toi, Josépin!

Le blond docteur ne se fit point prier.

— Moi, dit-il, c'est différent... J'ai un but raisonnable et des moyens positifs. — Mon but, c'est de battre monnaie avec mon cabinet; mes moyens, ce sont mes excellentes études...

— As-tu des clients? demanda du Chesnel.

— J'en ai un, répondit Josépin; — un pauvre diable qui se meurt et qui me rapporte cent écus par mois...

— Peste! dit Durandin; — à combien mets-tu donc les visites?

— Heu! heu!... fit le docteur; — nous n'avons pas débattu le prix.

— Alors... commença du Chesnel.

— C'est une histoire, interrompit Josépin; — et c'est un secret... Mais vous serez discrets...

— Comme la tombe, Josépin!

— Figurez-vous que ce n'est pas le malade qui me paie, mais bien son ennemi intime...

— Pour le tuer?...

— Ma foi, non!... je ne suis pas encore de cette force-là... Mais pour... vous m'entendez bien... pour voir... pour savoir...

— Pour espionner?

— Quelque chose comme cela... Principalement pour guetter l'arrivée d'un quidam venant d'Amérique avec des papiers... Il faut vous dire que celui qui me paie mes visites est en procès avec mon malade.

— C'est immoral, dit Denisart.

— Possible, Caton, mon ami, — mais c'est moi qui vous ai payé à souper et je n'ai qu'un client... Le ton est de le faire valoir... Malheureusement, le quidam est arrivé cette après-midi... J'ai peur pour mes appointements.

— Comment s'appelle ton malade ? demanda Chesnel.

Josépin fit une grimace de mépris.

— Ça ne s'appelle pas, répondit-il ; — en parlant de lui, on dit l'homme du quatrième au-dessus de l'entresol.

— Et celui qui te paie ?

— Ah ! ah ! fit Josépin ; — s'il savait que je vais dire son nom à quatre étourneaux de votre espèce !... mais vous serez discrets ?...

— Comme la tombe !

— C'est... ma foi, oui ! c'est M. le duc de Maillepré-Compans.

Ce nom ne produisit aucun effet sur trois des convives, mais du Chesnel frappa ses mains l'une contre l'autre en disant :

— Josépin, tu vaux ton pesant d'or, et mon talisman est ton affaire.

Carmen aussi, du fond de son alcôve, avait dressé l'oreille au nom de Maillepré-Compans. — Elle entendit de nouveau, car, en ce moment, les cinq buveurs se versaient rasade et l'entretien faisait trêve, elle entendit ce bruit continu qui semblait venir de la surface intérieure du plancher, et qu'accompagnait toujours la sourde et monotone chanson...

— Merci, Josépin, reprit du Chesnel ; — tu me donneras demain des détails sur ton histoire, car je suis, moi aussi, en compte avec M. le duc... A toi, Roby !

— Messieurs, dit ce dernier, je suis originaire de Tours en Touraine. Mon père était fabricant de rillettes ; ma mère...

— Il ne s'agit pas de cela, interrompit du Chesnel ; — au fait !

— Le fait ! répliqua Roby ; — le fait, c'est que ce serait bien le diable si ton talisman ne m'allait pas par quelque bout... J'ai tant de cordes à mon arc !... Je suis poëte et il ne me manque qu'un éditeur pour faire étouffer d'envie tous les vieux rabâcheurs de l'empire... Je suis acteur : Talma revivra dès que le Théâtre-Français m'aura ouvert ses portes... Je sais tenir les livres en partie double... J'ai inventé une machine dont la description détaillée m'entraînerait ici à des longueurs, mais qui fera un jour la gloire de mon pays... Est-ce assez ?

— Avec mon talisman, tu pourras choisir... Denisart, à ton tour !

— Je ne crois pas aux talismans, répondit celui-ci.

— Tu crois à l'argent. Je t'en promets.

— En as-tu ? répliqua Denisart en fixant sur du Chesnel son regard équivoque.

— Assez pour te payer vingt fois ta valeur, dit du Chesnel.

Denisart but un énorme verre de punch.

— Il me faudrait quinze misérables cents francs, reprit-il, — pour faire imprimer ma brochure au rabais, sur du mauvais papier...

— Qu'est-ce que c'est que ta brochure ?

— Ah ! fit Denisart avec emphase ; ce que c'est que ma brochure !... Je n'ai pas dix idées, moi... je n'ai qu'une idée... aussi, elle est bonne... et, si je vous la dis, vous me la prendrez... mais je suis ivre !...

Denisart prit son bol de punch à deux mains et but à même. — Du Chesnel fit signe aux autres convives de se taire.

Denisart poursuivit :

— Je suis ivre !... Le roi ne m'empêcherait pas de bavarder... Voilà mon idée... et c'est une idée ! Jusqu'à présent, on n'a pas suffisamment exploité la misère du peuple... Le peuple ne mange pas, mais il lit... Le peuple a toujours dix sous dans la poche percée de sa blouse en haillons pour payer l'avocat qui fait semblant de prendre en main sa défense... Dites au peuple : Tu es un bon peuple ; il n'y a rien au monde que toi de beau et de sublime ! J'admire ta grandeur ! Je verse des larmes de sang sur ta souffrance...

Denisart s'interrompit en un éclat de rire ignoble.

— Dites-lui cela, reprit-il ; — vous aurez son derni[er] centime... Dites-lui encore : O peuple ! quelques-uns d[e] tes enfants volent et assassinent dans les rues... Bie[n] sauvages sont les tribunaux qui les condamnent, ca[r] si ces infortunés font le mal, c'est que la société ingrat[e] néglige de leur servir douze cents livres de rente... U[n] grand nombre de tes filles se prostitue, — mais c'e[st] pour faire des économies et mettre à la caisse d'épar[-]gne... D'ailleurs, bon Dieu ! les pauvres chers ange[s] qui pourrait les blâmer !... le vil égoïsme des riche[s] seul les pousse dans l'abîme.. les fautes du pauvr[e] sont au riche... Le pauvre est un agneau, le riche e[st] une panthère.... Et chaque fois qu'un malheureux s'ou[-]blie jusqu'à égorger un passant sur le pavé, on devrai[t] guillotiner un marquis ou incendier une soutane...

— C'est profond ! dit Durandin ; ça ferait un exem[-]ple.

— Ce diable de Denisart... ajouta Josépin.

— Mais, Denisart, fit observer Roby, — je te croyai[s] un homme moral...

Du Chesnel le regardait avec une sorte de dédain ad[-]miratif.

Denisart eut un sourire cynique.

— En ces matières, répliqua-t-il, — on ne fait pa[s] d'argent sans morale... Il faut des mots, afin que le[s] sots puissent dire de vous : Cet écrivain généreux, c[e] cœur compatissant !... Ah ! le peuple... Un million d[e] sous fait cinquante mille francs !...

Il se leva et pirouetta sur lui-même.

— Vive le peuple ! s'écria-t-il ; — je vois dans sa fa[-]mine la source de vingt fortunes !... Saluez, vous au[-]tres !... plus bas !.. plus bas encore ! Je suis l'inventeu[r] des généreuses théories et de l'humanité à cent mill[e] exemplaires !... Je suis le Vincent-de-Paul d'une cha[-]rité nouvelle !... Comment appellerons-nous cela ?... Bah ! nous lui trouverons un nom, car il faut un titr[e] à toute comédie... Pour le moment, je me contenter[ai] du sobriquet usé de philanthrope.

Denisart mit sa tête dans son bol de punch et s[e] tut.

— C'est une idée, dit du Chesnel ; — il est douteu[x]

que le diable en ait de plus infernale, et l'on ferait assurément tout le bagne sans en trouver une aussi honteuse... Mais cela prendra... Eh bien ! Denisart, mon talisman peut descendre jusqu'à ces infamies.

— Infamies... infamies ! grommela Denisart ; — c'est encore un mot qu'il faut employer souvent... Le peuple aime les grands mots... Et celui-là fera son chemin qui pourra tailler l'économie politique en mélodrame...

— A mon tour, maintenant, reprit du Chesnel ; — je vous dois aussi ma confidence... elle ne sera pas longue... J'ai du goût pour la diplomatie...

— Il faut des protections pour être élève consul, dit Durandin.

— Sans doute... D'ailleurs, je préfère une ambassade ; c'est là ma vocation. — Quant aux moyens... ma foi, mes camarades, je n'ai que mon talisman...

— Et quel est ce talisman ? demandèrent à la fois Josépin et Roby.

— Les femmes, répondit du Chesnel.

L'assemblée fit collectivement une grimace de désappointement dédaigneux.

— C'est vieux comme Alcibiade ! s'écria Roby.

— C'est niais comme une idée de vaudeville ! dit Denisart.

Le docteur et Durandin dirent des choses encore plus spirituelles.

Du Chesnel leur imposa silence d'un geste impérial.

— Votre rôle est d'écouter et de boire ; reprit-il ; tâchez de comprendre et n'interrompez plus. D'autres avant moi, je le sais, se sont fait de la femme un marchepied mignon... et l'histoire est là pour proclamer que ce marchepied a des degrés à l'infini et peut arriver jusqu'au trône...

— Si l'on fait ici du carbonarisme, dit Denisart, je me retire.

— Je n'invente pas, poursuivit du Chesnel, sans tenir compte de l'interruption ; — je perfectionne... Une femme peut résister à un homme... cela s'est vu... mais où est la femme qui pourra résister à cinq hommes.

— Je ne la connais pas, dit Josépin avec conviction.

— Cet heureux phénix, ajouta Roby, — est encore à trouver.

— Surtout si les cinq hommes sont de certains gaillards !... fit observer Durandin, qui se rengorgea.

— Messieurs, reprit du Chesnel, — j'étais bien sûr que des hommes aussi intelligents que vous ne pourraient longtemps méconnaître la portée immense de ma combinaison. — C'est simple et grand. — Nous nous liguons envers et contre les femmes ; par ce seul fait, chacun de nous quintuple toutes ses facultés à la fois... chacun de nous devient positivement irrésistible...

— Positivement, appuya Josépin ; — buvons !

— C'est très beau, soupira Denisart en retournant son bol, — mais je n'ai plus de punch.

Roby se pendit au cordon de la sonnette. — Un garçon accourut.

— Cinq autres bols de punch ! dit Roby.

— Ce n'est pas assez ! balbutia Denisart.

— Et voyez un peu, reprit du Chesnel ; — une fois admis le pouvoir de vaincre toutes femmes, quel obstacle ne s'aplanit devant nous !... Toi, Durandin, tu épouses le prix de ta charge ; — toi, Josépin, tu fais coterie, tu deviens docteur à pomme d'or, puis docteur à voiture, puis docteur à palais...

— J'éclabousse l'Académie de médecine ! s'écria le grand blond transporté ; — je coupe en deux Broussais sous la roue de ma calèche...

— Toi, Roby, poursuivit encore du Chesnel, — tu arrives naturellement à l'Institut, au Théâtre-Français ou à l'exposition...

— J'arrive aux trois, dit Roby.

— Toi, Denisart, tu trouves dans quelque bourse de soie les premiers fonds de ton diabolique commerce...

— Oh ! le peuple !... le bon peuple ! sanglota Denisart attendri ; — deux millions de sous font cent mille francs !...

— Moi, enfin, reprit du Chesnel, — grâce à certaine duchesse, je deviens d'emblée secrétaire d'ambassade, pour le moins... et ensuite...

— Hourra ! cria Durandin ; — j'ai mon étude.

Les autres firent chorus, et la chambre s'emplit de hurlements désordonnés.

— Ce n'est pas tout, dit du Chesnel, — et vous sentez que, en une affaire de cette importance, il est bon d'être lié l'un à l'autre par un engagement sérieux...

— Je ne signe rien ! répliqua Denisart, en homme qui connaît cruellement le danger des signatures.

— Un serment ! s'écria Durandin.

— Un serment solennel, appuya le docteur.

— Un serment redoutable ! ajouta Roby ; — j'ai justement pris une stalle hier à l'Opéra... Je sais un grand air de serment... Je vais vous le chanter...

Il se leva, et mit la main sur son cœur, ouvrit une bouche énorme et entonna à l'improviste :

Je vous prends à témoin, rochers de cette plage,
Je vous prends à témoins, déités de ces lieux,
Je vous prends à témoin, hôtes de ce rivage,
Je vous prends à témoin...

La porte s'ouvrit, et la procession, composée de M. Polype et de ses quatre garçons, fit son entrée une seconde fois.

Une fois le punch servi, Polype et ses garçons sortirent à reculons en faisant force saluts à de si bonnes pratiques. Durandin remit le verrou.

— Ne plaisante pas, Roby ! dit sévèrement du Chesnel ; ceci est une grave affaire.

— Du diable si l'Opéra est une chose plaisante, répliqua Roby...

— Tais-toi !... Il s'agit ici de notre avenir... Levons-nous et jurons...

— Au moins, interrompit encore l'incorrigible Roby, — remplaçons les feux du Bengale autant qu'il est en nous...

Il souffla prestement les bougies, et la scène se trouva éclairée par la lueur bleuâtre du punch.

Les cinq convives étaient levés.

— C'est saisissant, dit Durandin, à moitié effrayé, — ma parole d'honneur...

— Ce serait beau, répliqua Roby, — si nous étions

rangés symétriquement, trois d'un côté de la table, trois de l'autre, comme à l'Opéra, — mais cinq, ce n'est pas un nombre.

— Nous sommes six ! dit derrière lui une voix douce et grave.

Les cinq convives se regardèrent pour voir qui avait parlé.

Ils étaient six, en effet. Entre Roby et Denisart, juste en face de du Chesnel, il y avait maintenant une femme dont le visage se cachait sous un masque de velours.

CHAPITRE X

OU L'ON ENTERRE LE MARDI GRAS

La flamme du punch, qui, seule, éclairait la scène, donnait à tous les objets une teinte livide.

L'apparition inexplicable et subite de cette femme masquée de noir avait jeté les convives dans un étonnement stupide et mêlé d'effroi.

On sait quel affaissement produit sur l'ivresse tout choc imprévu et soudain. Les buveurs fixaient leurs yeux grossis sur ce fantôme, auquel les lueurs pâles et vacillantes de l'alcool en feu prêtaient un aspect étrange. — Denisart et Durandin, qui se trouvaient le plus près de lui, s'étaient reculés avec épouvante.

Le fantôme, cependant, étendit le bras et ralluma successivement les bougies.

Les convives ne reconnurent point Carmen sous le masque qui couvrait son visage, mais ils purent admi-

[...] les belles proportions de sa taille et la grâce noble [de] ses mouvements.

La frayeur s'enfuit. Ce n'était qu'une femme, une [fe]mme jeune et charmante. Restait à savoir comment [el]le s'était introduite dans cette chambre fermée, mais [la] lueur des bougies rendait à chacun son courage, la [gaî]té revenait. — Roby prit la main de l'inconnue et la [po]rta galamment à ses lèvres. — Denisart mit son bol [de] punch hors de toute atteinte.

Josépin s'assit en poussant un long soupir de soula[ge]ment.

— J'ai cru que c'était une de nos épouses ! murmura[-t-]il.

Le blond docteur mentait, il avait tout bonnement [pen]sé au diable.

Du Chesnel, seul, désormais, semblait ne point pren[d]re en bonne part cette diversion.

— Beau masque, dit-il d'un ton de rudesse, — tu t'es [tr]ompé de chambre, et nous ne voulons pas abuser du [ha]sard qui nous procure ta visite.

— Le hasard n'est pour rien dans ma venue, répon[di]t Carmen. — Vous avez témoigné le désir d'être six [au] lieu de cinq... me voilà pour exaucer votre vœu.

— Bien trouvé ! dit Roby ; — c'est une grande dame [qu]i veut rire... Je ne m'y oppose pas !...

— Garçon, un verre pour madame !... cria Durandin [do]nt la langue s'embarrassait sensiblement.

— Vous avez entendu notre conversation ?... de[m]anda du Chesnel en fronçant le sourcil.

— D'un bout à l'autre, répondit Carmen.

— Et que prétendez-vous faire !

— M'enrôler dans votre entreprise.

— Mais, dit Josépin avec un rire épais, — ce n'est [gu]ère possible !...

— Pourquoi cela ?

— Parce que, répliqua du Chesnel sèchement, — [no]us voulons parvenir par les femmes, et que vous êtes [un]e femme...

— A si peu ne tienne ! dit Carmen ; — je veux, moi, [pa]rvenir par les hommes...

Roby battit des mains et cria bravo.

T. I.   6

Du Chesnel était, de toute la troupe, celui qui ju[squ]'à ce moment s'était ménagé le mieux ; mais le ch[oc] éprouvé l'avait jeté hors de son sang-froid factice, [et] avait en quelque sorte rompu la barrière que sa v[o]lonté opposait à l'ivresse.

Ses yeux se troublèrent, et un nuage passa sur [sa] raison chancelante.

Il voulut boire pour se remettre. — Le moyen ét[ait] mal choisi.

— Morbleu ! s'écria-t-il en essayant de se tenir ferm[e] encore sur ses jambes ; — il est bien étonnant que no[us] ne soyons plus maîtres chez nous !... Mais je m'[en] moque !...

Il chassa de la main cet essaim de moucherons fa[n]tastiques qui bourdonne et voltige autour du front de[s] gens ivres. — Puis il s'assit avec un rire heureux.

Les autres convives étaient en joie. Durandin se dé[battait contre le sommeil.

— Pourquoi Denisart est-il double ? demanda-t-i[l] avec inquiétude ; — il y a bien assez d'un Denisart !

— Ce n'est pas Denisart qui est double, dit Josépin[,] c'est son verre...

— Voyons !... voyons... cria du Chesnel, qui tâcha[it] désespérément à ressaisir le fil égaré de sa pensée ; — les femmes !... morbleu ! Nous avons notre fortune [à] faire !...

— Oui... balbutia Durandin ; — mais si Denisart e[st] double, je ne me mêle plus de rien !...

— Assieds-toi, beau masque, reprit du Chesnel ; — bois !... parle !... fais ce que tu voudras.

Carmen resta debout.

Elle avait les bras croisés sur sa poitrine. Ses yeu[x] lançaient de chatoyants rayons par les ouvertures d[e] son masque. Son regard allait lentement de l'un à l'a[u]tre des convives. — Il y avait une pensée sur ce visa[ge] de velours. A défaut des muscles, parlant leur mu[et] langage sous la transparence d'une peau fine, l'œ[il] brillait ; on y pouvait lire.

On y lisait le triomphe de quiconque, oppressé sou[s] un fardeau lourd, trouve sur son chemin une épau[le] où jeter sa charge ; — on y lisait encore le complaisa[nt] bonheur du maître qui compte des vassaux subjugués récemment.

— Nous nous sommes rencontrés déjà ce soir, dit-elle en s'adressant plus particulièrement à du Chesnel ; — je vous connais... C'est vous qui portiez une peau d'ours, n'est-ce pas?

— C'est moi, répondit du Chesnel ; — pourquoi cette question ?...

— Pour rien... nous causons... Et c'est bien à vous qu'appartenait ce poignard mignon que portait si gaîment certaine écaillère...

— Un vrai romain, beau masque !... J'ai fait graver sur son manche d'or mes armes et mon chiffre, à côté des armes et du chiffre de la marchesa Farnesi, la plus belle créature des Etats du pape...

Notre ami Léon, fit observer Roby d'un ton grave, — a longtemps parcouru le monde, et l'on a pu le voir de toute part courtiser la brune et la blonde, aimer, soupirer au hasard...

— Je puis vous affirmer, dit Carmen à du Chesnel, que cette idée d'avoir fait graver votre chiffre est excellente et vous servira... Mais buvez donc, mes joyeux compagnons ! ajouta-t-elle en changeant de ton tout-à-coup. — Je veux vous faire raison ; buvons à nos succès certains et à notre commandite amoureuse !... La pensée est belle et grande, savez-vous !... mais je vous manquais.

— Si la table tourne, grommela Durandin, — je vais me fâcher !...

Tu nous manquais, beau masque ! c'est ma foi vrai ! dit Roby ; — nous n'avions pas de dessus pour le serment en musique... Sais-tu l'air ?...

— Le serment ! le serment ! interrompit du Chesnel rendu à son idée fixe ; — il me faut de l'aide pour emporter ma duchesse...

— Je t'y aiderai, moi, dit Carmen.
— La connais-tu donc ?
— Beaucoup.
— Je ne t'ai pas dit son nom.
— Je l'ai deviné.

Du Chesnel regarda Carmen avec une sorte de [dé]fiance superstitieuse.

— Je l'ai deviné, reprit Carmen, — et je t'approuv[e]. Considérée comme marchepied, Mme la duchesse Compans Maillepré est tout ce qu'on peut choisir [de] mieux...

— Qui es-tu? qui es-tu? murmura du Chesnel.

— Ah! ah!... fit Josépin; — la duchesse!... r[ien] que cela, maître Léon!...

— Mais, poursuivit Carmen, — le dernier éche[lon] de ce marchepied dépasse ta tête... il faudra sauter.

— Je veux savoir qui tu es! s'écria du Chesnel [en] s'élançant vers Carmen pour lui arracher son m[as]que.

La jeune femme, avec la vigueur que nous lui co[n]naissons, le repoussa loin d'elle sans effort, et reprit:

— Tu sauras qui je suis, mais un peu de patience. Auparavant, je veux te dire ce que je puis et ce que [je] veux... Vous étiez en vérité bien fous, mes compagno[ns], de songer à vous mettre en campagne sans avoir a[u] moins un éclaireur dans le camp ennemi, — avec [des] bourses vides, — et appuyés seulement sur un serm[ent] d'ivrognes!... Toi, du Chesnel, tu n'as vu que le but. Te croyant supérieur à tes camarades, tu as vou[lu] monter sur leurs épaules afin d'atteindre ce qui é[tait] hors de ta portée... Pour mieux tromper, tu as cho[isi] une heure d'ivresse, ne pensant pas, ivre toi-mê[me], que l'orgie est oublieuse et jette ses paroles au vent. Quant à ces gais buveurs, ils ont compris ta pensée s[e]lon la mesure de leur raison et n'y ont vu qu'une p[as]sable plaisanterie.

— C'est faux! dit du Chesnel. — Josépin! Roby! D[e]nisart!... m'avez-vous compris, oui ou non?

— Moi, répliqua Josépin, je comprends tout, pa[rce] que j'ai fait des études...

— La preuve que j'ai compris, ajouta Roby, — c'[est] que j'ai chanté la formule du serment...

Denisart garda le silence et Durandin grommela d'[un] air consterné:

— Ce n'est pas la table qui tourne à présent, c'[est le] plafond!

— Vois ! reprit Carmen parlant toujours à du Chesnel ; de ton œuvre de cette nuit que serait-il resté demain ?

Et avant que du Chesnel eût trouvé le temps de répondre, elle poursuivit d'une voix haute et brève :

— Ton idée mérite mieux que les honneurs d'une burlesque parade ; mais tu n'es pas capable de la mener bien... Veux-tu me la vendre ?

— Combien ? demanda du Chesnel à tout hasard.

— Un tête-à-tête avec Mme la duchesse de Compans-Maillepré.

— Tope ! s'écria Léon.

— Ah çà ! dit Josépin, — cette femme est donc la concierge de l'hôtel de Maillepré !

— Peut-être, répliqua Carmen ; — du moins, docteur, la lettre que tu as écrite au duc cette après-midi m'a passé par les mains... et tu pourras voir tout à l'heure qu'il est dangereux de cumuler l'emploi d'espion avec celui de médecin... En attendant, tâchez de me comprendre... L'idée est à moi ; je l'ai achetée...

— Et tu es en état de payer le prix convenu ? dit vivement du Chesnel.

— Je t'en donne ma parole... L'idée était à moi, j'en puis user à ma guise... et je la remets en commun... Mais il ne s'agit plus d'un acte dérisoire... Il faut entre nous un lien solide, irréfragable... Je le veux !

— Le roi dit *nous voulons*... murmura Roby.

— Je le veux ! répéta Carmen avec force ; — vous aurez en moi une auxiliaire, mais il faut que je trouve en vous des instruments dociles... C'est pour moi que vous servirai. Prince de la science, homme de loi, industriel en renom, économiste, diplomate, chacun de vous aura le lot qu'il a choisi, et chacun de vous me devra la dîme de son pouvoir acquis.

— La dîme a été abolie ! gronda Denisart ; — c'était immoral.

— Quant à cela, dit Josépin, — si j'arrive à pousser les visites à deux louis, je paierai volontiers quelque chose.

— Mais, fit observer du Chesnel, dont une lueur de raison éclairait en ce moment l'ivresse, — que veux-tu faire de nous et de notre appui ?... Quel est ton b[ut]

— Mon but !... répondit Carmen ; — sais-je le com[pte] de mes désirs ?...

Elle s'interrompit et parut hésiter. — Son regard p[er]dit sa flamme acérée et se leva, rêveur, vers le ciel.

— Mon but !... reprit-elle à voix basse et comme [se] parlant à elle-même : — J'ai vingt ans et je s[uis] belle... je n'ai jamais aimé... mon corps est vierg[e,] mon âme ignore jusqu'au désir... On dit que l'amou[r a] des joies qui enivrent... Mon but est d'être aimée, aimée comme femme ne le fut jamais... aimée avec d[é]lire, avec folie... aimée encore avec recueillement [et] culte... Adorée !... adorée !...

Elle avait joint ses mains ; sa voix tremblait et se r[a]lentissait en des inflexions d'une douceur infinie.

Il y avait déjà quelques minutes qu'on ne buvait pl[us.] L'orgie s'engourdissait. — Les convives écoutai[ent] comme en un rêve la suave musique de cette voix [qui] parlait d'amour.

La pose de Carmen était molle. Sa tête fléchiss[ait] sous le poids d'un voluptueux songe. Elle demeura a[insi] durant une minute ; puis sa taille se dressa dans [sa] belle vigueur. Sa tête, brusquement relevée, fit ondoy[er] derrière elle les masses de ses cheveux comme la c[ri]nière d'un casque...

— Mon but !... reprit-elle encore ; — je suis forte[...] je puis penser et frapper comme un homme !... Je p[uis] méditer et je puis exécuter... Mon but est d'être pu[is]sante !... Le pouvoir aussi doit avoir ses joies et s[on] ivresse !... Je veux monter..., monter si haut que m[a] tête dépasse toutes les autres têtes... Je veux que m[on] regard soit un ordre suprême, courbant toute volon[té] sous mon caprice !...

Il s'était fait parmi les convives un mouvement gr[a]duel. C'était presque un réveil. La curiosité trouvait l[e] défaut de leur apathie.

La voix de Carmen vibrait maintenant éclatante [et] sonore.

— Tu veux être à la fois femme et homme !... dit [de] Chesnel.

— La plus aimée des femmes, répondit Carmen av[ec]

un élan passionné d'enthousiasme, — et le plus puissant des hommes !

Du Chesnel se leva brusquement.

— Assez de folies ! s'écria-t-il ; — parlons raison une fois ! Tu es plus ivre que nous, mignonne !.., ou bien tu as le diable au corps, et tu te crois sorcière !...

— Non, répondit froidement Carmen ; — mais je suis riche et je possède un secret.

— Elle est riche ! dit Roby. — Elle nous prêtera de l'argent !... c'est une grande dame !... je l'aurais parié !...

Dénisart se rapprocha d'un air obséquieux et caressant.

Josépin et du Chesnel lui-même ressentirent parmi le trouble de leur intelligence l'effet de ce mot magique :
— Je suis riche !

Du Chesnel regarda Carmen en dessous.

— Madame, reprit-il, employant à son insu des formes courtoises qui contrastaient avec la brutalité de ses récentes paroles, — vous nous connaissez tous... La partie n'est pas égale... et s'il vous plaisait de nous montrer votre visage...

Il termina sa phrase par un salut presque respectueux, se souvenant que Carmen l'avait énergiquement repoussé naguère lorsqu'il avait voulu violer le secret de son déguisement ; mais Carmen avait changé d'avis sans doute, elle éleva ses deux mains et se mit à détacher les cordons de son masque.

Les convives ouvrirent de grands yeux ; ils étaient préparés à quelque chose d'extraordinaire. Le merveilleux s'assied vite dans les cervelles que brûle l'alcool. Ils pensaient tous, comme Roby, avoir affaire à quelque fantaisie de grande dame, et c'étaient des noms de princesse que leur esprit tâchant de deviner envoyait à leurs lèvres entr'ouvertes par l'attente.

Le masque de Carmen tomba.

Il y eut un instant de stupéfaction profonde. Le désappointement était général.

Du Chesnel brisa son verre sur la table en un mouvement de rage et gronda un blasphème.

Josépin haussa les épaules avec mépris ; Durandin

l'imita de confiance, et Denisart s'éloigna, lui et son bol de punch.

Il n'y eut que Roby pour prendre la chose galment.

— Bien joué ! petite ! s'écria-t-il en applaudissant des mains et des pieds ; — excellent tour de carnaval !... bravo ! bravissimo !... tout ce qu'il y a de plus bravo !...

— Carmen !... prononça dédaigneusement Josepin.

— La fille des rues qui danse pour deux sous sur le boulevard du Temple ! dit Denisart, l'ami du peuple.

Du Chesnel était pourpre et bégayait de colère.

Carmen gardait le silence. Elle demeurait immobile et tête levée ; son front mat, couronné de sa magnifique parure de cheveux noirs, avait comme un rayonnement de fierté calme et robuste. — Elle avait remis ses bras en croix sur sa poitrine. Sa belle bouche, sérieuse, mais sereine, prenait par intervalle une imperceptible expression de défi.

Elle dominait de si haut l'ivresse abrutie et débraillée qui l'entourait qu'on eût pu le prendre pour un être d'essence supérieure, fourvoyé au milieu des hontes d'une terrestre orgie.

Qu'importe le fait devant l'apparence ? — C'était une âme grande, pure et vaillante, qui brillait derrière ce superbe regard...

Ce regard tombait tour à tour sur chacun des convives. Tous en subissaient peu à peu la victorieuse influence ; — ce qui restait en eux d'intelligence et de volonté, s'obscurcissait et ployait en face de cette intelligence altière et de cette volonté supérieure.

Du Chesnel baissa les yeux en frémissant. — Lui seul luttait contre la mystérieuse puissance de cette femme, mais il luttait en vain, et son effort inutile ne servait qu'à lui donner l'angoisse de la défaite.

Après quelques secondes de silence, Carmen quitta sa place au milieu de la table et fit le tour du siège de Denisart.

— Levez-vous, lui dit-elle.

Denisart se leva.

Carmen repoussa le siège vide et mit son pied sur l'extrémité de l'une des planches du parquet. Cette planche, qui avait servi d'appui à la chaise de Denisart, bascula légèrement sous le pied de Carmen...

Carmen eut un frisson tôt réprimé, puis un sourire.

— La fille qui danse pour deux sous sur le boulevard du Temple ! répéta-elle lentement, c'est moi !... C'était moi !... Hier, vous m'y avez vue... Ne m'y cherchez pas demain !... Demain ! reprit-elle en baissant la voix, — qui sait quel nom orgueilleux de duchesse remplacera celui de la pauvre danseuse ?... Demain ce sera une vie nouvelle... Vous vous éveillerez de votre ivresse ; moi je m'éveillerai de mon obscur malheur... Demain, vous serez mes esclaves.

— Tes esclaves !... se récria du Chesnel.

— Mes esclaves, répéta Carmen ; — toi tout le premier et le plus soumis... Ah ! vous vous attendiez à trouver mieux que Carmen sous le masque... Qui donc parmi vous me connaît pour oser me juger ?... Léon du Chesnel, tu m'as vendu l'idée du pacte, recules-tu déjà devant l'accomplissement de ton œuvre ?

— Je n'avais pas vu votre visage, répliqua du Chesnel ; — je retire ma parole.

— Tu as raison, dit Carmen ; — aussi bien ta parole n'est rien pour moi, non plus que celle de tes compagnons d'orgie... ne vous ai-je pas prévenue qu'il fallait entre nous un lien de fer ?...

A mesure que Carmen parlait, sa voix prenait des accents plus sourds et plus menaçants. Ses sourcils se fronçaient peu à peu, jusqu'à creuser des rides profondes sur son front, naguère si calme et si pur. Un éclair sombre couvait sous ses longs cils abaissés. — Son sein ondulait par saccades, — et son pied tourmentait la planche qui soubresautait en grinçant.

L'ivresse des convives n'avait pu diminuer d'intensité, mais elle avait changé de caractère : la fièvre faisait place à la torpeur.

Durandin dormait presque entièrement. Josépin était un peu plus éveillé. — Roby, les pieds sur la table, chantonnait en regardant le plafond.

Denisart et du Chesnel, suivaient au contraire avec inquiétude les mouvements de Carmen.

Denisart avait peur vaguement et sans savoir pourquoi. Du Chesnel, moins ivre et plus impressionnable, avait subi dès l'arrivée de Carmen le pouvoir occulte et comme magnétique de cette beauté dont le charme portait avec soi de la terreur.

En ce moment, le regard de Carmen, fixé sur lui, le faisait immobile et mettait du froid dans son cœur.

Elle s'était recueillie un instant. — Elle reprit de ce ton simple et net qu'on emploie pour raconter une histoire.

— Un homme est arrivé aujourd'hui d'Amérique. Le docteur Josépin (celui-ci tendit l'oreille) a signalé la venue de cet homme dans une lettre, écrite ce soir à trois heures, lettre dont les expressions auront une signification pour les tribunaux au jour de la justice.

— Comment !... voulut s'écrier Josépin.

Carmen lui ferma la bouche d'un geste.

— Ce même soir, poursuivit-elle, cinq masques sont descendus au Caveau du Sauvage. Ces cinq masques ont parcouru les boulevards en calèche, de sorte que leurs noms sont couchés à cette heure côte à côte, sur le livre noir de la police.

Ce début n'avait aucun rapport avec ce qui venait de se passer immédiatement. S'il contenait une menace, cette menace était vague et de nature à glisser inaperçue à la fin d'une orgie. Pourtant, par un effet inexplicable, ce début chassa comme par magie les chaudes fumées du punch. Roby cessa de chanter et devint sérieux, Josépin tremblait. Du Chesnel était pâle. Denisart caressait des yeux la porte et semblait guetter le moment de faire retraite.

Carmen ponctua ses derniers mots par un silence et poursuivit encore :

— Au Caveau, les cinq masques, ivres, se sont pris de querelle avec l'Américain ; ils l'ont frappé...

— Comme on frappe en carnaval... dit du Chesnel.

— Ils l'ont blessé, continua Carmen.

— Légèrement ; nous savons cela ! murmura Josépin.

— Ils l'ont tué ! acheva Carmen d'une voix tout à fait basse.

— C'est faux ! balbutia enfin du Chesnel.

— C'est faux ! s'écrièrent les quatre autres.

Carmen fit basculer entièrement la planche d'un violent coup de pied.

Un trou noir se montra, et parmi le silence absolu qui se fit, on put entendre distinctement ce chant monotone et sourd dont nous avons parlé déjà et qu'accompagnaient des coups périodiques frappés contre le dessous des solives.

Carmen éleva la lumière, qui se projeta d'aplomb sur le trou, au fond duquel apparut la face livide du mort.

Josépin tomba sur ses genoux. Denisart voulut gagner la porte, mais la main de Carmen le rejeta chancelant au milieu de la chambre. — De Chesnel était livide comme le cadavre.

— Femme ! femme ! s'écria-t-il d'une voix rauque ; — c'est toi qui l'as assassiné !

Carmen se pencha sur le trou et mit sa main dans le sein du mort. Lorsqu'elle se releva, sa main serrait le poignard à manche d'or qui avait servi de couteau à l'écaillère de du Chesnel.

— Le meurtre fut commis à l'aide d'un poignard, dit-elle, poursuivant son récit avec une effrayante froideur ; — sur le manche de ce poignard se trouvent gravés le chiffre et les armoiries de la marchesa Farnesi, — la plus folle créature des états du pape...

Du Chesnel tenait sa poitrine à deux mains. — Ses cheveux se dressaient sur sa tête.

— Le Caveau du Sauvage était plein, poursuivit Carmen ; — le meurtre a eu cent témoins...

— Pitié !... balbutia du Chesnel, qui se mit à genoux auprès de Josépin.

Les autres l'imitèrent.

Cette accusation terrible et vraisemblable, tombée au milieu des ténèbres de leur esprit, les terrassait convaincus.

Ils étaient tous les cinq à genoux autour de la fosse,

— tous les cinq pâles, ployés sous les tortures du remords et de l'épouvante.

L'ivresse qui bouillonnait confusément encore dans leurs cerveaux obstruait ces voies subtiles par où l'esprit de l'homme arrive au doute en face des preuves les plus accablantes. Ils se courbaient : leur intelligence prostrée, n'avait nul vouloir de révolte.

Carmen était debout au milieu d'eux, belle et calme.

Sa souveraine fierté mettait plus bas la détresse humiliée des vaincus.

— Pitié ! répéta du Chesnel ; — nous sommes en votre pouvoir.

— S'il vous faut un serment !... ajouta Josépin.

La main de Carmen s'abaissa et son doigt tendu montra le cadavre.

Cet homme s'appelait James Western, dit-elle ; — vous l'avez tué le soir du mardi-gras de 1826... Entre nous point de serment... ce nom et cette date suffisent. C'est là le lien de fer !... malheur à celui qui tentera de le rompre !...

Comme elle prononçait ces mots avec force, le chant monotone cessa en même temps que le bruit du marteau.

La main de Carmen était encore étendue vers le cadavre.

Le plancher craqua. On vit le cadavre s'affaisser lentement, puis disparaître, laissant un trou noir et vide.

Les cinq convives, parvenus au paroxysme de l'épouvante, se rejetèrent en arrière avec horreur, cachant leurs visages entre leurs mains.

Carmen demeura immobile, — mais sa paupière trembla et ses joues se couvrirent d'une pâleur mortelle.

Du trou vide et tout près de l'ouverture sortit cette exclamation gutturale que Carmen avait entendue quelques heures auparavant, dans le corridor, au moment où elle essayait d'enfouir sous le plancher les traces de son crime.

PREMIÈRE PARTIE

LE GRAND OPÉRA

CHAPITRE PREMIER

LE MARAIS

Les provinciaux et une très grande quantité de Parisiens regardent le Marais comme un quartier exclusivement ridicule. On s'est tant moqué du Marais! C'est un pays de portiers, de rentiers, d'employés à la Monnaie ou au Mont-de-Piété, de petits commerçants honnêtes, mais pillards, de marchands de vins admis à la retraite, — en un mot, de toute cette portion du genre humain que notre siècle écrase sous la foudroyante dénomination d'épiciers.

Vaudevillistes et romanciers font depuis trente ans assaut d'esprit douteux et ressassent, contre le Marais, trois ou quatre douzaines de plaisanteries faisandées. — Il y a surtout cet intrépide bataillon de porte-plumes dont la spécialité est le roman *populaire*, ainsi nommé parce qu'il se moque du peuple effrontément et lui fait un cours complet de français de barrières. Ce gai troupeau s'acharne sur le Marais; il le dévore pièce à pièce pour la plus grande joie des grisettes du reste de la ville; il le drape si bel et si bien, que nul cocher de citadine ne peut entrer dans la rue Saint-Louis, sans se comparer

avec orgueil, lui et ses rosses, aux stupides bourgeois
qui l'entourent.

Pauvre noble Marais ! — et c'est à l'*élégante* Chaussée-d'Antin qu'on te sacrifie !...

Ils n'ont vu, ces plébéiens de plume, que les rides
sévères de tes vieux murs et l'herbe qui croît le long de
tes rues désertes. Ils se sont attristés à ton solennel silence. Ils t'ont maudit, parce qu'il leur faut, pour activer leurs banales imaginations, le bruit, la foule, le gamin qui piaule, la fillette qui gazouille, le gaz, l'asphalte, les cigares et le blanc horizon de masures toutes neuves, asiles étriqués du luxe petit et des mesquines magnificences !

Oh ! certes, les estaminets voisins de l'Opéra ont plus de lumières et de cristaux que les buvettes de la rue Saint-Antoine. Le café de Paris n'a point de rival au delà du Temple, et les magasins de la rue du Mont-Blanc se présentent mieux que les boutiques du bord de l'eau. Mais, à part ces choses, dont nous ne refusons point de tenir compte, à qui demeure l'avantage ? Comparera-t-on Saint-Merry ou Saint-Paul à cette boîte de stuc enluminée, à ce colifichet de goût bourgeois qui, sous le nom de Notre-Dame-de-Lorette, sert de lieu de rendez-vous aux amoureuses du faubourg Montmartre ? Osera-t-on mettre, sinon en raillant, le plus joli, le moins ridicule des petits cubes de moellons guillochés qui avoisinent le boulevard de Gand, à côté, par exemple, du grandiose palais des cadets de Rohan ?...

Il ne s'agit point ici de parti-pris pour ou contre un ordre d'idées sociales. Nous parlons des choses de l'élégance et de l'art. — Les deux quartiers, d'ailleurs, sont également aristocratiques. L'un a conquis depuis des siècles ses titres de noblesse, l'un a de beaux deniers sonnants pour payer les siens, et draper du mieux qu'il peut sur ses épaules novices quelque bribe écourtée du manteau des grands seigneurs.

Tous deux ont des patrons dont ils s'honorent. La Chaussée-d'Antin met les siens dans l'Almanach du Commerce ; le Marais sculpte au fronton de ses hôtels les écussons de Bourbon, de Lorraine, de Rohan,

...thume, d'Albret, de la Force, de Bretagne, de Lesdiguières...

Tous deux ont des monuments... Mais qui donc, s'il vous plaît, a bâti ces blafardes maisons du quartier Saint-Georges ? — Nous ne savons. Ce qui est certain, c'est qu'il fallut le génie de Philibert Delorme pour édifier, rue Culture-Sainte-Catherine, ce charmant hôtel Carnavalet, à la façade duquel Jean Goujon accola quelques-unes de ses merveilleuses cariatides : Philibert Delorme, l'auteur du portail Saint-Gervais, qui ne ressemble guère, n'est-ce pas, au porche bâtard du temple-prison de la rue Chauchat.

Il faut bien le dire, dussions-nous passer nous-mêmes pour un épicier du Marais, l'hôtel Laffitte ne nous saurait pas autant que l'hôtel de Soubise ; nous préférons l'hôtel d'Angoulême à la maison de monsieur de Rothschild. Vignoles, Jacques Desbrosse, Jules Hardoin ne nous semblent pas inférieurs à messieurs tel et tel. — C'est sans doute un goût pitoyable.

Il nous arrive parfois de contempler avec amour l'harmonieuse enceinte de la Place-Royale, ce noble et gentil palais que ne visite plus la cour de France, mais qui n'est pas veuf de toute royauté, puisqu'un poète en a fait son Louvre.

Partez de ce centre. Allez au hasard. Partout vous trouverez l'art sur votre route. — Voici la demeure de Sully ; — plus loin, derrière l'Arsenal et au-delà de la Seine, voici l'œuvre de Levau, l'hôtel Lambert, où l'auteur des *Mystères de Paris* a placé la scène d'un beau roman ; — voici d'un autre côté de seigneuriales retraites bâties par les deux Mansard, l'hôtel d'Humières et ce petit palais que Mansard neveu se fit à lui-même dans la rue des Tournelles.

Et tant d'autres dont les noms seuls rempliraient des pages !...

Plus tard, Bernin, de Wailly, Peyronnet, Rousseau apportèrent leur pierre à l'édifice. — Tous nos architectes, on peut l'affirmer, ont mis la main à l'œuvre pour élever cet immense monument historique, sur la belle gloire duquel glisse, impuissant, l'outrage de l'idiote ignorance.

Et les peintres ! — Saura-t-on dans cinquante an[s le]
nom des vitriers qui décorent au rabais les salons [de]
la finance ? — Là-bas, le Rosso et le Primatice ont [dé]roulé, il y a des siècles, autour des salles et des gale[ries]
de longues guirlandes de nymphes chasseresses ; [Jac]ques Jordaens a prodigué sur les panneaux l'opule[nte]
couleur de Rubens, son maître. A différentes époqu[es,]
van Huysum, van Spaendonck, Robert, Oudry ont p[eint]
ces bouquets si beaux, ces faisans dont le plumage [dé]toie, ces fruits mûrs, qui semblent se détacher en [re]lief au-dessus des portes ; Nanteuil a touché ces in[imi]tables pastels...

Simon Vouet a décoré ces murs. Ces portraits s[ont]
de Rigaud. Vandermeulen a signé ces batailles. [Ces]
plafonds appartiennent à Mignard le Romain, à L[e]prun, à Lesueur.

Lesueur ! notre grand peintre parisien, qui ne vit [que]
mais Rome et dut toutes ses inspirations au ciel d[e sa]
patrie ! Une seule maison de l'île Saint-Louis, cette [an]nexe du Marais, confondu avec lui dans un mé[pris]
commun, l'hôtel Pimodan, — dont une plume gracie[use]
et chère au monde élégant nous a récemment pro[mis]
l'histoire, — garde dans son enceinte, pleine encore [de]
souvenirs de Richelieu et de Lauzun, presque autan[t de]
Lesueur que le Louvre !

Et les sculpteurs ! — N'avez-vous point souri de pi[tié]
à la vue des assiettes de plâtre d'où sort, bien peig[née,]
une tête de page ou de châtelaine, et qui *ornent* to[ute]
façade neuve prétendant à la distinction ? — Passe[z le]
boulevard. Descendez une fois, heureux citoyens [du]
quartier Saint-Lazare, jusqu'à ces pays perdus qui a[voi]sinent l'emplacement de la Bastille. Vous y trouve[rez,]
au lieu de vos médaillons maigres, des balcons de gr[and]
style, soutenus par des esclaves de Germain Pilon, [des]
écussons dont les supports exercèrent le ciseau d'[An]guier, des cariatides de Goujon et Milon. Dans les [jar]dins, vous rencontrerez, au milieu d'une pièce de [ga]zon, sur son piédestal rongé par la mousse, une st[atue]
de Puget, un groupe de Coustou l'Ancien, des va[ses]
dont Michel Boudin trancha dans le marbre les cou[rbes]
attiques...

LE GRAND OPÉRA 113

Tout cela est bien vieux!... — Hélas! oui, mais ne serait-ce point qu'il vous déplaît à vous d'être d'hier?.. Et puis nous vous connaissons pour le vieux de passées tendresses. Quelques maçons d'entre vous n'ont-ils pas fait des fenêtres ogives à leurs bicoques déguisées en cathédrales gothiques et offertes à l'admiration fougueuse des débitants de la barrière des Martyrs? — Qu'est-ce à dire! Mais vous avez adoré le moyen âge! Vous avez porté, infidèles à la casquette de loutre, la casque couleur locale de Buridan! — Nous avons vu vos enseignes, illustrées Dieu sait comme! chercher la nouveauté dans les illisibles caractères de la Renaissance! Vous ne détestez point que l'on vous fasse ducs de temps à autre, — et votre salon, nous voudrions en faire la gageure, s'entoure des fauteuils grassouillets qu'inventa tout exprès pour vos seigneuries le tapissier de madame la marquise de Pompadour.

Eh bien! le Marais a ses *rocailles* et ses bergeries. Il est de l'âge de Marot, mais il est aussi de l'âge de Voltaire. Watteau et Boucher sont là auprès du vieux Jouvet; tout près de Jean Goujon, vous y trouvez Coysevox, Coustou jeune et Girardon.

Reste le paysage. — Vous nous montrez avec orgueil Montmartre, votre colline chérie, mère féconde de ce plâtre qui est votre granit, votre marbre et votre porphyre. De Montmartre, à l'aide de lunettes, on aperçoit Paris, tout Paris. C'est flatteur. — Prenez avec nous une de ces voies étroites, baptisées il y a cinq cents ans, qui mènent de la rue Saint-Antoine au bord de l'eau, entre le mail de Henri IV et le pont Marie. Nous sommes sur le quai Saint-Paul. L'horizon s'ouvre tout à coup. La lumière nous inonde. — Comme ce paysage est vaste et varié! comme il séduit! — Voici à gauche, se mirant dans le fleuve, l'Arsenal, œuvre royale, où Sully (nous avouons que la chose est passée de mode!) économisait les deniers de la France. Ses dépendances, régulièrement groupées, s'appuient à l'ancien couvent des Célestins, comme pour offrir une matérielle image de la vie d'autrefois, où l'on trouvait toujours le soldat aux côtés du prêtre. Devant nous, par delà l'île Louviers, s'étagent les verts massifs du Jardin des Plantes,

flanqués des deux côtés par les chrétiennes murai[lles]
de deux hôpitaux. Par un heureux hasard, les mais[ons]
pressées de l'île Saint-Louis nous cachent les baraq[ues]
symétriquement alignées de la halle aux vins, et [en]
voient nos regards jusqu'à la coupole harmonieuse [du]
Val-de-Grâce, dont la croix brille au loin et fait ho[nte]
au dôme décoiffé du Panthéon. — Vers l'occident [se]
présente une sculpture gigantesque, qui semble ser[vir]
de poulaine au grand vaisseau de la Cité. C'est Not[re-]
Dame avec sa confuse forêt d'arcs-boutants, au-des[sus]
desquels se dressent les deux tours jumelles, org[ues]
du vieux Paris. — Puis, ce sont, au delà du gracie[ux]
profil de l'Hôtel-de-Ville, les toits piquants du Pala[is-]
de-Justice, et la ligne immense des quais, fermée p[ar]
l'arête rigide des Tuileries...

Vous avez de commodes trottoirs, des passages vit[rés]
du gaz en abondance. Jouissez de ces bienfaits, m[ais]
ne raillez plus le vieillard, endormi dans sa gloire écli[p]
sée. Il était si beau jadis, aux jours de sa jeunesse!
Vous êtes élégants à la manière des gravures de mo[des]
que dessinent les tailleurs : soyez cléments et daig[nez]
regarder sans rire ce qui reste des nobles splendeurs [du]
passé.

. Notre histoire se renoue dans l'un de ces grands h[ô]
tels du Marais, contemporains de la Ligue, voire q[uel]
que peu ses aînés. La façade à deux étages, surmo[ntée]
de toitures escarpées, donnait sur la rue Culture-Sain[te-]
Catherine, dont elle était pourtant séparée par une c[our]
close. L'aile droite longeait, en retour, la rue des Fran[cs-]
Bourgeois, de sorte que la tourelle en coquille dont [le]
relief saillait hors de l'angle extérieur, regardait l'a[n]
cien terrain de Sainte-Catherine-du-Val-des-Ecoli[ers.]
L'autre aile, affectée autrefois aux remises et écuri[es,]
s'adossait aux maisons construites sur l'emplaceme[nt]
du couvent des frères Bleus. Derrière le corps de lo[gis]
principal s'étendait un jardin irrégulier, rejoignant [la]
rue Payenne.

C'était un édifice de style altier et sévère. Un pe[rron]
de huit marches montait à la grande porte qui s'ouv[rait]
sur un vestibule pavé de marbre blanc et violet, d[ont]

les losanges alternatives s'enchâssaient en échiquier. Ce vestibule était éclairé d'en haut par une cage vitrée ou ciel qui mettait en lumière les statues de l'escalier et les capricieux dessins de la haute rampe de fer.

Sur chaque marche, on voyait un vase élégamment ciselé qui, aux jours de gloire du Marais, avait, rempli de fleurs, embaumé la route des brillants salons de fêtes. — Dans ces vases il n'y avait plus de fleurs.

Des deux côtés des paliers spacieux, deux portes présentaient les riches moulures de leurs doubles battants. — Mais, à ces portes, non plus qu'à l'entrée du vestibule, il n'y avait plus de laquais en livrée.

Tout était immobile, désert, silencieux.

L'herbe croissait entre les pavés de la cour et traçait autour de chacun d'eux un cadre étroit de verdure.

A travers les fenêtres de la façade, on apercevait le bois sombre des contrevents fermés.

Au dehors, c'était une tristesse pareille. Le passant n'apercevait qu'une porte éternellement close, au dessus de laquelle des sculptures martelées montraient encore les restes confus d'un écusson de ses supports.

L'œil expert d'un héraut eût distingué, sous l'outrage du marteau de 93, les émaux bien connus d'une famille illustre, dont l'écu pend de nos jours à l'une des colonnes de la salle des Croisades ; mais le regard distrait du profane glissait sur ces emblèmes oubliés, et nul n'arrêtait sa course pour épeler les lettres gothiques de la devise qui enroulait autour du cartouche son cri chevaleresque :

Que Dieu veult Maillepré !

C'était, en effet, l'hôtel de Maillepré, — le grand hôtel, — car, sous Louis XV, Raoul, duc de Maillepré, avait fait construire une nouvelle demeure au faubourg Saint-Honoré.

Monsieur le duc de Compans-Maillepré, pair de France, grand d'Espagne de première classe, et très puissant en cour, en était alors propriétaire, comme de tous les biens de la branche aînée.

La majeure partie des vastes bâtiments était inhabitée. Un seul locataire occupait le corps de logis principal. C'était un étranger, un Anglais probablement, — M. Williams, lequel avait avec lui deux domestiques et un vieil homme que l'on croyait être son père.

Ces quatre personnages menaient une vie fort retirée. — On ne voyait jamais le vieillard, qui prenait l'air seulement à de longs intervalles sous les massifs impénétrables du jardin.

Les deux valets, d'aspect décent et digne, n'avaient avec le concierge de l'hôtel que les rapports absolument nécessaires. Ils se montraient en toute occasion réservés, discrets, taciturnes.

Monsieur Williams enfin sortait parfois, mais ne recevait jamais personne.

De temps en temps, derrière les contrevents fermés des hautes fenêtres, on entendait tout à coup des hurlements furieux ou lamentables.

Cela durait peu, les voisins avaient à peine eu le temps de s'émouvoir que tout rentrait dans le silence.

On prétendait qu'en affermant l'hôtel à l'homme d'affaires de M. Compans-Maillepré, M. Williams avait stipulé que son bail serait rompu du jour où un autre locataire viendrait partager avec lui le corps de logis dont il n'occupait cependant qu'une portion fort minime.

Il y avait là-dedans quelque chose d'étrange. Les voisins soupçonnaient vaguement un mystère derrière ces noires et silencieuses murailles.

Mais si le mystère existait, l'esprit curieux et quelque peu provincial des bonnes gens des alentours ne voyait nul jour à le pénétrer. — Le concierge, dont la loge, tapie en un coin de la cour, gardait toujours sa porte soigneusement close, avait lui-même un aspect froid et fait pour décourager les cancans. — C'était un homme de cinquante ans, à la taille athlétique, dont les cheveux grisonnants, longs et incultes, tombaient sur une veste de paysan breton.

Il avait un regard ferme et triste. — Un physionomiste eût trouvé de la bonté sur son large visage aux lignes énergiquement heurtées, mais ses voisins ne oyaient en lui que ses gros sourcils et la sauvage exubérance de sa chevelure.

On ne l'approchait guère.

Il habitait seul la loge où il travaillait le jour et une partie des nuits au métier de grillageur.

Il s'appelait Jean-Marie Biot.

Tous les jours, matin et soir, Biot s'absentait durant une heure. L'Auvergnat du coin tenait sa loge durant cet espace de temps moyennant rétribution.

Il va sans dire que cet Auvergnat était, pour ce fait, le point de mire de toutes les curiosités du quartier. Mais, à part la discrétion des honnêtes enfants de l'Auvergne qui est proverbiale et à laquelle nous ne croyons point, le montagnard avait ses raisons pour se taire, — il ne savait rien.

Tout ce qu'il pouvait dire, c'est que, tous les jours, Jean Marie Biot quittait sa loge à la même heure avec une ponctualité sévère, et se rendait invariablement au même lieu.

Ce lieu était l'aile droite de l'hôtel qui n'entrait point dans la convention faite entre l'homme d'affaires du duc de Compans et M. Williams, et dont on avait pu par conséquent affermer une partie à des tiers.

Un an auparavant, on avait vu, à la tombée de la nuit, un antique fiacre s'arrêter à la porte cochère de l'hôtel. Ce fiacre contenait une femme desséchée par l'âge et qui semblait personnifier le dernier période de la vieillesse. Une jeune fille de vingt-deux ans, belle, mais pâle et comme pétrifiée, était à côté d'elle.

Biot avait aidé la jeune fille à descendre et porté la vieille dame dans ses bras jusqu'aux appartements de l'aile droite.

Le fiacre contenait encore un jeune homme aux traits admirablement nobles, mais fatigués et comme flétris, — et une enfant de seize ans, au visage angélique, dont le charmant sourire adoucissait le caractère sombre et désolé de cette muette arrivée.

Depuis lors, on n'avait plus revu ni la vieille femme ni l'aînée des deux jeunes filles. Elles étaient entrées à l'hôtel. L'avaient-elles quitté de nuit ou y étaient-elles encore ? — On ne savait.

T. I. 7*

La plus jeune des deux sœurs et le beau jeune homme sortaient tous les matins et revenaient tous les soirs. Ils avaient l'air bien pauvre. Le jeune homme portait le bourgeron bleu de l'ouvrier ; la jolie enfant avait le costume des filles du peuple que la honte n'a pas enrichies.

Biot seul savait le nom de cette famille. — C'était chez elle qu'il se rendait lorsqu'il abandonnait sa loge.

De sorte que, entre ces pauvres gens, comme entre le riche Anglais et la curiosité publique, il y avait un voile épais...

Et l'immense demeure semblait morte. Le souffle de ses hôtes mystérieux ne suffisait point à réchauffer sa vaste solitude. — Ses grands murs s'élevaient froids et sombres sur deux voies silencieuses. — Cela était beau, mais triste et morne jusqu'à glacer le cœur.

CHAPITRE II

L'AÏEULE

Un jour du mois de novembre 1833, vers cinq heures du soir, la porte massive de l'hôtel de Maillepré tourna sur ses gonds plaintifs. Le jeune homme de l'aile droite, rentrant à son heure habituelle, venait de soulever le pesant marteau qui était retombé avec un bruit grave et prolongé sur son plastron de fer.

Sa jeune sœur le suivait.

Lorsqu'ils eurent passé le seuil tous les deux, ils se

prirent par la main et gagnèrent la loge, aux carreaux de laquelle le jeune homme frappa doucement. Ils étaient vêtus, comme nous l'avons dit, d'une façon plus que modeste, savoir : le frère, d'un bourgeron bleu, serré autour de sa taille, la sœur d'une petite robe d'indienne que recouvrait un court châle de laine. — Casquette en drap, bonnet de mousseline complétaient leur costume. On ne s'y pouvait point méprendre : c'étaient un ouvrier et une grisette.

On voyait, à travers les vitres de la loge, Jean-Marie Biot qui, assis sur une escabelle, maniait de gros fils de fer comme si c'eût été de la soie molle, et en formait un solide grillage.

Au signal du nouveau venu, Jean-Marie mit de côté son travail et souleva respectueusement son bonnet de laine.

— On y va, monsieur le marquis, dit-il.

Le jeune garçon et sa sœur n'avaient pas attendu cette réponse. Ils avaient traversé la cour en se tenant toujours par la main et montaient en ce moment l'escalier de l'aile droite.

Biot sortit de la loge un panier à la main, et alla mettre sa tête à la porte cochère restée ouverte. Il siffla. Un homme, vêtu du tout-rond de velours des commissionnaires se leva du seuil du marchand de vin voisin et se rendit incontinent à cet appel.

La porte cochère tourna de nouveau en grinçant sur ses gonds. Le commissionnaire alla prendre place dans la loge sans mot dire, et Biot se dirigea vers l'aile droite à son tour.

A l'unique étage de cette aile, à gauche de l'escalier, se trouvait un petit appartement, composé de trois pièces, dont la première n'avait d'autres meubles qu'une chaise de paille et un cadre. La seconde avait un aspect pauvre, mais propret ; elle contenait une petite couchette entourée de rideaux blancs comme neige, une table à ouvrage en bois blanc verni, quelques chaises, un crucifix et un miroir. C'était la chambre de l'ouvrière. Dans l'autre habitait l'ouvrier.

Arrivé au seuil qui séparait les deux pièces, le jeune

homme mit un baiser sur le front de sa sœur, et ils se firent en souriant un petit signe d'adieu.

Leurs regards se croisèrent, caressants et pleins d'amour.

Quand la porte se ferma entre eux, ils demeurèrent un instant à la même place, comme si leurs cœurs se fussent élancés passionnément l'un vers l'autre.

Mais l'expression de leur visage avait changé. L'ouvrier baissait la tête avec découragement ; la jeune fille ne souriait plus, et une larme vint se balancer aux longs cils de ses yeux bleus.

— Pauvre Gaston !... murmura-t-elle.

— Pauvre Sainte ! dit l'ouvrier, dont l'œil démesurément grand et creusé ne trouva point de pleurs...

Un pas lourd se faisait entendre dans l'escalier ; — Gaston ouvrit.

Biot entra et déposa son panier sur la chaise.

Il jeta sur le jeune homme un regard furtif et inquiet.

— Gaston était bien pâle, et sa bouche entr'ouverte donnait passage à un souffle pénible.

Le paysan réprima un geste de muette douleur et se força de rire.

— Bien le bonsoir, notre monsieur, dit-il ; — ça m'a l'air d'aller tout doucement ?...

— Je ne souffre pas davantage, mon brave ami, répondit le jeune homme.

— Tant mieux, notre maître ! faudra bien que ça se guérisse peut-être !...

Gaston secoua lentement la tête et ne répliqua point.

Biot étouffa un gros soupir.

— Il n'y a pas de chance, reprit-il en retirant d'une armoire ménagée dans le mur, une livrée complète, blanche et verte.

C'étaient les couleurs de Maillepré-Maillepré, dont l'écusson, par une sorte de calembour héraldique, représentait trois maillets dans un pré, — ou était, si l'on veut, de sinoples aux trois marteaux d'argent.

— Non, il n'y a pas de chance ! poursuivit le paysan-concierge, tout en passant assez lestement la livrée ; — j'ai pris une heure de congé cette nuit pour aller rue de

Verneuil, à notre ancien logement, savoir si par hasard...

Il s'interrompit dans l'effort qu'il fit pour passer la manche de son habit.

Gaston, qui avait pris dans la même armoire un costume complet de beau drap noir, et qui s'habillait aussi, suspendit cette occupation pour écouter mieux.

Le regard de Biot alla du noble visage du jeune homme au bourgeron bleu qui pendait maintenant à un clou de la muraille.

— Si ça ne fend pas le cœur, murmura-t-il, de voir des chiffons de toile sur des épaules comme les vôtres, monsieur le marquis !...

— Tu allais dire quelque chose ! repartit Gaston avec un mouvement d'impatience.

— C'est juste, notre monsieur... Malheureusement, ça ne vous avancera pas beaucoup... J'ai été cette nuit rue de Verneuil pour prendre langue... Je crois que le diable s'en mêle !... Cet inconnu qui court après vous de logement en logement est encore venu !...

— Quand cela ?

— Il y a trois semaines, à peu près... Et, comme les autres fois, il a paru désespéré de vous manquer encore... Il a demandé votre adresse... on ne la sait pas rue de Verneuil !

— J'avais donné ma parole... dit Gaston...

— C'est vrai... Mais, pour une raison ou pour une autre, voilà trois fois que ce monsieur vous manque... Et il y a huit ans que vous attendez une personne...

— Qui ne viendra jamais ! murmura le jeune homme de ce ton froid des gens qui n'espèrent plus ; — ceux qu'on attend huit années sont morts ou ne veulent point venir.

— Mais, notre monsieur, dit Biot, — si c'était lui, pourtant !... Il y a bien trois ans aujourd'hui qu'un homme alla demander, rue de Valois, feu monsieur le marquis, que Dieu bénisse !... On dirait qu'il vous cherche depuis ce temps-là...

— Il y a, en effet, un homme qui nous cherche, répondit Gaston dont l'œil brilla de haine au fond de son orbite creusée ; — et, sur le nom de Dieu ! je ferai en sorte que cet homme me trouve avant de mourir !... mais celui-là n'est pas un sauveur, ami Biot... Personne autre que cet inconnu, n'a-t-il demandé de nos nouvelles ?

La voix du jeune homme tremblait légèrement en faisant cette question.

L'œil de Biot se baissa.

— Oh ! notre monsieur, répliqua-t-il tout bas. Elle avait si bon cœur autrefois !... comment croire qu'elle a pu oublier ceux qu'elle aimait tant !... mais elle n'est pas venue...

— Que Dieu la fasse heureuse ! soupira Gaston, dont le front devint plus pâle et se pencha sur sa poitrine.

. . . .

Biot avait endossé la livrée.

Gaston lui-même avait changé de costume des pieds à la tête. Il portait maintenant pantalon et frac de drap noir, d'une coupe élégante, cravate blanche et bas de soie.

On eût difficilement trouvé une tournure plus noble et plus distinguée que la sienne sous ces habits nouveaux. L'ouvrier de tout à l'heure n'avait rien gardé de sa misère. — Mais il avait gardé son air souffrant. Ses joues amaigries n'avaient pu colorer leur maladive pâleur. On voyait le feu lent d'une fièvre chronique dans ces grands yeux tristes et résignés où le bonheur aurait mis tant de jeunes éclairs.

Gaston était beau. Il y avait en sa physionomie une douceur fière dont le charme attirait et touchait. Son front large, aux tempes mobiles et comme transparentes, avait un haut caractère d'intelligence et de bonté.

Mais ce front, tout jeune et sans rides, avait quelque empreinte mystérieuse de douleur et de fatalité. On y lisait tout un passé sans joie, et, nulle part, ne s'y montrait l'espérance...

La faiblesse de Gaston n'était du reste que dans l'aspect souffrant de son visage, et aussi que dans le léger affaissement de sa poitrine ; car, pour le reste, sa taille était robuste dans sa grâce élancée, et ses membres, heureusement modelés, n'annonçaient nullement une nature appauvrie.

Dès que sa toilette fut achevée, il frappa doucement à la porte de sa sœur.

Sainte ouvrit aussitôt.

Elle aussi était transformée. — Et qu'elle était belle et jolie !

Plus de bonnet jaloux sur l'opulente parure de ses cheveux blonds aux reflets nacrés, plus de fichu plébéien sur ses épaules de vierge, dont une dentelle légère ne voilait qu'à demi les suaves contours. — La soie remplaçait l'indienne pauvre de sa robe. — C'était simple, mais ravissant de goût, de grâce et de fraîcheur.

Et le sourire de Sainte allait si bien à cette parure nouvelle ! Il y avait, parmi le charme naïf et presque enfantin de sa beauté, tant de gentille noblesse ! Il fallait si manifestement au satin doux de cette blanche peau une enveloppe précieuse !

Grisette, elle semblait travestie, et, malgré la sereine gaîté que gardait toujours son visage, on se prenait à plaindre ces membres exquis froissés par une toile grossière et ces petites mains de princesse, dont le bout rougi perçait des mitaines de travail.

Elle était belle encore ; — mais la rose est belle aussi qui, tombée d'un bouquet et ramassée dans la poudre, orne par hasard une indigente boutonnière. Seulement elle regrette sa parure de feuillage et le beau sein qui servait de trône à sa royauté d'un jour...

Sainte était une pure enfant dont jamais pensée mauvaise n'avait effleuré l'âme, mais les anges eux-mêmes sont heureux de la beauté que Dieu leur fit, et Sainte souriait à se voir si jolie.

Ce sourire vint éclairer le front de Gaston. Le frère et la sœur échangèrent un baiser. Sainte s'oublia pour admirer Gaston ; Gaston ne vit plus que Sainte, et un bon vent de joie passa sur son cœur.

Biot, resté sur le seuil, les regardait l'un après l'autre. Ses cils étaient humides...

Gaston et Sainte se prirent par la main.

Il y avait à l'autre extrémité de la modeste chambre

une porte à deux battants. Biot alla l'ouvrir et s'effaça contre le chambranle au lieu d'entrer.

— Monsieur le marquis de Maillepré ! dit-il à haute voix ; — mademoiselle de Naye !

C'était le nom de fille que portaient les cadettes de Maillepré.

La porte à deux battants donnait sur une grande pièce, assombrie par une tenture de damas de soie bleu foncé. Cette pièce, eu égard surtout à la nudité des autres chambres, était ornée avec une véritable magnificence. — Les meubles, du commencement du règne de Louis XVI, étaient en belle tapisserie à sujets. L'alcôve contenait un lit à baldaquins, haut sur pieds et accompagné de son montoir en velours. Le tapis, qui courait dans toute l'étendue de la chambre, représentait les principaux personnages de M. de Florian: Estelle, Galathée, Némorin, Numa, Hersilie, Gonzalve, Egérie, des houlettes, des musettes et des moutons.

Sur la vaste cheminée, où brûlait un feu vif et abondant, deux candélabres à quatre branches étaient chargés de leurs bougies allumées. — Vis-à-vis de la cheminée, à l'autre bout de la chambre, il y avait un grand poêle dont les bouches ouvertes vomissaient des flots d'air brûlant.

Il faisait dans cette pièce une chaleur étouffante. En y entrant, le cœur s'affadissait, la tête devenait lourde et les oreilles tintaient.

A l'un des angles de la cheminée, assise, droite et raide, dans un énorme fauteuil à oreilles, se tenait Mme la duchesse douairière de Maillepré, vieillie de sept ans et réduite à une insensibilité presque complète.

Auprès d'elle, sur un pliant, était assise Berthe de Maillepré.

Berthe avait une robe de gaze blanche. Ses cheveux, noirs comme le jais, retombaient en bandeaux le long de ses tempes. Son visage, d'une coupe pure et sévère, était plus blanc que la gaze de sa robe, et semblait immobile autant que le visage glacé de la vieille femme; sa taille était haute, svelte à l'excès, mais inflexible. Les formes de sa poitrine s'effaçaient sous les plis ajustés de son corsage.

La vue de cette ombre blanche et qui semblait n'appartenir plus au monde des vivants, serrait douloureusement le cœur. L'éclat uniforme et fixe de sa prunelle, qu'on eût dit être de cristal, mettait par les veines un frisson glacé...

Elle était belle pourtant, mais belle comme ces statues de marbre que les regrets couchent sur les tombeaux.

Sainte et Gaston entrèrent et posèrent avec respect leurs lèvres sur la main inanimée de la vieille dame.

Berthe tendit en silence son front à Gaston, et baisa celui de Sainte.

Puis tout redevint immobile et muet.

Au bout de quelques secondes, Biot, en grande livrée, entra et tendit un paravent au devant de la cheminée.

Derrière ce paravent, il dressa une table et posa dessus les plats qu'il avait apportés dans son panier.

Madame la duchesse est servie ! dit-il en pliant par le milieu sa robuste échine.

Gaston, après en avoir obtenu la permission, roula le fauteuil de son aïeule auprès de la table, Berthe récita le *Benedicite*, et le dîner commença.

La douairière, raide et morne, portait lentement à ses lèvres le pain et les mets que Berthe coupait pour elle en bouchées. — Biot, attentif au moindre signe, se tenait derrière le fauteuil de la vieille dame et s'attachait à deviner chacun de ses désirs.

Sainte et Gaston, malgré la chaleur étouffante qui régnait dans l'appartement, mangeaient avec l'appétit de leur âge.

Un silence absolu accompagnait ce repas de famille.

Les bonnes gens de la rue Culture-Sainte-Catherine, qui soupçonnaient un mystère au-delà des sombres battants de la porte de l'hôtel, ne se trompaient point, comme on le voit. Celui dont l'œil curieux eût percé par impossible l'épaisse muraille de l'aile droite, se fût grandement étonné à la vue de ce luxe qui touchait de si près la misère. Il se fût étonné davantage à l'aspect de ces deux enfants si beaux, naguère vêtus d'habits grossiers et maintenant servis par un valet en livrée.

Et cette jeune fille réduite à l'état de fantôme ! Et ce repas étrange où chaque bouche était muette et que présidait un débris humain dont les membres avaient déjà la dureté rigide de la mort !...

Il y avait là en effet quelque chose d'inexplicable. Voir cette scène, ce n'était pas la comprendre ; le mot de l'énigme échappait au regard...

Le mot de l'énigme, c'était un héroïque mensonge, une tromperie sublime à l'aide de laquelle les derniers Maillepré jetaient quelques fleurs sur la pente qui conduisait leur aïeule au tombeau.

Tant que durait le jour, Gaston, mêlé à des fils du peuple, maniait le burin dans un atelier de graveur. Sainte, de son côté, travaillait chez une entrepreneuse de broderies.

Leur gain, réuni au fruit du labeur constant de Jean-Marie Biot, entretenait ce luxe factice qui entourait la douairière.

Elle ne sortait jamais de sa chambre ; elle ignorait par conséquent que, au delà du seuil, au revers même de cette cloison tapissée de soie, étaient la nudité, le vide, la misère.

Elle pouvait croire que Maillepré avait reconquis son rang de gentilhomme, qu'il avait des laquais dans l'antichambre et son carrosse sous la remise.

Il est ainsi parfois chez les vieilles races un admirable et saint amour des aïeux. — Le marquis, en mourant cette nuit de mardi gras où nous avons assisté à son agonie, avait légué sa mère à la famille. Ce qu'il eût fait, ce qu'il avait fait en partie, ses enfants le continuaient avec un dévouement religieux.

La prêtresse et à la fois la victime de ce culte domestique était Berthe. — Sainte et Gaston trouvaient quelques distractions dans leur travail même : ils avaient leur part du grand air et de la vie commune, tandis que Berthe ne sortait jamais, ne voyait jamais personne et ne respirait point d'autre air que l'air chaud et vicié de cette salle éternellement close.

Sa vie se passait dans un silence sans fin. Sa jeunesse était rivée à la décrépitude. — La vieillesse est contagieuse ; l'immobilité use la force ; le silence tue. Berthe avait perdu, à ce lent supplice de chaque heure, le vif ressort des jeunes années. Son âme s'était engourdie dans son corps étiolé. Il n'existait plus rien en elle de ce qui fait rayonner un front de vierge. — Il y avait comme un transparent linceul entre le regard et ce qui restait de sa beauté.

Nul n'aurait su dire si elle regrettait sa vie offerte en sacrifice. Sa prunelle ne parlait plus : sa physionomie était muette.

Elle avait souffert. — Souffrait-elle encore? — Cette résignation glacée allait-elle jusqu'à la torpeur qui est la fin de tout martyre?...

Un jour Biot, en rant à l'improviste, avait vu Berthe à genoux sur le t... s. — La douairière dormait dans son fauteuil à oreillettes. — Berthe avait à la main quelque chose que Biot prit pour une boucle de cheveux blonds. Elle baisait cet objet avec passion, et son visage, où le sang était revenu, se baignait dans les larmes.

Biot n'avait pas osé franchir le seuil, et sa bouche discrète n'avait jamais prononcé un seul mot de cette scène.

Il savait autre chose encore...

Berthe travaillait la nuit. Quand la douairière avait fermé les épais rideaux de son alcôve, Berthe, au lieu de s'étendre sur le pliant qu'on dressait pour elle tous les soirs, tirait de l'armoire un métier à tapisserie et poussait sa tâche souvent jusqu'au jour.

Biot vendait le produit de ces veilles solitaires. — Mais, au lieu d'employer l'argent à soutenir la maison, comme il faisait du salaire de Sainte et de Gaston, Biot le remettait à Berthe.

A quoi lui était bon ce prix de son travail? Elle ne sortait point. Il y avait un an qu'elle n'avait passé la porte cochère de l'hôtel.

Biot avait la discrétion scrupuleuse des vieux serviteurs qui croiraient faillir en cherchant à deviner. — Pourtant, l'image de Berthe en pleurs lui revenait parfois durant ses longues nuits de travail. — Berthe ne fléchissait donc pas seulement sous le poids écrasant de son dévouement. Un autre fardeau pesait sur elle.

Un souvenir, peut-être. — Berthe avait-elle aimé ?... aimait-elle ?

Ou bien l'avait-il surprise à l'une de ces heures navrantes où la solitude comprime le cœur jusqu'à le briser ?

Le pauvre paysan breton ne se faisait point ces questions en ces termes. Il eût été embarrassé pour les expliquer à autrui, car son intelligence simple et bornée n'allait guère au-delà du cercle de ses occupations manuelles, mais son amour pour tout ce qui portait le nom de Maillepré le rendait clairvoyant, et son cœur venait en aide à son esprit.

Biot pensait à Berthe bien souvent, — presque aussi souvent qu'à Sainte, le doux ange qui souriait parmi ces mornes tristesses comme un rayon de soleil entre les noirs débris d'un palais en ruine, — presque aussi souvent qu'à Gaston, le noble enfant, marqué au front d'un signe funeste, le dernier espoir d'une race de chevaliers, en qui mourait lentement et pour toujours le grand nom de Maillepré.

Une nuit, Biot avait cessé de tordre les dures tiges de fer qu'il entrelaçait en grillages. Il était robuste, mais lourd. A force de travailler et de repasser dans son esprit la décadence de ses maîtres, il s'était assoupi.

C'était durant l'été. La nuit était pure, mais sombre.

— Biot rêva qu'il voyait une forme blanche entr'ouvrir la porte et traverser la loge sur la pointe des pieds.

Biot se disait en son sommeil :

— Comment Mlle Berthe a-t-elle quitté la chambre de sa grand'mère ?...

Car il pensait reconnaître Berthe...

Il s'étonnait, et, comme on fait souvent lorsque le sommeil, imparfait, laisse à l'esprit une faculté de vagues raisonnements, il se disait encore :

— Que les songes sont bizarres et menteurs !

Cependant le rêve continuait.

Il entendit à ses côtés un bruissement métallique, si léger que c'est à peine si l'oreille pouvait le percevoir.

Ce bruit, naturellement, prit place en son rêve.

— Mademoiselle Berthe touche mes clefs, pensa-t-il.

La volonté de s'éveiller lui fit faire un mouvement.

— Un cri s'étouffa derrière lui et fut suivi de près par la chute bruyante de son pesant trousseau de clefs.

Il se dressa sur ses pieds en sursaut. — La porte de sa loge retombait.

Il s'élança. Il vit distinctement une forme blanche glisser sur le pavé de la cour, dans la direction de l'aile droite.

Il se frotta les yeux. — Le fantôme s'était arrêté sur le seuil de l'aile droite. — On ne l'apercevait plus guère, mais Biot crut le voir se retourner et poser sa main sur sa bouche en un geste impérieux qui commandait le silence.

Il revint. La surprise le faisait ivre. — Il ramassa son trousseau de clefs. La clef de la porte du jardin donnant sur la rue Payenne y manquait...

Le lendemain matin, lorsque Biot endossa la livrée pour servir le déjeuner de la duchesse douairière, il trouva Berthe de Maillepré aussi pâle, aussi morne, aussi glacée que de coutume.

Seulement, en un instant où personne ne l'observait, Biot vit une fugitive étincelle s'allumer dans son œil, et sa main, par un geste rapide, posa son doigt tendu sur sa bouche...

CHAPITRE III

LE FRÈRE ET LA SŒUR

Il en était ainsi tous les jours du dîner de Mme la duchesse douairière de Maillepré. Nul n'avait le droit de parler en sa présence, à moins que le bon plaisir de la vieille dame ne fût d'interroger.

Ceci n'arrivait point souvent, car elle se complaisait en cette atmosphère de silencieux respect, et sa langue raidie semblait avoir paresse à prononcer la moindre parole.

Quelquefois, néanmoins, lorsque Biot lui apportait à laver dans son aiguière antique et que Berthe, quitte de son service, mangeait à son tour quelques bouchées avec lenteur et sans plaisir, la douairière daignait adresser à M. le marquis de Maillepré ou à Mlle de Naye quelques questions laconiques.

Ce soir, elle avait pris son repas avec appétit. — Elle plongea ses mains séchées dans l'eau presque bouillante que lui présentait Jean-Marie Biot, et se tourna vers son petit-fils.

— Marquis, dit-elle d'une voix qui semblait n'être point de ce monde, — qu'avez-vous fait de votre journée ?...

Cette voix de la vieille dame, traversant à de longs intervalles le silence accoutumé, choquait l'oreille à l'improviste et faisait tressaillir comme ces bruits inattendus que grossit la solitude.

Gaston répondit en s'inclinant avec respect :

— Madame, j'ai employé mes heures au passe-temps des gentilshommes de mon âge... J'ai fait des armes... j'ai monté à cheval...

— Et le reste du jour au jeu de paume, murmura la douairière ; — c'est bien cela !... la jeunesse est toujours la même... Et vous, de Naye, ma mignonne ?...

La pauvre Sainte rougit, car elle ne savait point mentir.

— Madame ma mère, répliqua-t-elle pourtant, j'ai choisi quelques chiffons...

La douairière abaissa sur elle son œil vitreux. Un sourire ébauché courut par les mille rides de sa bouche. — Sa voix eut une inflexion bonne.

— Vous êtes jolie, ma fille... dit-elle.

Puis son visage redevint de pierre.

— Mademoiselle de Maillepré, reprit-elle en s'adressant à Berthe, — veuillez me réciter les *Grâces*.

Tout le monde se leva, sauf la douairière qui ferma les yeux et joignit les mains.

Berthe, dont la lèvre avait à peine effleuré la minime portion placée sur son assiette, récita d'une voix lente et faible le verset latin, auquel l'assistance répondit.

La douairière fit le signe de la croix et tendit sa main à baiser. — C'était le signal. Gaston et Sainte sortirent à reculons et les yeux baissés, suivant la rigueur de l'étiquette.

Lorsqu'ils eurent passé le seuil, ils ouvrirent tous deux leurs poitrines à l'air frais de la chambre et jetèrent bas le masque froid dont chaque jour et à cette heure le cérémonial du repas couvrait leurs jeunes visages.

Une fois encore la pieuse comédie était jouée. La vieille dame allait s'endormir et nulle pensée douloureuse ne troublerait le repos de sa nuit...

C'était la récompense d'une journée de labeur. — Demain pour le même prix, un labeur pareil.

Il y avait sept ans maintenant que le marquis de Maillepré était mort. — Sa femme avait mis trois ans à le suivre. — Durant trois autres années, la seconde sœur de Gaston, Charlotte, avait pris sa part de la pieuse tâche que s'imposait la famille.

Mais le fardeau était lourd. Charlotte avait failli sous son poids.

Charlotte était une vive et pétulante enfant, à l'esprit soudain, au cœur prompt à aimer, mais prompt à oublier peut-être. Elle était charmante ; sa beauté d'un tout autre caractère que celle de ses sœurs, piquait par une nuance d'étourderie mutine et pétillait d'entrain et de finesse.

Au temps où la famille habitait la rue de Verneuil, au faubourg Saint-Germain, Charlotte et Sainte travaillaient à façon, sans sortir de la maison. Elles avaient établi leur petit atelier dans une chambre donnant sur la rue. — Charlotte avait un caractère inégal. Le plus souvent sa gaie nature prenait le dessus. Elle chantait, elle riait, entraînant Sainte à de folles espiégleries. D'autres fois, elle tombait tout à coup, abattue sous la monotone uniformité de sa vie. Elle avait alors des heures de tristesse morne. En vain la pauvre Sainte essayait de guérir ces accès de chagrin à l'aide de sa douceur sereine, Charlotte ne s'égayait point. — Elle passait de longues heures, pensive et obstinément silencieuse, à regarder les équipages qui roulaient sous sa fenêtre, et lorsqu'arrivait quelque calèche brillante, au trot dansant de deux fiers chevaux, abaissant et relevant à tour de rôle leur haute encolure, Charlotte se penchait. — Son œil dévorait l'intérieur de la calèche, et glissait avec jalousie sur les heureuses habitantes de ce petit salon de soie qui se balançaient mollement, avec les fleurs et les plumes onduleuses de leurs coiffures, au bercement moelleux de l'équipage...

La voiture passait. Le bruit de ses roues sveltes se perdait au loin. — Charlotte avait les yeux humides.

Puis elle rougissait vivement, de dépit peut-être, peut-être de honte. Puis encore, soit réaction sincère de sa gaîté native, soit effort de son amour-propre froissé, sa figure reprenait son enjoué sourire. Elle causait ; son babil éclatait en un feu roulant de vives plaisanteries.

Sainte s'étonnait, mais elle ne devinait point ce qui était au fond de ces crises mélancoliques...

De l'autre côté de la rue demeurait un dandy politique, un lion diplomate, secrétaire d'ambassade en disponibilité.

Ce secrétaire d'ambassade avait une voiture armoriée et d'assez beaux chevaux...

Un soir, — ces choses arrivent, mais on ne sait comment, — Charlotte et le lion causèrent dans la rue pendant une heure.

Ils se connaissaient. Le lion avait admiré en amateur le minois piquant de la jeune fille et la jeune fille avait souvent regardé les chevaux du lion : le tout par la fenêtre.

Ils causèrent : ce ne fut point d'amour.

Le lendemain, vers dix heures du matin, le lion se présenta et demanda M. Gaston de Naye.

Car la famille de Maillepré ne gardait son vrai nom que vis-à-vis de la douairière, qui, ne sortant jamais et ne recevant personne, ne pouvait se douter de ce changement. Pour tout le monde, Gaston et ses sœurs s'appelaient monsieur et mesdemoiselles de Naye. Ceci était un devoir imposé par le marquis mourant. Il n'avait point voulu que le nom de Mailleprè fût compromis dans les chances glissantes d'une lutte contre la misère.

Biot fit entrer le lion qui salua Gaston en homme bien appris, déclina ses nom et titres et ajouta :

— Mon cher monsieur, je ne veux point vous déranger longtemps... l'affaire qui m'amène est des plus simples... Je viens vous demander la main de mademoiselle votre sœur... la brune... J'ai son nom sur le bout de la langue...

— Charlotte ? murmura Gaston, stupéfait par cette entrée en matière.

— Précisément... Je suis dans une position assez belle... j'ai de la fortune... un nom...

— Mais connaissez-vous donc ma sœur ?.... demanda Gaston.

— D'une manière imparfaite, répliqua le lion en saluant ; — mais nous aurons le temps de faire plus ample connaissance... J'ai à vous prévenir que la chose presse... Il me faut une femme d'ici à un très bref délai.

— Mais monsieur...

— Oui, monsieur... Si vous voulez bien prendre l'avis de mademoiselle... Vous m'avez dit son nom...

— Charlotte ! prononça machinalement Gaston.

— Charlotte !... je savais bien... J'aurai l'honneur de vous revoir dans la soirée... Ne vous dérangez pas, je vous conjure...

Le secrétaire d'ambassade salua gracieusement de la main et tourna les talons.

Gaston demeura comme abasourdi de cette ouverture soudaine et des vives façons de cet épouseur impromptu.

— Il fit appeler sa sœur.

Ils eurent ensemble un long entretien, durant lequel Charlotta pleura, rougit, balbutia...

Le soir, le secrétaire d'ambassade, fidèle au rendez-vous, se présenta de nouveau. Gaston le reçut.

— Eh bien ! dit le lion, — sommes-nous beaux-frères ?...

— J'ai interrogé ma sœur, répliqua Gaston ; elle consent à devenir votre femme... Mais tout ceci est bien étrange, monsieur !... et la responsabilité qui pèse [sur] moi...

— Permettez !... Il m'est impossible d'entrer dans [ces] détails... Je fais ma demande, j'attends la réponse; vo[us] avez eu toute une journée pour réfléchir.

— Ma sœur est orpheline.... voulut dire encore Ga[s]ton.

— Mon cher monsieur ! s'écria le lion, — c'est n[et,] c'est simple, c'est clair !... Veuillez me dire oui ou m[e] dire non.

Gaston réfléchit un instant. — Puis il regarda le li[on] en face.

C'était un homme jeune encore, assez distingué, jo[li] garçon et dont la physionomie ne manquait pas de fra[n]chise.

— Je n'ai pas le droit, pensa Gaston, d'éloigner d[e] Charlotte la main que lui tend le hasard pour sortir d[e] l'obscure indigence où nous végétons ensemble... ell[e] me le reprocherait un jour peut-être...

— J'ai l'honneur de vous répéter, dit le lion, — q[ue] j'attends votre réponse.

— Soit fait suivant la volonté de ma sœur, répliqu[a] le jeune homme.

— A la bonne heure !... Vous me voyez très enchant[é] d'entrer dans votre famille... Néanmoins, il reste encor[e] une petite difficulté à lever... Une bagatelle, vraiment... moins que rien !... Ma future est pauvre; cela m'e[st] égal... mais elle a deux sœurs qui ne sont pas plus ri[c]ches qu'elle et un frère... Mon cher monsieur, s'inter[r]ompit ici le lion, ne froncez pas les sourcils; nous par[]lons d'affaires... Je voulais vous dire que, en épousan[t] mademoiselle... son nom m'échappe toujours !... je pré[]tends ne point épouser sa parenté...

— Libre à vous, monsieur !... commença Gaston ave[c] hauteur.

— Permettez donc !...On a beau faire...Je sais cela par cœur... Avec la meilleure volonté du monde, on se li[e] plus ou moins... Et, tout doucement .. vous m'entende[z] bien !... on se trouve avec une famille entière sur le[s] épaules.

— Monsieur ! s'écria Gaston, qui se contenait à peine, [ê]tes-vous venu chez moi pour m'insulter ?

— Il est extrêmement difficile de discuter avec vous, repartit froidement le secrétaire d'ambassade... En conséquence, ajouta-t-il en se levant, je prends le parti de vous poser en deux mots ma prétention et de vous donner encore le temps de réfléchir... Voilà ce que c'est : Si j'épouse Mlle votre sœur, vous changerez de domicile et vous me donnerez votre parole de ne point laisser ici votre adresse nouvelle... Moi, de mon côté, je quitterai mon appartement... De sorte que nous nous perdrons tout naturellement de vue en restant les meilleurs beaux frères du monde... A l'honneur de vous revoir... Je reviendrai demain.

— C'est inutile, monsieur, dit Gaston indigné.

Le secrétaire d'ambassade était déjà dans l'escalier, au bas duquel l'attendait sa calèche.

A la fenêtre de la chambre voisine, Charlotte, penchée au dehors, regardait piaffer les beaux chevaux que modérait un cocher à perruque...

Gaston était le chef de la famille, et il n'avait pas beaucoup plus de vingt ans. Il s'était aperçu dès longtemps de l'impatience avec laquelle Charlotte supportait l'indigence commune, la solitude et les rigoureux devoirs que la famille s'était imposés vis-à-vis de la duchesse douairière. Charlotte avait le cœur bon, mais léger, et sa tête était plus légère encore que son cœur.

Il la retrouva émue, mais joyeuse...

Il devina tout ce qu'il y avait en elle d'immenses désirs de liberté, de bruit, de luxe.

Ou peut-être crut-il deviner qu'elle aimait...

Ce fut une nuit de tristesse amère. Gaston se retourna bien souvent sur sa couche, où l'insomnie le brûlait. — C'est que Dieu lui prenait la moitié de la mince réserve de bonheur qu'il s'était faite dans sa misère.

Il ne parla point à Charlotte de la prétention blessante mise en avant par le diplomate.

Le lendemain, lorsque ce dernier revint, Gaston, froid et digne, accepta l'outrageux *ultimatum*. — Quelques jours après, le mariage se célébra. Gaston et Jean-Marie Biot furent témoins.

A la sortie de l'église, Charlotte se jeta en pleur[ant] dans les bras de son frère. Gaston était bien pâle. S[on] souffle soulevait en sifflant sa poitrine serrée par u[ne] vague et cuisante angoisse. Mais il eut un sourire po[ur] se séparer de sa sœur.

Depuis, il ne l'avait point revue.

Ce fut ainsi que Charlotte eut un équipage et dev[int] la compagne de M. le vicomte Léon du Chesnel, secr[é-]taire d'ambassade, qui avait besoin d'une très jol[ie] femme.

L'absence de Charlotte pesa lourdement sur Saint[e.] La pauvre enfant espérait chaque jour revoir sa sœ[ur] chérie.

Gaston aussi souffrit cruellement.

On vit les yeux de Berthe briller, puis se baiss[er,] lorsqu'elle apprit ce mariage.

Quant à Mme la duchesse douairière de Maillepré, el[le] ne parut point s'apercevoir de l'absence de sa petit[e-]fille.

. . . .

En sortant de la brûlante étuve où vivaient Berthe [et] la duchesse, dont cette température ardente suffisait [à] peine à réchauffer les membres glacés, Sainte et Ga[s-]ton s'assirent l'un près de l'autre dans un coin de l[a] chambrette de la jeune fille.

Sainte et Gaston s'aimaient de tout l'amour qu'o[n] partage d'ordinaire entre les diverses affections de l[a] famille. Le cercle de leurs tendresses avait été se rétré[-]cissant depuis l'enfance, et chaque perte, déplorée, avait laissé à chacun d'eux un héritage d'amour qu'il[s] avaient reporté l'un sur l'autre.

C'était entre eux une communauté entière de senti[-]ments, un perpétuel échange de consolations tendre[s] et d'attentives caresses. L'un d'eux n'avait point de joi[e] qui ne fût la joie de l'autre, et s'ils se cachaient mu[-]tuellement quelque chose parfois, c'était la peine qu[e] chacun gardait pour soi jalousement.

Se retrouver vers le soir suffisait à les reposer d'u[n] long jour de travail pénible. Ensemble, ils étaient heueux jusqu'à ne point regretter le splendide passé de eur race, jusqu'à ne plus s'inquiéter de l'avenir...

Bien souvent leur douce causerie se prolongeait jusque dans la nuit. Entre ces murailles nues qu'habitaient autrefois les derniers valets de Maillepré, l'héritier unique de ce nom chevaleresque disait à sa sœur les grandeurs de leurs aïeux. — Par la fenêtre, ils voyaient les hautes toitures de l'hôtel trancher le sombre azur des nuits étoilées, — la cour vaste et silencieuse, le perron verdi, les croisées sans lumières...

L'immense palais se dressait devant eux comme un emblème funèbre. C'était le tombeau des gloires éteintes...

Ils étaient seuls, et faibles et pauvres, vis-à-vis de ces magnifiques souvenirs, — mais ils s'aimaient. La radieuse sérénité de Sainte mettait une douceur infinie parmi ces mélancoliques évocations du passé.

Quand Gaston se taisait, le silence devenait rêveur. — Quel était le songe de ces deux enfants assis sur des chaises de paille, à deux pas des nobles sièges de velours où leurs aïeules avaient brodé fièrement l'antique bannière de la famille?...

Sainte regrettait, mais sans désespoir ni colère. Elle regrettait surtout pour Gaston, qui eût si bien porté la vieille épée de Maillepré...

Gaston se disait!

— Qu'elle serait belle avec les riches atours d'une grande dame!... qu'elle serait bonne, et que de bénédictions le malheur soulagé étendrait autour d'elle!...

Mais Gaston se disait encore:

— Et la voilà pauvre!... jetée au milieu d'obscurs travaux!... mêlée à de folles créatures qui cherchent dans le plaisir bruyant et grossier une compensation à leur labeur ingrat!... tombée? tombée, mon Dieu! jusqu'à craindre le sarcasme de compagnes étourdies ou méchantes, qui raillent son angélique pudeur!...

Le front de Gaston se ridait. Une froide angoisse lui oppressait le cœur. Puis quelque pensée, soudaine comme l'éclair, traversait son esprit et mettait un rouge sombre sur la pâleur de sa joue.

Il baissait les yeux pour cacher le feu menaçant et

implacable qu'il sentait jaillir malgré lui de sa p...
nelle...

— Et c'est lui !... lui seul !... pensait-il : — lui qui...
donné le désespoir pour dernier oreiller à notre pè...
mourant !... lui qui a empoisonné la dernière heure d...
ma sainte mère !... lui qui nous a tout pris !... et q...
nous a forcés de mettre un voile sur le nom de Mail...
pré pour ne pas le souiller de notre misère !... j...
mourrai jeune ! mais... oh ! pardon, pardon !... il n...
sourira pas à la nouvelle de ma mort !...

Sainte ne savait, la pauvre enfant, quelle tempê...
de colère et de haine secouait en ces moments le cœu...
soulevé de son frère, — mais elle voyait ses temp...
mobiles battre et se mouiller de sueur ; elle voyait s...
front plissé rougir, puis pâlir...

Gaston sentait un bras entourer son cou doucemen...
et une lèvre effleurer, caressante, sa joue qui bouilla...
de fièvre...

Il relevait les yeux. — Ceux de Sainte avaient d...
larmes sous un sourire...

C'était comme le baume magique dont le rapid...
bienfait éteint les cuisantes ardeurs d'une blessur...
enflammée. — La colère de Gaston mourait dans u...
élan de tendresse. — Il oubliait sa haine, tant étai...
doux à son âme le sourire aimé de sa sœur.

Et, à la vue de ce charme suave, irrésistible, qu...
rayonnait ce sourire de vierge, il laissait glisser ailleur...
sa pensée. L'espoir, cet ami secourable des jeune...
années, faisait luire au loin pour lui un coin d'ave...
nir.

Elle était si belle et si pure ! Le regard de Dieu, san...
doute, descendait sur elle avec amour. Le bonheur...
peut-être, était au bout d'une passagère souffrance...

Leurs vœux se croisaient ainsi et montaient vers le
ciel avec cet oubli de soi-même qui est la charité.
C'était pour Gaston que Sainte espérait et priait ; pour
Sainte, Gaston se reprenait à la foi et rappelait son
courage.

Mais Gaston avait une consolation de plus que Sainte,
car chaque jour il voyait la vie s'asseoir en elle et
quelques nouveaux signes de gracieuse vigueur rempli...

les promesses charmantes de l'adolescence. — La jeune fille arrivait à être femme. Elle dépassait victorieuse les périls de cet âge incertain où la vierge pâlit parfois et se courbe sous l'étreinte d'un mal inconnu.

Gaston pouvait suivre de l'œil les heureux progrès de cette fleur de beauté, dont chaque matin entr'ouvrait davantage la blanche corolle à demi épanouie.

Il y avait de longs jours sur ce visage si frais, de longs jours dans cette taille élastique et souple...

Sainte, au contraire, constatait avec terreur chez son frère un dépérissement lent, insensible, mais sûr. Gaston était beau, et plutôt robuste que faible, mais Sainte avait l'œil d'une mère qui aime passionnément, pour découvrir les imperceptibles symptômes de cette mort à long terme qui gagne peu à peu les poitrinaires.

Mme la marquise de Maillepré était morte d'une maladie de poitrine.

Bien souvent, le matin, il y avait des pleurs derrière le sourire de Sainte, lorsqu'elle retrouvait son frère, essoufflé par la fièvre nocturne et qu'elle lisait l'épuisement dans ses yeux fixes et gros d'insomnie...

Elle s'était informée, la pauvre enfant. On lui avait dit : le remède souverain, c'est la distraction, c'est le plaisir.

Dès lors, elle avait tâché de persuader à Gaston qu'il fallait suivre l'exemple des jeunes gens de son âge, — et c'était chose étrange assurément, que d'entendre la naïve enfant prêcher ainsi de tout son cœur la doctrine de la dissipation et les bruyantes fêtes.

Mais Gaston ne voulait point de ces plaisirs qu'il méprisait sans trop les connaître.

C'était une nature droite, élevée, ennemie du fracas et de la foule. Sa douceur austère se plaisait en des joies recueillies. Il parut ne point comprendre le vœu de sa sœur.

Alors Sainte changea de tactique.

Gaston la vit une fois toute rêveuse et triste.

— Je ne sais, répondit-elle à ses questions, — chaque jour j'entends parler de bals, de théâtres, de concerts... Je n'ai jamais vu de bals moi, Gaston... Je n'ai jamais passé le seuil d'un théâtre... Que ce doit être beau, mon frère !...

— C'est beau, répondit Gaston ; — mais nous sommes bien pauvres, ma sœur.

Sainte rougit. Elle n'avait point songé à cela.

— Il faut beaucoup d'argent pour toutes ces choses, reprit Gaston en souriant, — et nous n'avons plus ni terres, ni château, ma sœur...

La pauvre Sainte était vaincue. Elle avait pris ce chemin, comptant sur la tendresse de son frère pour arriver à le jeter hors de sa vie solitaire et uniforme, sous prétexte de contenter son caprice à elle. Mais l'argent !... C'est à peine si leurs efforts constants pouvaient suffire à entretenir cette apparence de bien-être dont leur dévouement pieux entourait la duchesse.

Il n'avait plus été question de théâtre, ni de bals, ni de concerts.

Ce soir, en s'asseyant auprès de sa sœur, — Gaston avait de la malice dans son sourire. — Il attendit que Biot eût achevé sa tâche dans la chambre de l'aïeule et repris le chemin de sa loge, puis il baisa Sainte au front et l'entraîna dans la pièce d'entrée.

Là il ouvrit l'armoire où Biot et lui serraient leurs costumes d'apparat.

— Qu'y a-t-il donc? demanda Sainte étonnée.

Gaston, au lieu de répondre, atteignit sur le rayon le plus élevé de l'armoire un objet recouvert d'un voile et le remit aux mains de Sainte.

— Qu'est-ce donc ! répéta celle-ci.

Gaston la regardait en riant.

Elle défit lestement les épingles qui retenaient le voile et découvrit un gracieux chapeau de gaze blanche sur lequel se couchait, arrondie, une guirlande de marguerites ; Sainte ouvrit de grands yeux et devint rouge de plaisir.

Puis ses vives couleurs tombèrent tout à coup.

Elle ne quittait son costume d'ouvrière que le soir, et ne sortait jamais qu'avec le petit bonnet des grisettes.

— Ce n'est pas pour moi, murmura-t-elle.

Gaston lui prit le chapeau des mains et le plaça sur sa tête.

— Que tu es jolie ! s'écria-t-il en l'entraînant devant le miroir.

Sainte se regarda timidement et ne put retenir un cri de joie.

— Ne te souvient-il plus, dit Gaston, de ton envie d'aller au théâtre ?... J'ai travaillé un peu plus que de coutume...

— Mon bon petit frère !... interrompit Sainte qui avait des larmes dans les yeux.

Elle jeta ses bras autour du cou de Gaston, qui était heureux comme s'il eût recouvré l'héritage de ses pères.

— Maintenant, dit-il, nous allons nous esquiver sans bruit... Il ne faut pas que Berthe sache...

— Pauvre Berthe! murmura Sainte ; elle va rester seule !...

— Nous reviendrons avant qu'elle ne s'aperçoive de notre absence... viens !

Sainte jeta un regard de regret sur la porte qui se fermait sur la recluse et suivit son frère.

Ils descendirent doucement l'escalier.

Comme ils mettaient le pied dans la cour, le marteau de la porte cochère retentit. Un homme, enveloppé d'un vaste manteau, entra.

Il passa devant la loge sans mot dire et prit le chemin du corps de logis principal.

Gaston et lui se croisèrent de près, à un endroit de la cour qu'éclairait assez vivement la lanterne collée au mur de la loge. Ils échangèrent un regard.

Gaston n'avait jamais vu cet homme, qui était M. Williams, le locataire du corps de logis. — Lorsque leurs regards se choquèrent, tous deux s'arrêtèrent un instant, et Gaston éprouva un mouvement de trouble qu'il ne put point définir.

M. Williams salua et passa. Gaston le suivit des yeux et le vit se retourner au moment où il arrivait au perron.

Biot alla chercher une voiture, sans songer à s'enquérir de cette sortie inusitée.

— A l'Opéra ! dit Gaston au cocher.

La voiture partit. Biot rentra dans sa loge et se reprit à tordre ses fils de fer.

Les deux pièces occupées par Gaston et Sainte étaient désertes depuis trois heures à peu près, lorsque la porte de la chambre de l'aïeule s'ouvrit doucement et avec précaution.

Berthe de Maillepré, blanche comme un spectre, se montra sur le seuil et prêta l'oreille. Comme elle n'entendait aucun bruit, elle se glissa par l'ouverture étroite et entra. — Elle avait toujours sa robe blanche, mais sur son bras était une mante noire pliée.

Elle s'approcha du lit de Sainte, qu'elle trouva vide. — Son visage immobile eut un imperceptible sourire d'amertume.

Elle alla au lit de Gaston, et, le trouvant vide encore, elle cessa de prendre des précautions.

La mante noire, dépliée, couvrit ses épaules amaigris. Elle en rabattit la capuce sur son visage.

Puis, après avoir refermé la porte de la chambre de l'aïeule, elle revint sur ses pas et gagna l'escalier.

Mais au lieu de suivre le même chemin que Gaston et Sainte et de descendre dans la cour, elle s'engagea sans lumière et comme si elle eût connu parfaitement sa route, dans un corridor qui communiquait avec ce corps de logis et les jardins.

CHAPITRE IV

LA MÈRE

Il était un peu moins de minuit.

Jean-Marie Biot veillait seul dans sa loge et travaillait.

Sainte et Gaston écoutaient les merveilles du dernier actes de *Moïse*.

La duchesse douairière dormait enfouie dans l'édredon, derrière le double rempart de ses opaques rideaux de soie.

Il faisait un temps doux et humide. La lune, cachée sous des nuages, disséminait les rayons de son disque invisible et blanchissait toute l'étendue du ciel.

Une femme, enveloppée des pieds à la tête dans une mante de soie noire, se glissait craintive le long des allées du jardin de l'hôtel de Maillepré.

De ce côté les fenêtres du premier étage de la façade étaient éclairées. Comme nul bâtiment ne commandait cette partie de l'hôtel défendue contre le regard par les grands arbres du jardin, il n'y avait sur les carreaux des croisées qu'un simple rideau de mousseline.

A supposer même que les locataires du corps de logis eussent quelques raisons de se cacher, comme les gens du quartier aimaient à le croire, toute précaution eût été ici superflue. Le jardin leur appartenait exclusivement : eux seuls et Biot devaient en avoir la clef.

Aussi la femme qui le traversait en ce moment semblait avoir grande peur d'être aperçue. A la voir se faire un abri de chaque tronc d'arbre et glisser sans bruit sur le sable des allées, on eût pu croire qu'un dessein mauvais l'amenait en ce lieu.

Souvent elle se retournait, effrayée, comme si elle eût craint de voir s'ouvrir quelque fenêtre de l'hôtel. — Elle distinguait alors une grande forme humaine dont l'ombre se projetait en noir sur les rideaux. — Cette forme allait et venait, gesticulant avec une vivacité frénétique. — Ses membres, dessinés sur la mousseline avec la précision d'une ombre chinoise, semblaient être entièrement nus.

Berthe de Maillepré, — c'était elle, — poursuivait sa route et se hâtait.

Arrivée à la porte du jardin donnant sur la rue Payenne, elle mit en tremblant la clef dans la serrure, mais elle ne la tourna point. L'une des fenêtres de l'hôtel venait de s'ouvrir avec fracas. Berthe lâcha la clef pour contenir les battements de son cœur, et jeta en arrière un regard d'épouvante.

Elle vit quelque chose d'étrange, — une scène à laquelle la nuit du dehors et la vive illumination du dedans prêtaient un aspect de fantastique diablerie.

Un homme nu, que la lumière frappait par derrière et qui par conséquent semblait tout noir, monta sur l'appui de la croisée en modulant un chant bizarre dont les paroles étaient en langue inconnue.

Au moment où il se balançait en équilibre au-dessus du vide, prêt à se précipiter, deux autres hommes se ruèrent sur lui. — Une lutte s'engagea.

Les combattants se détachaient en silhouettes sur le fond brillant d'une boiserie dorée où pendaient de riches cadres aux profondes échancrures. Tout cet arrière-plan du tableau était éclairé très vivement et repoussait avec énergie les formes noires des trois hommes, dont chaque mouvement s'accusait et se dessinait à l'œil.

Le premier personnage, celui qui avait ouvert la fenêtre, prononçait dans la lutte, d'une voix creuse et gutturale, quelques paroles entrecoupées. Les deux autres unissaient silencieusement leurs efforts pour tâcher de le contenir.

Berthe, rapportant à elle-même cette terrible vision, pensait dans son trouble, la pauvre fille, qu'on allait s'élancer sur ses traces et la saisir...

Un quatrième personnage, cependant, apparut. La lumière tombait d'à-plomb sur son visage pâle et froid. A sa vue, l'homme nu, qui tenait en échec ses deux adversaires, cessa subitement toute résistance et prit une humble posture.

La fenêtre se referma...

Berthe retrouva quelque force et se hâta de tourner la clef dans la serrure. Elle s'engagea dans la rue Payenne.

La nuit du Marais commence à dix heures. Alors que le boulevard de Gand regorge de vie, de mouvement et de lumière, les lampes s'éteignaient aux environs de la place Royale aussi ponctuellement que si le couvre-feu n'était pas, depuis bien des lustres, avec les ribauds, les truands, les *escholiers* et les bonnes dagues de Tolède, dans le domaine ennuyeux de la chronique : à minuit, les réverbères fumeux n'éclairent plus qu'une immense solitude, où les voleurs eux-mêmes, ces hôtes assidus et nombreux de la voie publique, se font rares. — Certains prétendent qu'ils en sont chassés, non point assurément par crainte de la police, mais par frayeur des revenants.

A de longs intervalles, on voit passer, par ces rues que nul bruit n'éveille, un jeune homme attardé que sa famille attend avec angoisses et que menace au retour la foudroyante abondance des semonces paternelles, — un chiffonnier gothique, portant un chapeau de cent ans et cherchant sa lanterne à la main, parmi les ordures, ce billet de banque que tout chiffonnier trouve avant de mourir, — une jolie dame voilée qui a oublié l'heure et qui revient... mais gardons-lui le secret ! — une patrouille enfin, une bonne patrouille somnambule, battant le pavé en dormant debout et laissant en chemin ses foulards et ses tabatières aux mains des Arabes faméliques de ce désert...

C'est un silence profond qu'interrompent à peine les murmures lointains de la ville, le trot d'une voiture égarée, le grincement des vieilles girouettes en haut des toits pointus, et, çà et là, cette plainte horrible, ce râle d'agonie qui sort périodiquement de ces caves ardentes où des hommes se tuent à pétrir notre pain !

Il faut traverser par quelque nuit de fête les rues larges du vieux Marais pour voir tout ce qu'ont d'imprévu cette solitude et ce silence à deux pas des nocturnes folies du boulevard, pour sentir bien tout le charme mélancolique de ce quartier endormi depuis des siècles comme la princesse des contes de fées, et qu'a connu tel que nous le voyons aujourd'hui la jeunesse de nos bisaïeux...

Il n'y avait pas une âme dans la rue Payenne. Berthe la suivit dans toute sa longueur et tourna celle du Parc-Royal, dans la direction du boulevard.

Berthe se pressait, mais elle n'avançait guère. Elle avait presque désappris à marcher dans l'immobilité de sa réclusion. Ses pas étaient incertains et inégaux. Elle glissait sur le pavé huileux. Souvent elle était obligée de s'arrêter pour apaiser l'oppression de sa poitrine, qui, habituée à l'air raréfié de la chambre de l'aïeule, se fermait aux émanations humides et froides de l'atmosphère chargée de brume.

Lorsqu'elle cessait ainsi de marcher pour s'appuyer, essoufflée, à quelque borne, tout son corps tremblait sous les plis de sa mante de soie. Elle souffrait. Elle avait peur sans doute. — Et pourtant, aux lueurs vacillantes des réverbères, on eût pu voir un rayon de joie recueillie éclairer l'uniforme pâleur de son visage...

L'écho des murailles sédentaires apportait un bruit lointain. — Berthe se relevait en sursaut et reprenait sa course.

Où allait-elle?... Sans doute elle savait le chemin, car, après de courtes hésitations, elle faisait son choix résolument aux carrefours, et ne tâtonnait point.

La route était bien longue cependant. Berthe parcourut toute la rue Neuve-Saint-Gilles, traversa le boulevard Beaumarchais, et s'engagea dans les interminables voies qui, à partir du canal Saint-Martin, grimpent, bordées de boutiques campagnardes, jusqu'aux collines du nord de Paris.

Ici encore de la solitude et de la tristesse, mais plus de grandeur. — Çà et là, parmi de basses masures, qui montrent de loin leur charpente misérable sous une

...ouche parcimonieuse de torchis, se dressent quelques ...stes bâtiments, affectés surtout à ces industries que ...jette le centre de la ville et dont on infecte par une ...éférence bien touchante les quartiers indigents. A ...aque pas, des ruelles tortueuses, étroites, longues ...ouvrent sur la rue et mènent on ne sait où, sur les ...rrières habités d'énormes chantiers de bois, dont les ...oisins ne brûlent pas même de la tourbe.

Ce n'est point un de ces cloaques où les misères en...ssées fermentent, pullulent, exhalant leurs miasmes ...deux, comme une protestation muette et terrible ...ntre l'insolent égoïsme de cette classe qui se laisse ...ppeler, sans protester ni avoir honte : *les capitaux*. — ...r le vocabulaire commercial en est arrivé à ce point ... naïve impudeur. L'argent se personnifie purement ... simplement. Il y a des hommes dont un coffre-fort ...t l'âme et qui en conviennent ! Le mot *capitaliste* avait ...ertes de l'énergie, mais pas assez : il n'exprimait point ...uffisamment le cynisme de la métamorphose. Il sup...osait derrière lui un homme et quelque chose comme ...n cœur. Mes *capitaux !* c'est le sublime !... Il n'y a rien ...-dessous que l'or ! — Ce ne sont en un mot ni la Cité ...évreuse, ni les rives officiellement assainies, mais tou...ours empoisonnées de la Bièvre.

C'est un quartier pauvre avec mesure, où l'on n'a ...im qu'à demi. L'indigence n'y atteint point des pro...ortions poétiques. On y souffre sans hurler. — Il ne ...roduit pas beaucoup plus d'*étrangleurs* que le boule...ard de la Madeleine...

Berthe était loin déjà de la place Royale et du vieil ...ôtel de Maillepré. La fatigue la gagnait. Ses jambes, ...mollies par le repos, fléchissaient sous le poids de son ...orps. Elle allait toujours pourtant, et suivait, soutenue ...ar un obstiné courage, ces rues sans fin, qui se res...emblent toutes, taillées qu'elles sont sur le patron ...niforme d'un long faubourg de province.

Une fois dans la rue du Chemin-Vert, qu'elle avait ...rise en sortant du boulevard, Berthe n'avait plus changé ...e direction. Elle suivit la rue des Amandiers, côtoyant ...es murs du vaste enclos des Sœurs hospitalières de ...a Roquette, et aperçut enfin les grilles de la barrière.

Un long soupir de soulagement souleva sa poitrine.

Quelque part, aux environs, un duc de Maille[?] avait eu sa *Folie*, au temps où l'orgie tenait le sceptre en France par les mains de Philippe d'Orléans. [Le] quartier de Popincourt était alors en effet la terre cla[s]sique des petites maisons de la noblesse et de la ha[ute] finance. — Berthe, seule à cette heure, désertant [la] garde de son aïeule, allait-elle jouer, triste et bizar[re] retour, le rôle que jouaient dans les boudoirs secr[ets] du noble duc les filles amorcées de la bourgeoisie?

Peut-être y avait-il dans la vie de Berthe une heu[re] où l'héritière des chevaliers avait payé au fils du peup[le] l'antique dette du déshonneur contractée aux siècl[es] passés. — Mais cette nuit ce n'était pas une pensée cou[l]pable qui précipitait sa marche solitaire.

Elle était au terme de sa course ; elle venait de fran[-]chir la barrière des Amandiers. La porte close du Père-Lachaise était devant elle.

Berthe reprit haleine un instant, puis elle tira douce[-]ment la sonnette du concierge. On fut longtemps [à] s'éveiller.

Enfin une voix grondeuse se fit entendre, à laquell[e] répondit la voix tremblante de Berthe.

Un homme vint à la porte. — Ce n'était pas la pre[-]mière fois que pareille chose arrivait sans doute, car i[l] n'y eut entre cet homme et Berthe aucune explicatio[n].

La porte s'ouvrit. L'homme tendit la main. Berthe [y] déposa une pièce d'or et passa.

— Bien du plaisir ! grommela le valet du gardien e[n] refermant la porte pour aller se recoucher.

Berthe ne pouvait point venir de jour au cimetière, à cause de la duchesse, qu'elle ne quittait jamais u[n] seul instant : il lui fallait donc attendre la nuit.

Mais la nuit les cimetières sont fermés.

C'était pour cela que Berthe cachait dans son armoir[e] un métier à tapisserie ; c'était pour cela qu'elle tra[-]vaillait lorsque le sommeil de la vieille dame la faisai[t] libre, et qu'elle priait Jean-Marie Biot de vendre le pro[-]duit de ses veilles.

Quand elle avait amassé un louis, — et l'on est bien

longtemps à gagner un louis ! — elle faisait ce que nous l'avons vue faire ce soir.

La vue de son but atteint sembla lui avoir donné une force nouvelle. Ce fut d'un pas assuré qu'elle traversa l'espace laissé vide entre la porte et les allées de cet immense parterre de tombeaux.

La lune avait toujours son voile de nuages. Ses rayons amoindris et comme délayés, trop faibles pour éclairer la noire verdure des massifs, mettaient au contraire de blafardes lueurs sur tout ce qui était pierre et marbre.

L'imagination serait impuissante à se figurer rien qui pût approcher de l'aspect funèbre de cette nuit pâle, montrant partout dans de vagues ténèbres des myriades d'emblèmes de mort.

La mort est là, devant, derrière, à vos côtés, sous vos pieds ; elle emplit vos poitrines avec l'air que vous venez respirer sur son domaine. Ces arbres au feuillage lugubre lui empruntent leur vigueur. Elle se cache sous ce gazon touffu, ces pierres la recouvrent. Impossible de se soustraire à sa solennelle pensée !

Le cœur se serre sous une étreinte de glace.

Que de beauté ! que de force ! que de génie sous cette herbe vile dont le tapis s'étend, niveau suprême, sur cette foule qui n'est plus !...

Berthe passait, ferme et froide, parmi ces mystiques horreurs où l'âme d'un homme eût tressailli. Elle ne tremblait plus comme naguère.

Son pas silencieux glissait sur le gazon de ces petits sentiers qui desservent les carrés ou abrègent le chemin tortueux des allées. — En plein jour, les curieux s'égarent dans le vaste labyrinthe du Père-Lachaise, mais Berthe semblait deviner sa route à des signes invisibles.

Sa marche se hâtait de plus en plus.

Elle quitta bientôt tout chemin tracé et s'arrêta devant deux pierres jumelles, modestement couchées au ras du sol, et qui recouvraient les restes de son père et de sa mère.

Berthe s'agenouilla au pied de la croix de bois qui était commune aux deux tombes.

Elle pria. — Mais ses yeux restèrent sans larmes, son visage garda sa morne immobilité...

A voir le recueillement calme qu'elle mettait à cet acte froidement pieux, on se fût demandé si c'était bien pour cela que Berthe avait quitté le chevet de son aïeule...

Sa prière fut courte. Elle se leva et fit le tour du buisson de jeunes cyprès.

Elle était à dix pas de la tombe paternelle que le buisson lui cachait entièrement.

Il y avait là une petite croix de bois noir, entourée de fleurs desséchées. — C'était une tombe d'enfant, autour de laquelle une main inhabile avait tracé une ceinture de gazon...

Vous vous êtes arrêté parfois devant ces fosses que nulle pierre ne recouvre et que le denier d'une mère indigente orna d'une croix modeste, où se lit un nom sous des guirlandes de fleurs...

Doux ange et pauvre femme !

Que de joie Dieu lui a ravi !... Tous ses espoirs de mère, si heureux, sont là, sous cette touffe d'herbe où elle vient s'asseoir et pleurer !...

Berthe resta debout durant quelques secondes. Son sein se soulevait ; sa tête, inclinée, pendait sur son épaule.

Elle jeta un regard inquiet vers la tombe de son père et de sa mère, comme si elle eût craint de les avoir en ce moment pour témoins. — Son regard rencontra le buisson protecteur.

Alors elle ne se contraignit plus. Un sanglot déchira sa poitrine. Elle se laissa choir sur le sol et cacha son visage dans l'herbe, au pied de la petite croix, en étouffant ce cri de son âme brisée :

— Mon enfant !... mon enfant !...

Elle baisa la terre doucement et comme une mère attentive baise le front de son fils endormi.

Puis elle se releva sur ses genoux, appuyant ses deux mains au gazon du petit tertre.

Oh ! qu'il y avait de passion maintenant et d'ineffable tendresse sur son visage immobile naguère et comme pétrifié ! Le sang revenait à ses joues livides ; les larmes inondaient ses yeux secs. — Cette pauvre âme, oppressée toujours et contrainte à s'envelopper d'un mystère épais, s'ouvrait enfin pour montrer à la fois sa douleur immense et les trésors de son amour indéfini.

— Edmond!... Edmond!... disait-elle parmi ses sanglots; — mon fils!... me voici revenue!... Je t'apporte des fleurs... les belles fleurs que tu aimais tant, mon petit ange!... C'est moi!... ta mère!... Ah! que tu as froid sous cette terre humide... et comme elle doit peser sur toi, mon fils!...

De grosses larmes roulaient sur sa joue.

— Tu es si beau! reprit-elle tout bas; — à qui sont maintenant tes doux sourires?... mon Edmond! mon enfant chéri!... T'aime-t-on au ciel autant que t'aimait ta mère?... Si tu savais comme je t'aime! Sainte-Vierge! ajouta-t-elle en élevant ses mains étendues avec un élan passionné, — gardez-moi son cœur?... il est à moi... c'est mon fils... c'est mon Jésus!... Ah! parlez-lui de sa mère!...

Son front brûlant retomba dans ses mains. Elle demeura un instant sans autres mouvements que ceux de sa poitrine, soulevée par les sanglots.

Quand elle découvrit son visage, les pleurs de ses yeux se séchaient. Son regard était rêveur et tendre...

— Je viens de le voir, murmura-t-elle lentement; — pourquoi pleurer?... Il est chez Dieu... Dieu l'a mis dans un lit blanc où les anges le bercent... Il est encore plus beau qu'autrefois... et il aime sa pauvre mère, car sa petite main lui a jeté un baiser...

Elle tira de dessous sa mante un bouquet de fleurs d'automne.

— Tiens, mon Edmond, dit-elle; — tout cela est pour toi... Je les ai cueillies dans un grand jardin qui était à nos pères... J'ai eu bien peur en les cueillant, mais il me fallait des fleurs pour t'en faire une guirlande... Mon enfant aimé, sens-tu leurs parfums?... Vois-tu leurs belles couleurs?...

Elle s'interrompit en un tressaillement douloureux. Ses bras s'affaissèrent le long de son corps.

— Les autres sont mortes, poursuivit-elle d'une voix creuse en touchant les fleurs séchées qui pendaient aux

branches de la croix, — mortes!... oui... oh! oui...
mort!.. Ceci est une tombe... la tombe de mon
Edmond!... Si Dieu voulait, j'aurais une tombe, moi
aussi... je dormirais avec lui sous l'herbe... Ah! si
Dieu voulait!...

Sa voix mourut.

Elle s'assit auprès du tertre et tressa une guirlande.

Les heures de la nuit passèrent.

. . . .

Au jour naissant, Jean Marie Biot vint dans le jardin
de l'hôtel, suivant sa coutume, pour en balayer les
allées.

Il vit auprès de la porte donnant sur la rue Payenne
une masse noire gisant sur le sable. — Il s'approcha.

C'était la pauvre Berthe qui, brisée par la fatigue et
plus encore par l'émotion, était tombée privée de sentiments, après avoir eu la force de faire encore la longue
course du cimetière.

Biot la prit dans ses bras et la porta, le long des
sombres corridors, jusqu'à l'aile droite.

Gaston et Sainte dormaient.

Biot traversa leurs chambres sans les éveiller et pénétra dans celle de l'aïeule où il déposa Berthe sur son
lit.

Deux heures après, Berthe, tranquille et froide,
s'assit au déjeuner de la famille.

CHAPITRE V

ASSAUT DE BINOCLES

Depuis deux heures que Sainte et Gaston étaient assis aux premières galeries de l'Opéra, c'était pour la jeune fille un enchantement continu. Jusque alors elle ne s'était fait aucune idée de ces jeux magnifiques où tous les arts, réunis en faisceau, charment à la fois le regard et l'oreille pour ravir mieux l'intelligence.

Elle demeurait sous le poids délicieux d'une sorte de sommeil enivré. — C'était comme un rêve d'or qui déroulait autour d'elle ses magnifiques illusions. — Elle regardait, elle écoutait. Ses sensations confuses se mêlaient. — Elle ployait presque sous sa voluptueuse lassitude.

Elle était fille d'Eve. Peut-être y avait-il eu sous le noble mobile qui l'avait portée à parler d'Opéra, de bals, de plaisirs, un atome de cette curiosité vague qui est, à tout prendre, un gage heureux de l'ignorance naïve, un attrait de la virginité. Mais nous pouvons affirmer qu'elle-même n'avait point eu la conscience de ce désir incertain de connaître. Son but avait été d'entraîner Gaston, le pauvre malade, vers ce mouvement salutaire qu'il repoussait avec paresse, de le forcer, par une ruse innocente, à prendre le remède indiqué. On lui avait dit : « La jeunesse qui ploie et se fane est ranimée par les joies du monde, comme la fleur penchée se relève aux chauds rayons d'un beau jour. — Elle avait cru.

Et, tout à coup, elle se trouvait transportée dans le monde éblouissant des féeries. — C'était, autour d'elle, le long des parois de ce cirque immense, une tapisserie animée où mille visages de femmes souriaient, ondoyaient, se penchaient, allumant aux feux diamantés du lustre, l'étincelle provoquante de leurs regards. — Partout des fronts gracieux, de riches chevelures, de blanches épaules, sortant, épanouies, de leur enveloppe de satin ou de velours.

Il n'y a point de laideur dans ce pêle-mêle inondé de lumière. Ou du moins, pour deviner la laideur parmi tant de beauté, il faut l'œil perçant de l'envie féminine ou le binocle blasé du fat qui bâille, empoisonné par sa propre sottise.

Tout brille au premier regard. L'ombre manque à ce tableau. L'œil fasciné poétise tout ce qui l'entoure. Il ne distingue rien que ce qui sourit, scintille ou chatoie. Chaque loge semble un cadre élégant où se groupe un bouquet d'almées...

Et quand l'orchestre tonne en ce premier coup d'archet dont on s'est presque autant moqué que des tragédies de l'empire ! — car la moquerie, cette monnaie banale des esprits indigents, prend à partie également ce qui est bon et ce qui est impitoyable ; — quand l'énorme salle s'emplit d'un flux majestueux d'harmonie qui monte, vibre et s'affaisse lentement en un mystérieux murmure, comme le cœur novice tressaille ! comme il attend, anxieux, oppressé ! comme il espère !...

Le dilettante jouit ou fait semblant de jouir ; cela est évident. Sa jouissance est pure quand elle est réelle ; c'est le triomphe de l'art sur l'habitude. — Mais ne comparez point cette jouissance de l'homme qui sait ou croit savoir avec l'extase de l'enfant transporté soudain parmi ces merveilles.

Le dilettante se pâme aujourd'hui ; il s'était pâmé hier. Le pli est pris. Il se pâmera demain. C'est son dessert. Il se pâme comme un autre lit son journal. Il a dans sa poche le bouquet qui traduira son enthousiasme, et son délire, soyez sûr, lui laissera le sang-froid de murmurer brava ! ou bravo ! en imitant l'accent floren-

...tin de son mieux, et en frôlant l'une contre l'autre sans bruit ses mains gantées.

Si c'est un métier sous le lustre, c'est au moins un rôle à l'avant-scène, — et vraiment ce rôle innocent n'a rien en soi qui puisse soulever l'ombre d'un blâme.

Mais le novice, mais l'ignorant dont l'âme a le sens précieux de l'art, que son délire est vrai! que son enthousiasme est sincère! Il juge avec son cœur, et son cœur est ému jusqu'au transport. Il ne sait pas, à coup sûr, plonger froidement dans ces flots abondants d'harmonie le thermomètre pédant à l'aide duquel la critique et la jalousie, — ce qui le plus souvent est tout un, — mesurent l'arbitraire caprice de leurs jugements. Il ne sait pas si cette mélodie est savante, si cette rentrée d'orchestre est fuguée, si cette chose qui passe est une cabalette, si cet accompagnement franchit les barrières classiques de l'usage et sort des vénérables formules du Conservatoire; il ne sait même pas, que Dieu lui pardonne! combien il y a de bémols à la clef. — Il sait que son âme est remuée doucement. Son pouls bat plus vite. Sa pensée languit, rappelée à son insu vers de suaves souvenirs, ou se replie, caressante, sur elle-même, selon les riants méandres d'un songe indécis. La musique le saisit, le presse, le dompte. Il respire avidement cette atmosphère sonore qui amollit et berce comme l'enivrant parfum de l'opium. Quelque chose de voluptueux court avec son sang dans ses veines...

Peut-être ne vous en souvient-il plus; mais vous avez dû, une fois en votre vie, éprouver tout cela. Le sens est comme une planche gravée qui s'efface à mesure qu'on en multiplie les exemplaires. De même que la planche mise sous presse mille fois se fatigue et ne rend plus qu'une empreinte affaiblie, de même votre faculté de sentir, émoussée, a perdu jusqu'au souvenir de cette sensation vierge et vive qui bouleversa votre être et vous affola pour une nuit.

Sainte était une nature tendre. Sa douce gaîté d'habitude n'excluait point les délicatesses d'une exquise sensibilité. — Durant la première heure, on aurait pu croire que l'excès imprévu du plaisir pesait sur elle un poids trop lourd. Elle avait momentanément perdu ses fraîches couleurs, et son regard étonné n'avait plus la vive mobilité de ses jeunes sourires. Il y avait en elle trop-plein d'émotion.

Gaston, presque aussi neuf qu'elle en face de ces joies inconnues, et plus impressionnable encore, subissait le charme comme elle. Mais Gaston était moins jeune. Il savait le monde davantage. L'amour-propre viril qui vient à l'homme aussi naturellement que la coquetterie à la femme, défendait ses traits contre l'expression trop naïve de son intime ravissement. Il recueillait sa jouissance en lui-même autant qu'il pouvait, et contenait ses mains qui voulaient applaudir.

Néanmoins, il était trop loin encore de l'indifférence mal déguisée de ses voisins, pour n'être point remarqué, surtout à cause de Sainte, qui ne prenait point souci de se contraindre...

Quelques doigts moqueurs s'étendaient. Quelques voix chuchotaient et prononçaient en riant ce mot de *provincial*, qui est le pendant *d'épicier* et résume tout un côté des mépris parisiens.

Généralement parlant, *provincial* ne désigne point exclusivement, comme on pourrait le croire, un fils de la province, mais bien le Français de, n'importe où, qui se donne le ridicule d'admirer quoi que ce soit au monde. Ce mot dans la pensée du Parisien de la rue Saint-Denis est le synonyme le plus parfait possible de tout adjectif exprimant la sottise.

Et vraiment n'était-ce pas le cas de railler! — Ces deux enfants s'extasiaient sans vergogne devant la musique de Rossini, que chantaient Nourrit et Mlle Falcon.

Il y a manière, d'ailleurs, de faire toutes choses. On peut dire du bout des lèvres : c'est admirable ! Surtout si l'on a retenu par fortune quelques-uns de ces termes techniques qui traînent au bas des journaux et donnent tant de *couleur* aux critiques d'art ! — Mais admirer avec son cœur, sans la moindre grimace ultramontaine !... Fi donc !...

Sainte et Gaston ne prenaient point garde à ce qui se passait autour d'eux.

Ils écoutaient. — Leur âme se suspendait aux lèvres de ces interprètes divins d'une divine musique.

D'abord, ils étaient restés comme écrasés sous l'avalanche de sensations nouvelles qui les assaillait à l'improviste. Ils avaient joui en silence, oublieux d'autrui et d'eux-mêmes, inhabiles à se communiquer leurs impressions.

Puis, au premier instant de répit, ils s'étaient tournés l'un vers l'autre d'un commun mouvement...

Ce fut un muet échange de leurs ravissements. Leurs regards croisés se renvoyèrent tout ce qu'il y avait d'émotions en leurs âmes.

Sainte pleurait. Gaston avait retrouvé le radieux sourire qu'une joie sans mélange met aux lèvres de la jeunesse. Il n'y avait plus sur son beau visage ni souffrance ni tristesse.

Lorsque Sainte le vit ainsi, elle joignit les mains et leva vers le ciel ses yeux brillants d'une ferveur passionnée...

On lui avait dit vrai : Gaston puisait à longs traits à cette source de vie...

La salle cependant était comble, et lorsque la toile tomba sur le finale du premier acte, salué par une décuple salve de bravos, il se fit un mouvement du parterre au cintre. Les regards se détournèrent presque tous à la fois de la scène pour errer çà et là des loges aux galeries.

Dans cette évolution de la curiosité, plus d'un binocle s'arrêta au passage sur le frère et la sœur. Ils étaient beaux tous les deux et semblaient isolés, perdus, au milieu de cette foule qui s'agitait confusément après son repos d'une heure, comme une bande d'écoliers au signal de la récréation.

Ils causaient maintenant à voix basse, malgré le murmure incessant qui montait du parterre et descendait des galeries supérieures. On eût dit que, timides, ils doutaient de leur droit à mêler un peu de bruit au fracas des conversations croisées.

Bien des yeux féminins, hardis ou modestes, cherchaient à fixer l'œil errant de Gaston. — Sainte était le point de mire d'une douzaine de vainqueurs qui s'étonnaient de n'avoir jamais aperçu ce charmant visage.

Des millionnaires chauves et des députés mal vêtus

la dévoraient de l'œil à l'envi. Elle excita l'attention [du] banquier Bartolo, du champêtre marquis, le Vaut[our] des bouquets, et même celle du célèbre prince étrang[er] Trufaldin...

Il y avait surtout, à l'orchestre, une lorgnette d'ivoir[e] et dans l'avant-scène de gauche un binocle d'ébène q[ui] luttaient vaillamment de persistance et demeura[ient] obstinément braqués sur la fraîche beauté de la jeu[ne] fille.

Les autres télescopes mignons, las de voir que l'atten[n-] tion de Sainte était acquise tout entière à son voisi[n,] tournèrent ailleurs peu à peu leurs triomphantes explo[-] rations, mais ce ne fut point sans que leurs propriétai[-] res eussent exprimé de manière ou d'autre leur admi[-] ration.

Sainte fut même, il faut que le lecteur le croie, l[e] sujet d'une conversation de dix minutes, dans u[n] groupe de cinq ou six jeunes seigneurs, plantés à l'extré[-] mité du balcon de gauche. Ceci est important, parc[e] que ces jeunes seigneurs, dont quelques-uns étaient bien d'un certain âge, comptaient au nombre de ces fameu[x] lions de l'Opéra, qu'on place tantôt au balcon, tantô[t] dans la loge infernale, et que des savants dignes de fo[i] affirment n'avoir jamais existé.

Mais n'a-t-on pas révoqué en doute l'existence d'Ho[-] mère ! — Et des esprits indisciplinés n'ont-ils pas ni[é] les filets de Saint-Cloud !

Ce qui est positif, c'est que les sept ou huit messieur[s] du balcon s'accordèrent à trouver Sainte charmante. I[l] n'y eut point de schisme parmi cette fine fleur de notr[e] aristocratie, composée de Félicien Chapitaux, héritie[r] présomptif d'une charge d'agent de change, et de se[s] nobles amis.

Ces amis n'étaient rien moins que J.-B.-S.-T. San[-] guin, de la maison Sanguin et Cloquart de Lyon; Arsène Bon de Montfermeil, dentiste fort à la mode, qui avait ajouté à son nom, par pure reconnaissance, le nom de son village natal ; Durandin, l'avoué ; et le baron Prunot, neveu du duc de Pharsale, ainsi titré, sous l'empire, en souvenir d'une escarmouche historique.

Félicien Chapitaux et J.-B.-S.-T. Sanguin étaient jeunes et laids. Arsène Bon grisonnait. Nous connaissons Durandin qui était plus rond encore et plus souriant qu'autrefois. Le baron Prunot avait d'assez belles moustaches et une décoration exotique.

Tous étaient mis avec beaucoup de goût, ceci sans raillerie, car de nos jours, en fait de toilette, le goût n'est pas personnel, et Lovelace, chez nous, obéirait servilement à son tailleur. Tous parlaient haut, mais sans trop dépasser les bornes. Tous avaient l'air satisfait à un point qu'il ne nous est pas donné de décrire, et portaient sur le visage la conscience épanouie de leurs séductions.

— Ah! diable, oui! diable oui! dit Chapitaux; — diable, diable, diable!

— Elle est ravissante! s'écria J.-B.-S.-T. Sanguin.

— Quel ratelier! ajouta le dentiste.

— Ah! ah! fit le gros Durandin; — ah! voyez-vous!... c'est à croquer!... ah! dame oui!

Le baron Prunot ne dit rien, mais il eut une toux expressive, et l'emphase érotique que ce gentilhomme mit à tourner en croc le bout de sa moustache ne laissa pas l'ombre d'un doute sur sa manière de voir.

— Mais, reprit M. de Montfermeil, on dirait qu'elle a peur de regarder de notre côté.

— Elle nous sent! dit J.-B.-S.-T. Sanguin.

Le mot fit rire. Il n'était pas joli.

— Ah!... conclut Félicien Chapitaux, on aura beau dire!... Diable, diable, diable!

Les binocles de ces messieurs s'inclinèrent devant cette observation remarquable et passèrent à d'autres observations.

Il n'en fut point de même de la lorgnette blanche et de la lorgnette noire; qui continuèrent obstinément leur examen.

La lorgnette blanche était, comme nous l'avons dit, à l'orchestre; elle appartenait à un jeune homme de vingt-cinq à vingt-huit ans, vêtu avec une simplicité quelque peu sévère.

Il tournait le dos à la scène et se tenait debout.

Sa taille était moyenne et vivement arrêtée. Ses

épaules larges appuyaient une poitrine pleine, que dessinait en ce moment le drap noir d'un habit boutonné jusqu'au menton. Il avait les cheveux châtains, taillés courts et bouclés légèrement par derrière. En 1832, où chacun portait ses cheveux crépus et tordus, de manière à former la pyramide pommadée d'un redoutable toupet, cette coiffure avait un sans-façon original, auquel ajoutaient le nœud à la diable d'une cravate noire et le laisser-aller empreint dans la pose de notre jeune homme.

Sa figure n'était point régulière, mais elle avait une expression de franchise et de hardiesse intelligente qui ne pouvait nulle part passer inaperçue. Son regard ferme et fin brillait sous un grand front que coupaient auprès de la tempe droite deux cicatrices peu profondes, dont l'une semblait récemment fermée. Sa joue, rasée entièrement, gardait ces tons bleuâtres que laisse une barbe épaisse après le passage du rasoir. Il portait des moustaches courtes, arrêtées aux coins de sa bouche et dessinées suivant les contours de sa lèvre.

Dans l'ensemble de cette physionomie il y avait du soldat et de l'artiste. L'atelier ou le bivouac, — peut-être l'un et l'autre, — avait mis son cachet d'insoucieux abandon sur ces traits mâles et spirituels.

Mais, depuis quelques minutes, ces traits étaient bien loin d'exprimer l'insouciance. Derrière sa lorgnette, le regard de notre jeune homme était ardemment curieux. Il glissait de Sainte à Gaston sans cesse...

Parfois, son bras fatigué s'abaissait pour un instant. Alors, il contemplait Sainte avec le seul secours de ses yeux, qui perdaient leur éclair hardi, pour se faire tendres comme des yeux d'amoureux de quinze ans...

En un certain moment où son binocle baissé ne cachait plus son visage, le regard de Sainte croisa le sien.

La jeune fille causait avec son frère. — Elle s'interrompit au milieu de sa phrase commencée. Sa joue, son front, son cou, devinrent tout roses.

Et sur ces vives couleurs glissa un demi-sourire, indécis et confus, tandis que son regard, effarouché, fuyait...

L'autre binocle, celui de l'avant-scène, était tenu par une main ridée et poilue qu'ornait un brillant de toute beauté.

C'était à peu près là tout ce qu'on pouvait voir de la salle, car les deux écrans de l'avant-scène étaient presque entièrement sortis de leurs coulisses.

Mais que peut un écran, fût-il doublé de sept peaux de taureaux comme le bouclier d'Ajax, contre l'œil perçant du feuilleton ? — Derrière l'écran, il y avait un homme de grande taille, paraissant tout près d'atteindre la soixantaine, et une belle femme, aux abondants cheveux blonds, arrivée ou bien près d'arriver à cet âge douteux qui n'est déjà plus la jeunesse.

L'homme avait un élégant costume, qui gardait à sa taille bien conservée les apparences de la force virile. Des crachats brillaient sur sa poitrine. — Son front avait de nombreuses rides, mais ses cheveux, soit nature, soit artifice, étaient noirs.

On apercevait, dans le demi-jour de la loge, ses traits durs et anguleux auxquels ne manquait point pourtant ce caractère de courtoisie que l'habitude impose aux gens du monde.

La dame avait une de ces figures où l'admirable perfection du dessin essaie de remplacer l'expression absente. Chacun de ses traits semblait une étude, ciselée selon la règle rigoureuse de l'art, et rien ne manquait à la belle harmonie de leur ensemble.

Mais la grâce n'éclairait pas de son attrayant reflet cette physionomie muette et lassée. Il n'y avait dans ces grands yeux bleus que de l'ennui, et parmi les lignes heureuses de cette bouche, il n'y avait que de la froideur.

Il est vrai que c'était ici un tête-à-tête conjugal, circonstance, où, dit-on, une jolie dame ne se montre point toujours à son avantage.

Le mari et la femme ne se parlaient point.

Cette dernière, appuyée nonchalamment contre la paroi de la loge, gardait une immobilité fatiguée. — Mais le moment vint où elle eut aussi son passe-temps.

Elle se redressa par un mouvement vif, et braqua son binocle sur l'avant-scène qui faisait face.

Dans cette avant-scène où se trouvait une gro[sse] femme laide et chargée de diamants, Léon du Ches[nay] venait d'entrer.

Le binocle de la dame blonde ne se baissa plus. El[le] se prit à épier ce qui se passait vis-à-vis d'elle avec a[u]tant d'intérêt que son mari en mettait à lorgner Sain[te].

C'était un ménage sérieusement occupé. — Les de[ux] époux se nommaient monsieur le duc et madame [la] duchesse de Compans-Maillepré.

CHAPITRE VI

SPECTACLE DANS LA SALLE

Gaston et Sainte étaient placés à l'extrémité de l[a] galerie de droite, devant la porte du couloir.

Le duc et la duchesse de Compans-Maillepré occupaient l'une des premières avant-scènes de gauche e[t] se trouvaient ainsi tout près de l'extrémité du balc[on] où Félicien Chapitaux et ses illustres amis représentaient dignement la fleur des pois du peuple le pl[us] spirituel de l'univers.

Derrière cette *société* aimable et distinguée s'épanouissait un autre échantillon de notre aristocratie national[e], un couple notable : mari décoré, femme puissamment nourrie, haute en couleur et portant sur son front rouge un cachet de fierté souveraine.

Félicien Chapitaux, ce ravissant espiègle, avait e[u] beaucoup de succès auprès de J.-B.-S.-T. Sanguin e[n] comparant cette dame rouge au bœuf gras, auqu[el] vraiment elle ressemblait un peu par son embonpoint plantureux et par l'héroïque panache qui ondoyait superbement au-dessus de sa grosse tête.

On peut du reste se ressembler de plus loin, si les liens du sang ne sont pas un mensonge.

Cette dame était en effet l'épouse du fameux Roncevaux, boucher européen, dont la gloire s'engraisse d'année en année, et qui fait périodiquement aux tables royales l'aumône de ses prodigieux aloyaux.

Aux avant-scènes de droite il y avait d'abord cette dame laide, chargée de diamants : puis, dans la seconde moitié de la loge, une jolie femme, — une femme charmante même, — qui trônait élégamment au centre d'une petite cour d'élite.

La dame laide était Léa Vérin, l'ancienne Egérie du prince***, qui *inspirait* alors un haut personnage politique et passait pour jouer dans les salons de certain ministère le rôle que jouait Cotillon à la cour de Louis XV.

Il est juste de dire pourtant que Mme de Vérin se distinguait énergiquement du commun des Pompadours par son air bourgeoisement orgueilleux, sa grosse voix et sa pédanterie doctrinaire.

Elle aussi avait une cour, quelque peu mêlée, il est vrai, mais fort obséquieuse. On y voyait d'austères visages attachés, nous ne savons comment, à des épines dorsales d'une miraculeuse souplesse. — Pour être étranges, du reste, ces sortes de soudures ne sont point rares, et personne, mieux qu'un puritain farouche, ne tourne à l'occasion le madrigal servile.

Il est passé en axiome, voyez-vous, que les incorruptibles seuls gardent une certaine valeur vénale. — Qui fait bon marché de soi en nos foires politiques ne trouve point acheteur. — D'où il suit qu'être vendu c'est une raison pour avoir été vertueux.

Les convertis aux vrais principes du tarif des consciences appellent cela : — avoir eu une jeunesse orageuse.

Mme la vicomtesse de Varannes, la voisine du bas-bleu politique, faisait avec elle un contraste charmant. C'était une femme de vingt-trois ans, jolie plutôt que belle, et gracieuse encore plus que jolie ; sa toilette avait cette orgueilleuse simplicité qui dédaigne de lutter de magnificence en certains lieux contre certaines rivales ; mais cette simplicité avait des raffinements exquis bien au-dessus de l'étalage effronté d'un luxe vulgaire. Sa mise, son maintien, son parler, ses manières, tout, jusqu'au type de sa beauté, avait un cachet de provenance aristocratique. C'était une de ces silhouettes mignonnes et fières qui ont un charme à elle en dehors de l'art académique, en dehors peut-être de la poésie pure, charme qui séduit, mais pas tout le monde, attrait si délicat qu'il échappe à plusieurs et que l'envie a beau jeu parfois pour le nier ou le travestir.

Ceux à qui ne plaît point ce genre de beauté qui glisse hors de l'ornière commune, mais non pas du même côté que le bas-bleu ou la femme libre, ont lieu de se réjouir ; ceux, au contraire, qui recherchent avec amour ces exceptions jolies où la race exagère au delà du vrai beau ses perfections convenues, doivent se hâter de jouir, car l'espèce se perd.

Parmi la lourde atmosphère de nos intérêts positifs, il ne croît plus assez de fleurs pour border les sentiers le long desquels, insoucieuses, élégantes, bonnes et soulevant un monde d'adorateurs au gré de leurs délicieux caprices, ces reines de l'esprit ingénieux et des courtoises délicatesses descendaient autrefois la vie. De loin en loin encore quelque jouissance choisie les appelle au dehors. Elles arrivent aux sons des célestes chants du maître comme de précieux papillons, attirés par la lumière ; — vous les voyez encore parfois à la portière de leurs équipages qui effleurent, rapides, le pavé boueux de Paris et courent vers la campagne où le printemps va sourire, — dans le demi-jour pieux qui tombe des voûtes de Saint-Thomas-d'Aquin ou de Saint-Sulpice, — au bois, les jours où Longchamps trop étroit ne prête point son allée à la mercantile cohue des tailleurs et des modistes, déguisés en ducs et en princesses...

Mme de Varennes attendait sa mère et sa sœur, mesdames de Pontlevau et de Baulnes. — Dans sa loge, avec elle, étaient son mari, homme de trente à trenteinq ans, à la figure sérieuse et méditative, et deux ou trois visiteurs.

Gaston et Sainte, se trouvant assis à peu près sur la même ligne que les avant-scènes, de droite, ne pouvaient voir ce qui s'y passait.

Derrière eux se trouvait la porte d'entrée de la galerie. Comme la salle était comble, l'ouvreuse avait placé des tabourets dans l'espace vide qui sert de passage. On voyait là des hommes et même deux ou trois dames, pressés comme des harengs. — Le tabouret qui touchait immédiatement à la banquette de Gaston, était occupé par un monsieur grave et blond, à lunettes d'or, qui avait échangé un salut avec l'avoué Durandin.

Le reste de la salle, composé à l'avenant, ne présentait rien qui puisse intéresser le lecteur.

Seulement, au dernier amphithéâtre, tout en haut, deux beaux garçons ayant l'apparence d'ouvriers endimanchés et flanqués de deux sémillantes grisettes, se partageaient entre quatre une sorte de longue-vue à trois anneaux, et regardaient Gaston à tour de rôle.

— Dragon, dit l'un d'eux en fermant sa lunette, — un pari que c'est lui !

Dragon haussa les épaules et planta un pépin d'orange sur le nez de Poiret, son camarade, au grand plaisir de ces demoiselles.

— Un pépin n'est pas une réponse, reprit Poiret ; — je parie que c'est le Pâlot !

— Le Pâlot est plus grand, dit Dragon ; — le Pâlot est plus maigre... et puis, c'est un bon sujet que le Pâlot...

— N'empêche !... je parie...

— Un bon ouvrier, poursuivit Dragon qui était un philosophe, ne va pas aux premières de neuf francs avec une connaissance, qui en fait dix-huit, et habit de rôti et robe de soie...

— N'empêche !...

— Est-il mulet, ce Poiret ! s'écrièrent les grisettes convaincues ; — ce monsieur-là et sa dame aussi sont du monde comme il faut.

— N'empêche !... dit une troisième fois Poiret ; — c'est le Pâlot...

L'entr'acte se prolongeait. Le murmure s'assourdissait, laissant percer distinctes des phrases entières de conversations privées.

Gaston et Sainte, qui causaient tout bas, entendaient sans y prendre garde, ce qui se disait autour d'eux.

— Voilà donc les lions de Paris ! disait une dame arrivée la veille de la Basse-Normandie, en montrant au doigt intrépidement le groupe de Félicien Chapitaux ; — sont-ils laids !...

— Ah ! maman ! ripostait sa fille, — ils ont l'air si distingué !... N'est-il pas vrai, mon petit père ?

Mon petit père se connaissait en bœufs et non point en lions.

— Le fait est, répliqua-t-il avec l'accent nasal de sa patrie, — qu'ils ont quelque chose de fièrement cossu !

Il se fit un mouvement dans les rangs serrés des tabourets de tolérance, placés sur le derrière, et un jeune homme, porteur d'un gilet très voyant, sur lequel pendait une chaîne en filigrane, vint s'asseoir auprès du monsieur à lunettes d'or.

Il y eut une poignée de main échangée assez cordialement.

— Salut, fils d'Esculape, dit le nouvel arrivant, qui était Roby, notre acteur-poète-inventeur de machines.

— De la décence ! répondit tout bas le docteur Josépin ; — d'où sors-tu ?

— De dîner, mon fils, à deux francs par tête, au Palais-Royal.

Josépin le regarda d'un air équivoque.

— Quel métier fais-tu ? dit-il.

— Ma foi, répliqua Roby, tantôt l'un, tantôt l'autre... J'ai une idée... Mais ne me regarde donc pas comme ça par-dessus tes lunettes, s'interrompit-il ; — on dirait que tu pressens une demande d'emprunt... N'aie pas peur ! j'ai de quoi vivre pendant quinze jours encore... et, dans quinze jours, — je te demande le secret, Josépin, — il se peut que je sois millionnaire.

Ah ! bah !...

— Ma parole d'honneur !... En attendant, mes habitudes frugales me permettent de vivre dans une honorable médiocrité.

— Mais qu'es-tu donc devenu? demanda Josépin qui parut évidemment regaillardi par l'assurance qu'on ne emprunterait point d'argent.

— Ah! ah! dit Roby, j'ai mené une existence bien romanesque, mon garçon! J'ai vu la fortune de près... loin comme d'ici cette grosse dame dont l'accent bas-normand me rappelle très vivement une chute que j'éprouvai à Alençon...

— Tu te blessas!...

— Je fus blessé... dans mon amour-propre... et à bel droit, — comme Philippe, — par un fragment de pomme de calville que me lança quelque rustre...

— Pourquoi cela?

— Parce que je jouais le rôle du superbe Hippolyte dans *Phèdre*.

— Ah! fit Josépin en riant, — je comprends : il y a chute et chute...

— Sans doute! repartit Roby avec sang-froid ; — je suis tombé aussi comme auteur... Mais nous parlions de la fortune... Figure-toi que c'est cette maudite idée de du Chesnel qui m'a fourvoyé!

— Quelle idée?

— Les femmes, mon garçon, les femmes!... J'ai voulu m'en faire une échelle... mais le pied m'a toujours manqué... si bien que, avec un portefeuille comme le mien, où il y a dix millions d'espérances, — sans compter deux tragédies, — je me suis vu forcé de passer deux ans à parcourir la province...

— Comme acteur? demanda Josépin.

— Non... je faisais les vins en cercles et en bouteilles.

Josépin se caressa le menton d'un air innocent et fat.

— Pauvre garçon! dit-il, — pauvre garçon!... Ma foi! l'idée de du Chesnel n'était pourtant pas mauvaise.

— Oh! oh! dit Roby ; — sans la belle baronne...

— Assurément... assurément! la baronne nous a été de quelque secours, — parce qu'elle avait besoin de nous... Mais il faut dire aussi que quand on sait prendre les femmes par leur côté faible... et qu'on a fait d'ailleurs d'excellentes études.

— Ah çà! s'écria Roby, cette diable de femme n'aura

donc jamais besoin de moi!... J'ai pourtant plus [d'un]
tour dans mon sac.

— Il en faut un bon, murmura Josépin, qui rem[onta]
ses lunettes d'or avec l'aplomb d'un parvenu.

Roby pensa probablement que le blond doc[teur]
n'avait point changé, mais il garda pour lui sa re[mar]
que.

— Est-elle toujours belle? demanda-t-il.

Josépin enfla ses longues joues et mit sa main [sur le]
bras de Roby.

— Plus belle que jamais! répondit-il avec emph[ase.]

— C'est étonnant! murmura Roby; — voilà p[our]
tant sept ans... Mais, après tout, tant mieux pour e[lle.]

— Ah çà! docteur, et vous autres?... vous ne m'a[vez]
jamais aidé qu'à faire des sottises; mais c'est égal[je]
vous porte à tous de l'intérêt... où en êtes-vous?... T[oi]
d'abord...

— Moi?... mon ami, je ne me plains pas... J'ai [fait]
passer le choléra à la campagne; mais j'ai fait insé[rer]
dans les journaux une petite note où il est dit que [le]
docteur Josépin, de la faculté de Paris, avait déplo[yé]
en ces circonstances déplorables une intrépidité [au-]
dessus de tout éloge. Cela m'a mis à la mode, a[vec]
l'aide de la baronne... Je crois qu'on va me décorer.

— Vraiment!...

— C'est une bagatelle, mais ça donne une tenue.

— Bravo!... Et du Chesnel?

— Toujours secrétaire d'ambassade.

— Toujours!... La baronne n'a donc pas eu beso[in]
de lui?

— Il faut croire... Et le crédit de la duchesse ne v[a]
pas plus loin que cela... Ce pauvre du Chesnel av[ait]
pourtant fait l'emplette d'une ravissante petite femme...

— Tu veux dire la conquête?

— Non pas... Je parle de Mme Léon du Chesnel?

— Il est marié?

— Beaucoup.

— Bravo! fit de nouveau Roby; — et le Duran[-]
din?...

Josépin étendit son doigt entre la tête de Sainte [et]
celle de Gaston, de manière à montrer le gros avou[é]

s'élargissait à côté d'Arsène Bon, de Montfermeil, [v]enteur de l'élixir odontalgique-carthaginois, et connu [pa]r ses rateliers mis à l'épreuve de la carie au moyen [de] la galvanisation.

— Allons! dit Roby; — sa figure peint la pros[pér]ité... Quant à celui-là, tu n'as pas besoin de me dire [qu'il] est marié... Tout homme qui veut se donner une [cha]rge prend femme... ceci sans calembour et unique[men]t parce que l'une paie l'autre... Et Denisart ?...

— Nous nous voyons peu, répliqua Josépin. — Je [sai]s qu'il a été en prison... Je crois qu'il est Dieu !

— Comment, Dieu !

— Oui... c'est un nouveau métier à la portée de tout le [mo]nde... on en a vu réussir passablement... Mais Deni[sar]t n'a pas tout à fait assez de barbe... On lui a volé son [idé]e d'exploitation en grand de la misère. . Sa brochure [l'a] fait passer devant les tribunaux, et, pendant qu'il [éta]it sous les verrous, de plus habiles ont réalisé sa [thé]orie... Banques tutélaires, bureaux de placement, [pu]blications à deux sous, tout cela prend des propor[tio]ns magnifiques. Je suis un peu actionnaire d'une [cai]sse de secours... Cela m'aide à vivre... Mais Deni[sar]t est homme à prendre sa revanche !...

— Diable de Denisart! dit Roby; — la dernière fois [que] je l'ai vu, il rédigeait un prospectus en argot pour [ce]s messieurs et ces dames des environs du palais de [jus]tice... Il prétend que les voleurs et leurs moitiés [aim]ent passionnément la lecture et forment un excellent [pu]blic pour un écrivain qui n'a pas de préjugés...

— Oh! répliqua le docteur, il a marché depuis ce [tem]ps-là !... Il compte bien encore écrire pour Saint-[La]zare et la Conciergerie, parce que c'est sa vocation; [ma]is je l'ai vu songeant à organiser la calomnie, et [cal]culant ce que peut rapporter le rôle d'insulteur aux [ga]ges d'un parti... C'est un homme étonnant.

— Étonnant ! répéta Roby : ces idées-là ne viennent [qu]'à lui !

L'orchestre préluda. Il se fit dans la salle un mouve[m]ent en sens contraire du premier.

Ceux qui étaient debout s'assirent. — Le jeune [ho]mme de l'orchestre jeta un dernier regard sur Sainte,

qui avait les yeux baissés, puis il se tourna ve[rs le]
théâtre.

Avant de s'asseoir, il laissa son œil indifférent [aller]
de loge en loge. Sainte, qui avait relevé sa pau[pière]
timide dès que le regard obstiné du jeune homme a[vait]
cessé de la poursuivre, le vit échanger un salut [avec]
l'avant-scène de droite, où était Mme la vicomte[sse de]
Varannes et où venaient d'entrer Mme de Pontlev[oy et]
sa fille Diane.

L'orchestre attaquait l'introduction du second a[cte.]
Sainte et Gaston s'étaient remis à écouter de tout [leur]
cœur.

Jusque alors la conversation qui se tenait derr[ière]
eux avait passé autour de leurs oreilles comme un v[ain]
bruit. Ils n'en avaient point saisi les paroles, parce [que,]
dans ce tête-à-tête que leur faisait leur isolement [au]
milieu de la foule des spectateurs, cette conversatio[n se]
mêlait pour eux au bruit indifférent de mille au[tres]
conversations et ne pouvait gêner leur intime cause[rie.]
Mais en ce moment ils se taisaient et donnaient to[ute]
leur âme aux belles inspirations du maître. L'entre[tien]
des deux amis, au contraire, se poursuivait. On parl[ait,]
il est vrai, à voix contenue, mais pas assez pour qu[e le]
son n'arrivât point aux oreilles du frère et de la sœ[ur]
en un murmure disgracieux et irritant. Or, si peti[t et]
faible que soit un bruit, s'il impatiente, on l'écoute.

Sainte et Gaston, malgré eux, prêtaient donc dé[sormais]
mais une sorte d'attention à l'entretien du docteur et [de]
Roby. Les mots leur parvenaient, précédés de ce pé[ni]ble sifflement des voix qui chuchotent et jetaient ent[re]
eux et la belle musique de *Moïse* de malencontreu[ses]
distractions.

— Comme cela, disait Roby, — la baronne ne s'[est]
point remariée ?

— Non, répondit Josépin, — et je pense qu'elle ne [se]
remariera pas.

— Elle n'a pas d'enfants ?

Josépin se caressa le menton et eut un étran[ge]
sourire.

— Des enfants !... lui répliqua-t-il ; la baronne !...
allons donc !...

— Pourquoi pas ?... demanda Roby.

Un mot se pressa sur les lèvres du docteur, qui le [tin]t et répondit simplement :

— Tu ne te souviens donc plus, mon garçon, que le [bar]on de Roye mourut le surlendemain du mariage ?...

— C'est juste !... J'ai perdu tout cela de vue... Mais [je v]eux m'y remettre et voir la marquise, morbleu !... [Cet]te femme-là nous tient ; mais nous la tenons [aus]si !...

Josépin secoua la tête et ne répondit pas.

— Où demeure-t-elle ? reprit Roby.

— Partout, excepté chez elle.

— Encore ?

— Rue Castiglione, n° 4.

— On ne l'y trouve pas ?

— Jamais.

— C'est égal ! dit Roby, — je tenterai la fortune... [No]us étions ivres jusqu'à l'abrutissement cette nuit-là, [dis]-tu... et bien que tout soit ténèbres dans ma mé[mo]ire, il me semble que ce meurtre...

Josépin lui saisit le bras et le serra convulsivement [en] silence. — Gaston venait de se retourner et les re[ga]rdait.

Gaston reconnut parfaitement Josépin, qui avait été médecin de son père à l'hôtel de M. Polype, au [Pal]ais-Royal. Josépin, lui, n'eut qu'un vague ressouve[nir] d'avoir vu le jeune homme quelque part.

Roby resta court, déconcerté par le sentiment de [so]n imprudence. Josépin assura ses lunettes d'or sur [so]n nez magistral avec assez de sang-froid. — Gaston [se] retourna.

. . . .

Mlle Falcon chantait avec Mme Dabadie. La salle [en]tière écoutait dans un silence ému.

La porte du balcon de droite s'ouvrit. Un jeune [h]omme, mis avec une recherche extrême et dont le [b]run visage avait une beauté presque féminine, parut [un] instant au milieu du groupe des amis de Félicien [C]hapitaux, qu'il ne salua point, et dirigea son lorgnon [v]ers les avant scènes de droite.

Après un seul et rapide coup d'œil, il tourna l[a tête]
et se retira...

Il y eut dans la salle un frémissement que ne [pro]voquait point la voix puissante de Mlle Falcon.

— Le marquis sauvage !... disait-on tout bas, — [le] beau marquis !...

Tous les regards, quittant la scène, se tourn[èrent] vers le balcon de droite, dirigés par des doigts t[endus] et des éventails.

Mais, au balcon de droite, il n'y avait plus que l'[an]cien Chapitaux, J.-B.-S.-T. Sanguin, de Lyon, etc.,

— Qu'y a-t-il ? demanda Roby au docteur.
— C'est le marquis, répondit celui-ci.
— Quel marquis ?
— Un marquis de ta connaissance...

Josépin hésita et reprit :
— Mais non... tu ne le connais pas... C'est le [lion] du moment... Sa vie, qui est un roman fort bizarre, [l'a] mis à la mode... Il fait fureur !...

— Mais enfin...
— C'est le jeune marquis Gaston de Maillepré.

Gaston tressaillit de la tête aux pieds.

Sainte n'avait pas entendu.

La porte de la loge de Mme la vicomtesse de Va[nnes] s'ouvrit avec fracas. — Le nom du marquis [de] Maillepré courut, prononcé de bouche en bouche.

Gaston, qui croyait rêver, se pencha jusqu'à m[ettre] tout son buste hors de la galerie, afin de voir celui q[ui] venait d'entrer dans la loge.

Mais la cloison de l'avant-scène masquait son r[e]gard ; il ne vit qu'une grappe de cheveux blonds ad[mi]rables qui descendait en se jouant le long de la jo[ue] rosée de Mme Diane de Baulnes...

CHAPITRE VII

HOMME A LA MODE

Durant quelques minutes, tous les regards convergèrent sur la loge de Mme de Varannes. Le jeune homme, qui venait d'y entrer excitait, paraîtrait-il, une égale curiosité à tous les étages de la salle.

A l'amphithéâtre d'en haut, les hardis et gentils minois des deux grisettes pétillaient d'impatience. Elles tiraillaient Poiret, chacune de son côté, pour avoir la longue-vue qui servait de lorgnon à toute la compagnie.

— Laisse donc voir ! s'écria Bébelle, la plus âgée des deux ; — est-il égoïste, ce Poiret !...

— Le fait est qu'il est galant tout juste !... dit Mignonne en faisant une petite moue.

Bébelle avait vingt ans. C'était la grisette classique dont le portrait est partout, qui inspire les poètes et les romanciers, la grisette sémillante, pimpante, piquante, croustillante, sautillante, chantante, divertissante, — ce qui ne l'empêche point d'être touchante, attendrissante, et au besoin larmoyante...

Mignonne avait seize ans. — Ce n'était pas un TYPE.

— En cela elle était au moins originale, car depuis le manœuvre qui sert les maçons jusqu'à l'homme d'État mirant un portefeuille, tout le monde est *type* aujourd'hui. Un forçat est un type de forçat, un ange est un type d'ange, une haridelle est un type de rosse...

Il y a des gens qui gagnent autant d'argent que des

apprentis tailleurs rien qu'à confectionner des [...] pour les éditeurs assez abandonnés pour tenir [...] article.

Ces gens sont des types.

Leurs éditeurs également.

Leurs lecteurs davantage...

Donc Mignonne n'était pas un type. Elle chan[...] parfois, mais pas toujours, comme les fauvettes, [...] sont des types ; elle dansait à l'occasion, mais [...] marchait aussi ; elle avait la répartie vive et le ve[...] pas trop aigu. Son joli sourire malin laissait quel[...] fois son visage sérieux. Elle ne savait pas une [...] grande quantité de chansons *drôles* et n'avait pas enc[...] lu assez de romans *gais* pour changer son babil sim[...] et sans façon contre un parlage de guinguettes.

Mignonne était la fiancée de Nazaire, dit *Dragon*, [...] vraie fiancée pour le bon motif.

Bébelle et Poiret méprisaient le mariage.

— Ça n'est pas déjà si gai, reprit Bébelle, — to[...] ces *hi hi !* tous ces *ha ha !* et le reste, toujours sur [...] même air... Tu pourrais bien nous passer la lorgnet[...]

— Et dire que ça coûte plus cher ici qu'aux premiè[...] des Folies !... soupira Mignonne ; — voilà un amou[...] théâtre !

— Ah ! ah ! les Folies !... s'écria Dragon ; — tu n'[...] pas dégoûtée, toi !... Mais c'est pas pour fréquenter l[...] Folies qu'on passe la redingote verte à collet de velou[...] et le pantalon fin !...

Poiret, qui avait fait ses observations, tendit la lo[...] gue-vue à Bébelle.

— Joli jeune premier ! dit-il ; — mais, à bout [...] bras, ça ne pèserait pas une once !

— Oh ! qu'il est gentil ! qu'il est gentil ! s'écr[...] Bébelle.

— Silence, s'il vous plaît, madame ! dit au secon[...] rang un dilettante nécessiteux.

Bébelle se retourna et montra ses belles dents bla[...] ches en riant sans cérémonie au nez du malheureu[...] amateur de musique.

Mignonne avait saisi la longue-vue.

— Est-il possible, murmura-t-elle, — qu'il y ait d[...]

...mmes comme ça, plus gentils que des femmes !...
— Un pari ! dit Poiret à Nazaire, qui jouissait à son
[tou]r de la lorgnette commune, — un pari que ce mar-
[qui]s n'est pas plus sauvage que toi et moi !
— Pour ça ! répliqua Bébelle, — il n'en a pas l'air !..
— Et puis, fit observer Mignonne, — les sauvages
[son]t des nègres.
[ ] Nazaire, dit *Dragon*, grand et beau garçon de trente
[an]s, à la physionomie franche et vive, à la titus bou-
[clé]e d'un châtain presque blond, regarda tour à tour
[Mi]gnonne et Poiret d'un air indécis. Il était évidem-
[m]ent partagé entre la crainte de contredire sa promise,
[qu]i exerçait sur lui un certain empire, et l'envie, passée
[ch]ez lui à l'état chronique, de contrecarrer son cama-
[ra]de Poiret.
— Pour ce qui est d'être nègre, prononça-t-il grave-
[m]ent, — je ne dis pas... mais sauvage... ça s'est vu...
[ce]lui du Caveau est couleur de chair.
— C'est son maillot tricoté qui est de cette couleur-
[là], mon vieux, dit Poiret.
— N'importe !... c'est un sauvage, — comme Paul et
[Vi]rginie... Il est né en Amérique.
[ ] La discussion prenait un essor que Bébelle et Mi-
[g]nonne ne pouvaient suivre. Elles reportèrent leur at-
[te]ntion vers le spectacle, et Nazaire expliqua comme
[qu]oi il connaissait, non pas le marquis, mais son ta-
[pi]ssier, qui en savait long sur sa naissance et son his-
[to]ire.
— N'empêche ! dit Poiret, en manière de conclusion ;
— c'est sauvage comme toi et moi... Un pari !...
[ ] D'autres commentaire couraient çà et là, sur le même
[tex]te du haut en bas de la salle, et la merveilleuse voix
[de] mademoiselle Falcon eut de la peine à triompher de
[ce]tte distraction jetée en travers de son chant...
[ ] Félicien Chapitaux s'étonnait avec J.-B.-S.-T. San-
[g]uin de cette curiosité du public qui n'avait pour objet
[ni] lui ni le baron Prunot, neveu du duc de Pharsale, ni
[mê]me de monsieur de Montfermeil. Toute cette bande
[jo]lie, à l'exception de l'avoué Durandin, qui se taisait
[pru]demment, faisait d'assez sottes gorges chaudes sur
[le] marquis sauvage. A ces plaisanteries s'entremêlait

l'éloge de Palmyre, de Sidonie et d'Athénaïs, [...] protégés par ces messieurs. On discutait sur leurs [...] rites en termes ultra-techniques, qui eussent fait ro[...] des marchands d'esclaves. Puis on constatait l'abse[...] de madame de Saint-Pharamond, qui semblait [...] l'astre principal du monde où gravitaient ces gen[...] hommes.

Enfin, le nom du marquis sauvage, prononcé au[...] d'eux, soulevait de nouveau leur bile. Chapitau[...] trouvait *mauvais genre* ; J.-B.-S.-T. Sanguin, de la m[...] son Sanguin et Cloquard, le trouvait *bourgeois*, le bar[...] Prunot élevait des doutes sur sa noblesse.

Mais ces obscurs blasphèmes se perdaient parmi l'[...] gouement de tous.

Celui qui excitait l'attention générale avait vraime[...] eu sa personne quelque chose de souverainement disti[...] guée. C'était un très jeune homme. Sa peau, légèreme[...] brunie, — par le soleil des tropiques, sans doute,— conservait néanmoins des tons délicats et comme v[...] loutés. Il avait de grands yeux noirs, brillants et do[...] dans leur hardiesse, un front d'enfant penseur, — lar[...] et pur sous sa gracieuse couronne de cheveux noir[...] une bouche fraîche et ferme, aux lèvres vivement ar[...] quées, au-dessus de laquelle se dessinait en brun clair une ligne de duvet naissant.

Sa taille était au-dessous de la moyenne, mais pris[...] en de si admirables proportions, que l'œil, saisi par s[...] grâce juvénile et noble, ne songeait point à en mesure[...] la hauteur. On eût pu reprocher seulement à cette taille un peu trop de rondeur et de molle harmonie dans les formes...

Mais quel âge pouvait avoir monsieur le marquis Gaston de Maillepré? — Vingt-trois ans, tout au plus.

Souvent, à vingt-trois ans, la charpente de l'homme n'a point pris encore ces angles carrés, ces musculeuses saillies que l'âge viril taille et cisèle dans les contours pleins de l'adolescence.

En entrant, il serra la main de monsieur de Va-rannes, et vint sur le devant de la loge, à tel point que, durant un instant, il n'y eut entre son profil et le re-gard de Gaston, qui se penchait avidement en dehors la galerie, que la blonde frisure de madame Diane Baulnes.

Mais il ne resta là que le temps de baiser la main de vicomtesse et d'offrir un souriant salut à Diane.

Il s'assit ensuite auprès de la vicomtesse, sur l'un des fauteuils du second rang.

— Falcon est magnifique ce soir, dit madame de Varannes.

La réponse du marquis se perdit dans un *rinforzando* de l'orchestre ; mais elle ne fut pas perdue sans doute pour la vicomtesse, dont le regard se détourna, tandis qu'une imperceptible rougeur colorait sa joue.

— Votre beau cousin fait décidément sa cour à madame de Varannes, dit la duchesse de Compans-Maillepré, dont le binocle n'avait eu qu'à se détourner un peu pour passer de du Chesnel au marquis.

— Elle est ravissante ! pensa tout haut le duc en détournant enfin les yeux du pur et charmant visage de Sainte.

Sa femme se mit à rire avec moquerie.

— Vous êtes toujours jeune, monsieur le duc, dit-elle ; — mais moi, qui vieillis, je ne suis plus jalouse... Du reste, votre mot peut s'appliquer aussi à madame de Varannes, et le marquis fait preuve de goût, pour un sauvage, en s'adressant si bien.

— On n'en peut dire autant de monsieur du Chesnel, répliqua sèchement le duc.

La duchesse rougit peut-être ; mais elle était fardée.

— Je crois que vous vous trompez, monsieur, reprit-elle du bout des lèvres ; — monsieur du Chesnel s'adresse bien... Il fait la cour à une ambassade.

Le duc, en ce moment, s'inclina, en réponse au salut sommaire que lui envoyait son *beau cousin*.

Après s'être incliné, il se renversa contre le dossier de son fauteuil. Son regard glissa sournoisement du marquis à du Chesnel, toujours empressé autour de Léa Vérin, et de du Chesnel à sa femme. — Les rides de son front s'étaient creusées. Il y avait dans son œil un dépit concentré. — On eût deviné que ces trois personnes étaient le tourment de sa vie.

Lorsqu'il eût baissé les yeux, la duchesse le rega[rda]
un instant à son tour. Ce fut sans amour, mais s[ans]
haine : avec indifférence et fatigue.

Il n'y avait plus en elle rien de ce qu'une femme p[eut]
éprouver près d'un homme.

Elle l'avait pourtant aimé, puis détesté, puis redou[té]
comme on craint un juge implacable.

Mais tous ces sentiments effacés se confondaient [en]
une commune apathie...

On écoutait dans la loge de madame de Varannes. —
Nourrit venait d'entrer en scène.

Madame Diane de Baulnes, belle personne qui re[s]-
semblait à sa sœur, sauf la grâce et l'expression exqui[se]
des traits de la vicomtesse, faisait mine de regarder l[a]
scène et lorgnait le marquis par-dessous son binocle. [Il]
ne faudrait point s'y tromper. Diane ne lorgnait poi[nt]
le beau jeune homme parce qu'il était beau et parc[e]
qu'elle l'aimait. C'était bien autre chose ! Elle le lorgnai[t]
parce que sa sœur aînée rougissait chaque fois que l[e]
marquis lui jetait à voix basse quelque parole couverte
par les bruits de la scène.

Diane était mariée depuis quelques jours seulement.

Elle avait dix-huit ans. — Elle était très instruite,
très dévote, très froide de cœur, très médiocre d'esprit.
Elle avait une fraîcheur éblouissante, de magnifiques
cheveux blonds cendrés, de beaux traits et une taille ir-
réprochable. Son éducation eût contenté le censeur l[e]
plus rigide. Son intelligence étroite, mais patiemment
cultivée et chargée de toutes les choses sérieuses ou fri-
voles dont se compose l'enseignement féminin, ne manquait pas d'une certaine droiture. Plus spirituelle, elle
eût été peut-être parfaitement bonne.

Il aurait fallu à cette nature honnête, mais indigente,
un éducation toute de cœur. Le tact clairvoyant, la
volonté persévérante d'une mère eussent réussi sans
doute à rendre fécond ce qu'il y avait en elle de sève et
de jeunesse, mais madame de Pontlevau, excellente
femme à la tête légère et vide, avait confié Diane dès
son enfance à des mains étrangères.

Il est, au milieu de notre société, une étrange école,
obscure, inconnue, dont les adeptes nombreux font des

osélytes dans le secret des familles pieuses. Quelques
[liv]res d'une poésie mystique et dévote à l'excès dans
[le]s formules ont révélé naguère cette bizarre hérésie,
[d']autant plus dangereuse qu'elle se présente sous l'es-
[pè]ce ardente et austère à la fois d'un religieux ascé-
[tis]me.
Diane avait été élevée par une sœur de sa mère, im-
[b]ue jusqu'à l'exaltation de ces principes insensés d'une
[pi]été fourvoyée. — Diane regardait le mariage comme
[u]ne grossière et permanente offense envers la divine
[p]ureté.
Sur cette base reposait son éducation tout entière.
Et ceci n'est point une fiction vaine. En notre siècle
[in]discipliné où tant d'esprits louches ou vicieux ont
[prê]ché contre le mariage de fougueuses croisades, parce
[q]ue c'était là pour leurs passions rétives une insuppor-
[ta]ble entrave, voilà que d'autres esprits, poussant le
[s]crupule jusqu'à l'extravagance, attaquent le mariage
[e]n sens contraire et ressuscitent le dogme enterré des
[m]anichéens !
Ce sont de dignes personnes, à coup sûr, et qui pré-
[ch]ent uniquement par excès de vertu. A leur tête mar-
[c]he un poète presque illustre, un croisé littéraire, dont
[le] fauteuil académique a récompensé les travaux. —
[M]ais le poison n'est est que plus perfide lorsqu'il se pré-
[s]ente sous l'apparence d'un breuvage salutaire. — Et
[c]'est, croyons-nous, faire acte d'honnête homme que
[d]e planter une enseigne au seuil de ce temple nouveau
[q]ue des mains respectables ont élevé par mégarde au
[c]ynique Anubis.
Nous devons dire cependant, car une prêtresse de
[c]e temple a eu soin de l'expliquer en termes fort
[é]loquents dans un roman mystique qui est comme
[l']Evangile de cette religion *orbicide ;* nous devons dire
[q]ue ce n'est pas la forme du mariage qu'on repousse,
[m]ais bien son essence et son but.
Il est permis d'épouser, — mais il est défendu d'être
époux.
Il n'y avait donc point de contradiction dans la position de Diane, qui était mariée à monsieur de Baulnes,
assis auprès d'elle dans l'avant-scène. Monsieur de

Baulnes, jeune, riche, accompli sous tous les rapp[orts]
aimait Diane éperdument.

Diane n'avait nul éloignement pour la personn[e de]
son mari; mais on eût juré qu'elle lui était parfaite[ment]
étrangère.

Ainsi, en ce moment, il y avait dans la loge de [ma]
dame de Varannes six personnes liées entre elles [très]
étroitement, sauf le marquis de Maillepré qui n'é[tait]
point de la famille.

Il y régnait pourtant comme une atmosphère de g[êne]
à laquelle échappait seulement l'excellente madame [de]
Pontlevau qui, pourvu qu'elle eût un cachemire con[ve]
nable, et un public pour apprécier le dit cachem[ire,]
n'était nulle part à la gêne.

Monsieur de Baulnes risquait de temps en temps [un]
mot, accueilli toujours froidement par Diane.

Le marquis, placé entre la vicomtesse et son ma[ri,]
avait à subir l'inquiète surveillance de ce dernier, d[ont]
toutes les manières pourtant restaient à son égard p[ré]
venantes et souverainement amicales. — C'est au poi[nt]
qu'on eût dit que monsieur de Varannes avait gra[nd]
intérêt à ménager le marquis.

La vicomtesse, enfin, sentait peser sur elle les regard[s]
croisés de son mari et de sa sœur...

Du dehors, vous n'eussiez vu que physionomies bien[-]
veillantes et charmants sourires...

Gaston, cependant, — l'autre Gaston, le *Pâlot*,
comme l'appelait Poiret, — était depuis une demi-heur[e]
dans un état de fiévreuse agitation. Il venait d'apprendre, par hasard, lui qui vivait si loin du monde, qu'u[n]
homme était là, tout près de lui, portant son nom, —
et portant ce titre que la volonté paternelle avait mis à
l'écart. Obéissant, le dernier des Maillepré avait couvert
sa noblesse d'un voile, pour ne la point commettre dans
sa lutte contre la misère. Il avait fait comme ces fiers
Bretons d'autrefois qui, forcés de descendre au négoce
pour rebâtir leur manoir en ruines, suspendaient l'épée
de leurs pères dans un coin obscur de quelque cha-
pelle.

Mais ceux-ci, dès qu'ils avaient repoussé du pied dédaigneusement leurs chartes de commerce, retrouvaient

...ours le dépôt confié à la muraille sainte, tandis
...n voleur effronté se parait des dépouilles de Gas-
... — Il avait bien entendu, — on avait parlé du
...quis Gaston de Maillepré ?
...on premier mouvement, lorsqu'il reconnut que son
...ard ne pouvait point pénétrer dans cette avant-scène
...se concentrait pour un instant la curiosité générale,
...de s'élancer hors de sa place et de se faire justice
... ses mains, mais un coup d'œil jeté sur Sainte, qui
...e doutait de rien et se donnait tout entière à ses
...otions enchantées, le retint. Il eut peur de la laisser
...le au milieu de cette foule inconnue, et de changer
...peine inquiète les purs élans de sa joie.
...t puis, plusieurs rangs de spectateurs assis et im-
...biles le séparaient de l'entrée de la galerie, il eût
...lu les déranger. Or, pour qui possède cette retenue
...ide, dont le contact du monde modifie les allu-
..., mais qui est en germe au fond de toute nature dis-
...guée, c'est une montagne à soulever. A vingt ans, tel
...foncerait plutôt un carré d'infanterie que trois ban-
...ettes chargées de femmes, au milieu d'un acte, à
...péra.
...l refoula son impatience et attendit le tomber du ri-
...au.
...Lorsque ce moment fut venu, il prit le bras de Sainte
... l'entraîna au dehors.
...Le jeune homme de l'orchestre attendait aussi cet
...stant sans doute, car il se retourna vivement, pour
...prendre sa contemplation interrompue. Mais Sainte
...trait déjà dans le couloir.
...Notre jeune homme alors prit son parti et gagna la
...orte.
...Il en fut à peu près de même de monsieur le duc de
...ompans-Maillepré.
...Lorsque son binocle rencontra la place vide de Sainte,
...contint un mouvement de dépit et sortit en murmu-
...nt par manière d'acquit une phrase faite de banale
...cuse.
...A peine avait-il tourné les talons que l'un des écrans
...e la loge glissa brusquement dans sa coulisse et y dis-
...arut avec bruit.

C'était peut-être un signal. — Du moins Léon Chesnel tourna-t-il immédiatement la tête.

La duchesse lui fit un signe impérieux.

Du Chesnel quitta aussitôt l'avant-scène de Léa[rin], — et l'instant d'après, il s'asseyait sur le faut[euil] abandonné par monsieur de Compans-Maillepré.

Celui-ci, cependant, avait descendu le grand esca[lier] et franchi le vestibule.

Une ample redingote couvrait son habit noir et c[a]chait les crachats étalés naguère sur sa poitrine.

Il sortit sous le porche et prit à gauche le pass[age] noir qui conduit aux galeries de l'Opéra.

Le jeune homme de l'orchestre sortit presque e[n] même temps que lui, et alluma son cigare vis-à-vis [du] Théâtre-Enfantin, qu'un incendie a détruit depuis.

Le duc ne l'avait point suivi jusque-là. — Après av[oir] regardé à droite et à gauche dans la cour qui cotoie[le] passage, il était entré à l'estaminet du café de l'Opé[ra] pour en ressortir presque aussitôt avec un personn[age] à mine équivoque, en corps de chemise, et tenant à [la] main une queue de billard, admirablement graissée [au] blanc d'Espagne.

— Est-ce quelque chose de pressé? demanda-t-il [en] souriant au duc d'un air moitié obséquieux, moitié f[a]milier.

— Très pressé, répondit le duc.

— Alors, je vais vendre ma bille, dit M. Burot q[ui] rentra sans façon à l'estaminet.

On l'entendit mettre sa bille aux enchères, une bill[e] vierge, pour traduire en termes lisibles l'expression p[lus] énergique des joueurs de *poule;* puis on le vit reveni[r] vêtu d'un costume semi-fashionable et comptant l[es] pièces blanches, produit de la vente de sa partie.

M. Burot avait auprès du duc le titre de secré[taire].

Au moment où ils entraient tous deux dans la peti[te] cour sombre où débouchent les galeries, notre jeun[e] homme de l'orchestre revint avec son cigare allumé. — Il les croisa de fort près et entendit ces quelques mots:

— Où est-elle placée? disait M. Burot.

— A la première galerie, répondit le duc, — auprè[s]

un joli garçon à l'air timide, qui lui ressemble et que je crois son frère...

Le jeune homme s'arrêta court. — Puis il se glissa lancement dans l'espèce de corridor couvert et mal éclairé qui est entre la maison du passage et la cour, dont le séparent seulement de minces planches découpées en arcades...

CHAPITRE VIII

JOLI JONC

La petite cour située entre les bâtiments de l'Académie royale de musique et les galeries de l'Opéra était alors plus sombre encore qu'aujourd'hui et surtout plus boueuse. On l'a sablée récemment.

C'est l'humble *square* de cette cité brillante et populeuse comprise entre le boulevard et les rues Grange-Batelière, Lepelletier et Pinon.

Il faut, paraîtrait-il, à tout palais, suivant son importance, un tas de fange petit ou grand. L'Opéra, qui ne loge que des rois pour rire, possède seulement ce trou humide, tandis que les Tuileries ouvrent leurs nobles fenêtres sur un amas de boue qui déconcerterait le balai d'Hercule.

Autrefois, dit-on, les seigneurs suzerains donnaient à leurs vassaux une cédule de l'hommage reçu. Plus n'est besoin de cette formalité gothique, et quiconque aujourd'hui a fantaisie de saluer la demeure royale, porte, les talons à l'échine, un certificat grisâtre qui dispense de tout autre témoignage.

C'est au point qu'il est parfaitement passé en p[ro]
verbe de dire d'un pauvre diable crotté jusqu'à la n[u]
que : il vient de la place du Carrousel !...

La petite cour de l'Opéra est bien loin, Dieu mer[ci]
de ressembler à cette enceinte monumentale, qui se[ra]
la plus belle place de l'univers lorsqu'on y pourra pa[s]
ser sans crainte de se noyer dans les luxuriantes imm[on]
dices qui couvrent son niveau défoncé à un demi p[ied]
de hauteur. Elle est crottée modestement et comme [il]
convient à un étroit coin de terre où ne reposent ni l[es]
fondements du Louvre ni ceux des Tuileries.

Elle communique avec les quatre rues que nou[s]
avons nommées plus haut par les galeries, par le pa[s]
sage et par deux souterrains dont les échos, mal[gré]
l'aspect sombre de leurs voûtes, ont à répéter plus d[e]
soupirs d'amour que de lugubres plaintes.

Le duc et son secrétaire Burot s'étaient arrêtés à p[eu]
près au centre de la cour, comme pour être mieux [à]
l'abri de toute surprise indiscrète. Le jeune homme d[e]
l'orchestre se tenait immobile et l'oreille au guet der[rière]
rière un des minces pilastres de la colonnade en plan[ches]
ches, sortes de cloison à jour qui se ressent d[u]
voisinage de l'Opéra, la patrie classique des arbres e[n]
carton et des palais sur châssis.

Si c'est un crime d'écouter de toutes ses oreilles un[e]
conversation où l'on n'a point de part, notre jeun[e]
homme était positivement coupable, car il laissai[t]
éteindre son cigare et avançait le cou dans l'attitude
d'un homme aux aguets.

— Des yeux bleus d'une candeur angélique, disait l[e]
duc avec cette onction enthousiaste du gourmand qu[i]
parle cuisine ; — un teint de lis...

— Et de roses, ajouta Burot en ricanant ; — c'es[t]
forcé !

— Tais-toi... Un front délicieux où se séparent des
cheveux blonds qui doivent être mille fois plus doux
que la soie.

— C'est beaucoup, grommela Burot, — mais quand
même vous mettriez, comme d'habitude, trente-deux
perles fines dans sa bouche de corail, ça ne serait pas
un signalement... Quel âge peut-elle avoir?

— De seize à dix-huit ans.
— C'est joli... Et son amant ?
— Je te dis que c'est son frère !
— Peuh fit ! Burot ; — que j'en ai vu passer de ces frères-là !...
— Tais-toi !... Si jamais la pureté fut écrite sur un gracieux visage...
— Eh ! monsieur le duc !... toutes les femmes sont pures jusqu'à douze ans... Il y en a qui vont jusqu'à quinze, faute d'occasions... Pensez-vous donc qu'un petit faux pas leur mette une marque à la joue ?
— Monsieur Burot !
— Ah ! ah ! ah ! poursuivit le drôle avec une irrévérence complète ; — comme elles seraient toutes mouchetées, monsieur le duc !

Celui-ci frappa brusquement du pied.
— Histoire de plaisanter, reprit Burot en changeant de ton : — il y a femme et femme... Nous allons bien voir ça !...

Derrière son arcade de planches, notre jeune homme écoutait cela sans bouger. Il tordait sa moustache assez paisiblement et ne ressemblait vraiment point à ces grotesques personnages que les auteurs dramatiques aiment de passion à cacher derrière n'importe quoi et qui se montrent de temps en temps pour cligner de l'œil et dire tout bas (à tue-tête) : L'infâme !... le traître !... horreur !... vengeance !...

Ces personnages, soit dit en passant, nous semblent des plaisants fort audacieux, et notre plus vif désir a toujours été de voir le *traître* qu'ils épient leur passer sa grande épée au travers du corps, pour leur apprendre à se cacher mieux.

La petite cour, cependant, était entièrement déserte, suivant la coutume. A de longs intervalles, quelques rares passants, quittant les galeries, la traversaient pour gagner les *tunnels* qui rejoignent les rues Grange-Batelière et Pinon et dans l'un desquels s'ouvre la loge du concierge de l'Opéra. Le duc et son confident avaient lieu de se croire parfaitement seuls.

Burot était un petit homme maigre, aux longs cheveux crépus, dont les touffes desséchées et comme grillées donnaient à sa tête une largeur extravagante. La peau écarlate de son visage se collait à ses os anguleux et saillants. Il avait un nez mince et brisé au milieu, de façon à retomber en éteignoir sur sa bouche meublée de longues dents entre lesquelles le tuyau de sa pipe avait creusé de profondes échancrures. Un collier de barbe fauve courait tortueusement autour de ses joues et en suivait les lignes tourmentées. Ses yeux étaient rapprochés outre mesure, ronds, d'un émail rougeâtre, clignotants, et tout pleins de cette audace poltrone qui est l'essence du maraud. — Burot avait été laquais. — Son costume visait témérairement à l'élégance. Il portait une redingote de beau drap gris foncé, un gilet de velours ponceau et une vaste cravate de satin bleu de ciel, chargée de fleurs brochées, d'un jaune vif. Un pantalon à blouse, gris de perle, tombait sans trop grimacer sur ses pieds osseux et plats. Il avait des bijoux : une grosse bague chevalière, une chaîne en filigrane, et deux scarabées en émail pour agrafer sa chemise.

Le duc avait froncé les sourcils avec colère aux dernières réponses de ce digne serviteur ; mais habitué sans doute à ses impertinentes boutades, il se contint. Aux lueurs fumeuses des quelques lanternes dont la prétention était d'éclairer la cour, il avait pu apercevoir d'ailleurs les yeux du secrétaire briller plus que de coutume au milieu de sa face empourprée.

— Vous êtes ivre, mon pauvre Burot, dit-il d'un ton de douceur clémente ; vous ne vous corrigerez jamais de cela !

— J'en ai peur, monsieur le duc... Mieux que personne, vous pouvez savoir ce qu'il en coûte pour se défaire d'un vieux péché...

Le duc lui mit la main sur l'épaule. Burot fléchit sous la pression et perdit son effronté sourire.

— Histoire de plaisanter !... balbutia-t-il ; — je n'ai bu qu'une topette et j'y vois clair assez pour suivre une piste... Je vous respecte à ma manière, vous savez bien... Voyons ! nous disions que la petite est une blonde comme il n'y en a point, rose, blanche, avec des yeux bleus, et un frère qui n'est pas un amant... Après !

— Une taille charmante, reprit le duc, — du moins qu'on en peut voir.

— Et sa toilette ?

— Très-simple... un canezou de mousseline brodée sur une robe en soie et une petite capote de crêpe avec une guirlande de marguerites moins fraîches que ses joues...

— Vieux troubadour ! grommela Burot en *à-parte*... Monsieur le duc, reprit-il, nous vous arrangerons ça.

— Ne va pas faire d'école !

— Peuh !... fit Burot qui haussa les épaules ; — c'est le pont aux ânes !... cette petite n'est pas un oiseau... Pour regagner son domicile, elle usera de ses fines jambes... — Vous avez oublié sa jambe, monsieur le duc. — Ou elle prendra un fiacre... à moins qu'elle ait son équipage.

— Cela m'étonnerait.

— Fort bien... Alors restent les jambes adorables et le fiacre... Dans le premier cas, je la suivrai tout niaisement comme à l'ordinaire... Et Dieu veuille qu'elle ne demeure pas à la barrière du Trône !... Dans le second, je m'arrange de manière à entendre ce qu'on dit au cocher... Je couche ce renseignement sur mon portefeuille, — et demain, si Dieu nous prête vie, je fais le nécessaire.

— A la bonne heure ! dit le duc ; — en attendant, prends une place de parterre pour bien la reconnaître... Tu viendras ce soir me rendre compte de ton expédition.

Le duc reprit le chemin du théâtre, et Burot rentra au café.

Notre jeune homme demeura un instant immobile, — puis il s'élança en courant sur les traces du duc.

Il le rejoignit au moment où ce dernier achevait de monter le grand escalier.

— Monsieur, lui dit-il en l'abordant chapeau bas, — je m'appelle Roméo ; j'ai été capitaine de cavalerie en Afrique, et j'ai quitté le service pour pouvoir tuer mon colonel qui m'avait insulté gravement...

— Monsieur, interrompit le duc avec une politesse

hautaine, puis-je savoir ce qui me procure le biza[rre]
honneur de cette confidence inattendue?...

— Ce colonel avait trois fils, poursuivit froideme[nt]
Romée ; — trois beaux cavaliers, braves et forts, [qui]
firent leur devoir en défendant leur père... Je dus co[m]-
mencer par eux...

— Mais, monsieur !...

— Puis vint le tour du colonel... Maintenant, je s[uis]
sculpteur, rue Saint-Louis, au Marais, n°...

— Eh ! monsieur ! peu m'importe le numéro ! s'éc[ria]
le duc, qui voulut se retirer.

Romée le retint par le bouton de sa redingote.

— Numéro 26, continua-t-il très doucement. — [Je]
vous dis tout cela, monsieur, pour que vous me retro[u]-
viez s'il vous prend fantaisie de me chercher jamais.

— Les sculptures de mon hôtel sont en parfait état...
commença le duc, dont l'intime persuasion était désor[-]
mais qu'il avait affaire à un fou.

Romée salua.

— Il ne s'agit point de votre hôtel, dit-il, mais de
vous-même.

— Je n'ai jamais eu la pensée de me faire élever de
statue, monsieur.

Romée salua derechef. — Il entraîna doucement le
duc jusqu'à la porte ouverte d'une loge et lui montra
du doigt Sainte, qui avait repris sa place à la galerie.

— C'est bien elle, dit-il ; — n'est-ce pas ?

Le duc le regarda, étonné.

— Vous avez tressailli, reprit Romée d'un ton bref
et sec ; — c'est elle... je le savais... Ecoutez-moi,
monsieur ; je ne compte pas mourir de sitôt, et, tant
que je vivrai, vous ne toucherez pas un cheveu de cette
jeune fille !

— C'est une menace, cela, monsieur !... dit le duc
qui redressa sa haute taille.

— Oui, monsieur, répliqua Romée.

Ce disant, il tourna sur ses talons et laissa le duc
ébahi au seuil de sa loge.

Le rideau était levé. — Taglioni attachait tous les
regards aux merveilles de sa danse sans rivale. Il y

vait dans la salle entière comme un frémissement
d'amour pour cette créature idéale, moitié femme,
moitié fée, dont le corps s'envolait aux battements de
ses ailes de gaze. — Elle était jeune alors, et nous qui
l'avons vue naguère passer parmi nous comme un rêve
de poète, effleurant de son pied divin le sol fleuri du
pays des sylphes, saurions-nous dire ce que la jeunesse
pouvait ajouter de suavités riantes à sa grâce et de
fraîcheur à ses chastes séductions ?

L'art peut lutter et vaincre. Mais si, après ces longues années, Taglioni est restée la première danseuse
du monde, qu'était-elle aux jours où ses muscles vierges subissaient l'impulsion des premiers bravos, où son
sourire s'enivrait aux parfums de la première couronne ?

Gaston et Sainte, cependant, ne retrouvaient plus, en
face de ces tableaux où la sylphide épandait son charme
exquis, leurs joies naïves et recueillies. L'heure était
passée pour eux du plaisir sans mélange et des enchan-
tements.

Gaston était triste et Sainté n'avait pu longtemps
tarder à s'apercevoir de sa tristesse.

Ç'avait été comme une goutte d'amertume jetée sur
les jeunes élans de son bonheur. Elle aussi était triste,
et il n'y avait plus rien qui pût la réjouir parmi ces
splendeurs nouvelles.

Gaston n'avait point voulu lui confier le motif de
cette préoccupation soudaine qui avait ramené la pâleur
à sa joue. — Il se taisait. — Durant l'entr'acte, il avait
parcouru le foyer et les corridors, se livrant à une recherche dont Sainte ne connaissait pas le but.

Ce qu'il cherchait, du reste, il ne l'avait point trouvé.
— Parfois, au foyer, un nom prononcé près de lui ou
jaillissant au loin de quelque groupe avait changé
brusquement la direction de sa promenade. — Il écoutait alors ; il semblait épier, et son regard, au grand
étonnement de Sainte, s'appuyait sur les visages avec
une sorte d'effronterie.

Mais c'était en vain.

Et vraiment la recherche était difficile. Comment
trouver ce qu'on ne connaît point ?... Gaston pouvait

passer près du but sans le savoir. Les gens n'ont pas leur nom écrit sur le visage.

Gaston se disait cela, — mais il espérait toujours et ne se lassait point. La fin de l'entr'acte put seule mettre un terme à ses investigations.

Le beau marquis n'avait point quitté la loge de Mme de Varannes. Gaston et lui n'avaient eu garde de se rencontrer.

Vers le milieu du ballet, M. Burot fit son entrée au parterre avec l'aisance d'un habitué. Ses cheveux ébouriffaient avantageusement leurs touffes crépues. Les couleurs voyantes de son costume tranchaient et blessaient l'œil comme un accord faux écorche l'oreille. Un beau tuyau de pipe sortait de la poche de sa redingote et balançait çà et là sa courbe élastique.

M. Burot échangea des saluts avec cette honorable portion du public qui s'assied sous le lustre et tient les succès en tous genres au plus juste prix.

Ce devoir de politesse accompli, M. Burot lorgna la galerie. — Du premier coup il aperçut Sainte et la détailla en connaisseur.

— Allons! allons! dit-il; — autant celle-là qu'une autre!... Elle est, ma foi, jolie... Mais il faudra que le duc finance!

Ce titre de secrétaire que portait M. Burot ne donnerait point au lecteur une idée très précise des fonctions importantes de ce digne personnage. C'était une pure fiction du genre de celles que la plume intrépide des grammairiens peut appeler sans frissonner autonomase ou synecdoche. — M. Burot n'était rien autre chose qu'un homme de goût et de flair, don Juan de seconde main, séducteur pour compte, rompu aux finesses de la chasse amoureuse, et insensible aux coups de canne.

Il y a un orgueil de métier. M. Burot, d'ordinaire, ne laissait point à son maître l'initiative des aimables trouvailles. Ceci nous explique le scepticisme impertinent de ses réponses au duc de Compans-Maillepré.

Le spectacle finissait. La foule s'écoulait péniblement par les issues trop étroites.

Félicien Chapitaux, J. B. S. T. Sanguin, M. Montfer-
[il] et le baron Prunot venaient de descendre le grand
[esc]alier s'entretenant de Taglioni, de la petite blonde,
[u]ne jument couronnée qu'avait achetée Chapitaux et
[sur]tout de Mme Bathilde de Saint-Pharamond, l'éblouis-
[sa]nte lorette dont la loge était restée vide durant toute
[la] représentation.
— Il y a lorette et lorette. Mlle de Saint-Pharamond
[ét]ait *de la haute*. Elle avait dans son gentil secrétaire
[un] contrat de mariage en due forme qui prouvait qu'elle
[ét]ait veuve d'un comte, — mais veuve pour tout de
[bo]n d'un comte qui n'était pas pour rire.
Quelle position pour une lorette !
Mais aussi, qu'il est beau, dans cette position de se
[d]évouer aux plaisirs des Prunot, des Sanguin, des
[Ch]apitaux et des princes Trufaldin !...
Madame la comtesse de***, dite Mme de Saint-Phara-
[m]ond, avait droit aux respects de ses consœurs, et les
[pe]tits rédacteurs du *Ciron*, journal d'esprit, faisaient
[de]s vers de treize pieds à sa louange...
Dragon, tenant Mignonne sous le bras, Poiret, accom-
[pa]gné de Bébelle, s'apprêtaient à regagner à pied les
[soli]tudes lointaines où gisaient leurs modestes domi-
[ci]les. — Tout le long du chemin, on aurait pu entendre
[le]s deux ouvriers, revenus à leur premier différend,
[di]scuter la question de savoir si le jeune homme de la
[ga]lerie était le Pâlot, — ou si ce n'était pas le Pâ-
[lo]t.
Les loges se vidaient, M. et Mme de Compans-Maillepré
[a]vaient quitté la leur. — La duchesse, avant de partir,
[a]vait envoyé un impérieux regard à Léon du Chesnel,
[q]ui drapait un admirable cachemire sur les épaules
[lum]ineuses de Léa Vérin. Ce regard était sans doute un
[c]omplément de l'entretien qui avait eu lieu durant
[l']absence du duc.
Gaston et Sainte se tenaient à l'entrée de la galerie.
[Il] semblait que Gaston voulût faire la revue de tous
[c]eux qui passeraient.
Ce fut d'abord Léa Vérin, pendue lourdement au
[b]ras de du Chesnel. Le secrétaire d'ambassade, sous
[s]on sourire de commande, avait l'air souverainement

fatigué de son bonheur. Il vit Gaston, le reconnut et tourna la tête.

Puis vint Mme de Varannes, entourée de sa petite cour. — Le beau marquis donnait le bras à la vicomtesse et lui parlait tout bas en souriant.

Son coude effleura la poitrine de Gaston. Il se retourna pour s'excuser, et son regard se reposa durant une seconde sur le pâle visage du dernier des Maillepré.

Ce fut quelque chose d'étrange. — Ce regard devint doux et caressant jusqu'à prendre les reflets veloutés d'un regard de femme...

Gaston, lui, interrogeait de l'œil la figure de M. de Baulnes, qu'il supposait être son voleur de titres.

Mais comment savoir ?...

Tout le monde passa. — Gaston descendit à son tour avec la pauvre Sainte qui le regardait tristement et n'osait point l'interroger.

Sous le péristyle, Romée, boutonné dans un gros paletot, dont les manches épaisses donnaient une délicate finesse à ses mains gantées de blanc, semblait attendre quelqu'un. — Sainte rougit en l'apercevant, mais elle ne retira point son regard trop vite. Lorsqu'elle le retira, un petit sourire bien doux fleurit sur sa lèvre.

Romée avait une joie d'enfant sur le visage.

Il sortit du péristyle derrière le frère et la sœur, que suivit aussi M. Burot.

M. Burot avait tiré sa pipe et la bourrait.

Gaston trouva un fiacre vide ; il y monta.

M. Burot s'approcha, la pipe à la bouche et un papier roulé en allumette à la main.

Romée était à deux pas, sur le trottoir. Il jouait avec un joli jonc, brillant et flexible.

— Excusez, mon brave ! dit Burot au cocher du fiacre où se trouvaient Gaston et Sainte ; — je m'allume à votre lanterne.

Le moyen en valait un autre.

— Où allons-nous ? demanda en effet le cocher.

Burot ouvrit l'oreille. — Il vit la bouche de Gaston s'ouvrir.

Mais le joli jonc de Romée, dirigé avec précision et vigueur, décrivit une courbe sifflante, prit la pipe de Burot à revers et la lança à la hauteur du troisième étage, avec les dents qui la retenaient.

Burot saisit sa mâchoire à deux mains.

Quand il fut revenu de son abasourdissement le sacre avait disparu. Il n'y avait plus là que Romée, appuyé sur son joli jonc.

— Adresse pour adresse, dit celui-ci très simplement ; — votre maître vous saura gré de lui rappeler la mienne... Offrez-lui, je vous prie, les compliments du sculpteur de la rue Saint-Louis, au Marais.

CHAPITRE IX

DEUX ATELIERS

A huit heures du matin, le lendemain, Gaston et Sainte, après avoir paru comme d'habitude au lever de la duchesse douairière, revêtirent, l'un le bourgeron de l'ouvrier, l'autre la robe d'indienne et le petit bonnet de la grisette.

En les voyant déboucher par l'escalier de l'aile droite, Jean-Marie Biot, au lieu de tirer le cordon, quitta sa loge et vint, le bonnet à la main, leur ouvrir la porte de l'hôtel.

Gaston était pâle et abattu. — Biot, en le saluant avec respect, jeta sur lui un regard de tendre inquiétude.

Biot, lui aussi, était pâle. Il y avait une expression

de chagrin sur son honnête et simple visage. — C'é[tait]
ce matin même qu'il avait trouvé Mlle de Maille[t]
évanouie à la porte du jardin.

Le frère et la sœur franchirent le seuil de l'hôtel.

D'ordinaire, on les voyait remonter la rue des Fran[cs-]
Bourgeois, en causant et avec le doux accord de [deux]
enfants qui s'aiment. Cette fois ils allaient silencieux.

Cette soirée de plaisir dont les commencem[ents]
avaient été si joyeux, pesait sur eux un poids fatal.
Gaston méditait ; ses sourcils se fronçaient sous l'eff[ort]
d'une pensée de colère. — Sainte, qui le regardait à [la]
dérobée, avec crainte, ignorait ce qui se passait en lu[i,]
mais elle tremblait, la pauvre fille, aux avertissem[ents]
de sa tendresse instinctive : elle avait la conscien[ce]
d'un danger ou d'un malheur.

Gaston tourna l'angle de la rue Saint-Louis et s'arrê[ta]
devant le n° 26.

— A ce soir ! dit-il à Sainte en lui mettant un bai[ser]
au front.

— Ce soir... murmura Sainte qui hésita ; — me di[-]
ras-tu ce que tu as pour être si triste ?

Gaston la baisa de nouveau et tâcha de sourire.

— Je te le dirai, petite sœur, répondit-il.

Sainte entra.

C'était une maison assez grande, composée de deu[x]
logis parallèles. Sur la porte de l'aile droite, il y ava[it]
une sorte d'écusson rond qui portait en lettres d'or :
MADAME SOREL. — BRODERIES. — AU SECOND.

Sur la porte de l'aile gauche, il n'y avait point d'en[-]
seigne, mais les fragments de médaillons et les statu[es]
brisées, épars tout le long de la muraille, eussent suffi
à indiquer l'atelier d'un sculpteur, lors même que les
fenêtres du rez-de-chaussée ouvertes n'auraient point
laissé voir des groupes en plâtre, du marbre, des vase[s]
et tout le crayeux attirail de la statuaire.

C'était en effet l'atelier de Romée, qui demeurait a[u]
second étage, juste en face des fenêtres de Mme Sorel.

Entre ces deux maisons, une cour, ou plutôt une
sorte de rue, aboutissait à un jardin fermé par un
grillage de fer.

D'autres grillages de la même espèce s'étendaient

le long de la maison du sculpteur, défendant contre
 vol impossible le pêle-mêle des débris qui gisaient
 le pavé.
 [C']était un véritable luxe de clôtures. On eût dit que
[l'ai]mée était le Mécènes d'un artiste grillageur.
 Sainte prit, bien entendu, la porte de droite.
 Lorsqu'elle entra dans la salle de travail, autour de
[qu]elle s'alignaient des métiers, couverts de leurs bro-
[deri]es tendues, il n'y avait encore personne, pas même
 [Ma]dame.
 Sainte s'assit à sa place en refoulant un gros soupir
 [qui] soulevait sa poitrine à la pensée de son frère, et
 [dé]couvrit sa broderie. Elle se mit à sa tâche.
 Après quelques minutes de travail solitaire, elle sen-
[tit] une vive lueur passer sur sa vue. C'était la fenêtre, si-
[tué]e en face d'elle de l'autre côté de la cour qui, en
 [s']ouvrant, lui envoyait un rayon du soleil levant. Ses
 [ye]ux quittèrent sa broderie, — bien malgré elle.
 Derrière un rideau, tiré à demi, était Romée, qui la
 [re]gardait en extase.
 Sainte baissa les yeux en rougissant. Le rideau
 [to]mba.
 Le cœur de Sainte battait. — Quelque chose de doux
 [et] de poignant était au fond de son âme, qui s'étonnait
 [et] s'effrayait à ces troubles inconnus...
 Sa main tremblait sur le canevas tendu. Son œil obs-
[cu]rci cherchait et ne trouvait plus son chemin parmi
 [l]es arabesques mêlées de sa broderie.
 La porte de *Madame* s'ouvrit. Sainte tressaillit vive-
[me]nt à ce bruit accoutumé, comme si la pourpre qu'elle
 [se]ntait à son front eût été un crime. — Elle aurait
 [v]oulu cacher son visage brûlant. — Il lui semblait
 [q]u'autour d'elle se tendait le réseau d'une accusation
 [m]ystérieuse et qu'un aveu s'échappait par la fente de
 [s]es paupières baissées...
 Mme Sorel jeta un regard sévère sur cette longue ligne
 [d]e métiers vides. — C'était une femme de trente-cinq
 [a]ns, vêtue avec une sorte d'élégance. Ses traits n'avaient
 [n]i beauté ni laideur, et, à les voir ainsi au repos, on n'y
 [d]écouvrait aucune expression particulière. Un physionomiste eût peut-être aperçu néanmoins quelques traces

de cupidité dans les mille plis de ses lèvres minces sans courbure.

Mais tout membre de conseil municipal saura vo[us] apprendre qu'on ne tient pas, par charité, une mai[son] de travail. — A quoi bon suivre les hypothèses de La[va]ter et de Gall, depuis qu'un maître en pharmacie no[us] a donné cette manière simple et docte à la fois de ju[ger] les hommes par les titres ou l'habit qu'ils portent?

C'était du reste un peu le tort de nos vieux comi[ques] et l'on sait le rôle unique que l'illustre auteur de *T[ar]tufe* laissait aux apothicaires...

M{ⁿᵉ} Sorel découvrit çà et là quelques métiers po[ur] voir où en était la besogne, et toucha en passant l[e] menton de Sainte d'un air caressant.

— C'est bien, mon enfant, c'est très bien, dit-elle; on ne peut être plus exacte que vous.

La porte par où entraient les ouvrières, pouss[ée] brusquement, épargna à Sainte l'embarras d'une ré[ponse.

Cinq ou six jeunes filles, portant des costumes varié[s,] mais où perçait uniformément l'impuissant désir d[e] briller, firent irruption dans la salle. La plupart étaient très jeunes; quelques-unes avaient de la gentillesse; toutes affectaient les airs évaporés d'une vivacité exagérée.

Il faut bien le dire, c'est le roman et le théâtre qui ont mis, de compagnie, ce masque disgracieux sur les frais minois de toutes ces jolies enfants, dont le regard nous ferait presque baisser les yeux sur le trottoir. On leur a tant dit : Vous êtes vives comme la poudre, hardies comme des pages, rieuses et folles comme etc., qu'elles passent leur vie à tâcher d'être brusques, effrontées et *folâtres*.

Dieu les avait faites sans doute modestes et timides comme les autres jeunes filles. — Mais pense-t-on que Dieu ait fait le gamin de Paris plus insupportable que les autres enfants, et l'étudiant plus oisif, plus grossier, plus malheureux dans le choix de ses plaisirs que les autres adolescents?

Assurément non. L'étudiant forme — ou devrait former — la portion éclairée et distinguée de notre

...nesse. Le gamin de Paris lui-même a dû être bon ...refois, autant qu'il se montre inventif dans ses clas-...ques diableries.

Mais de la grisette, de l'étudiant, du gamin, de gros ...ourdis ont fait des TYPES.

C'est fatal.

Plus de personnalité possible !...

Car, remarquez-le bien, ce n'est pas le *type* qui copie ...grisette, l'étudiant, le gamin, — ce sont le gamin, ...tudiant, la grisette, qui copient leurs *types* imprimés, ...avés, enluminés, et collés à toutes les vitres littérai-...

Ceci est très sérieux. Nul ne saurait le nier. En sui-...nt cette pente nous arriverons, — et très vite, — à ...re une société de carton, créée à l'emporte-pièce.

Les hommes se reproduiront comme les exemplaires ...une même pochade lithographiée.

Il n'y aura plus rien d'original. Les deux sexes dans ...urs diverses positions sociales se feront une vie, des ...anières, des allures, des besoins, des plaisirs, tout ...la de convention. — Tout homme sera une copie.

Copie de quoi ?...

Hélas ! ce ne sera pas même la copie d'un autre ...omme, mais la copie d'un type, c'est-à-dire l'ombre ...une ombre, la reproduction burlesque d'une fantaisie ...ui jaillit quelque beau jour du cerveau vide d'un fai-...eur de *physiologies* ou de vaudevilles !...

Prenons l'ouvrier, par exemple. — L'ouvrier qu'on ...ous jette en pâture sous toutes les formes n'est pas un ...uvrier ; c'est un poète, c'est un penseur, c'est un ja-...oux, c'est un fou, c'est un personnage emphatique et ...avard, qui a l'âme d'un rhéteur sous sa blouse dé-...raillée.

C'est au nom de l'ouvrier lui-même qu'il faut pro-...ester contre cette fausse peinture.

Il souffre. Gardez à d'autres vos travestissements ...rotesques, et voyez à ne caricaturer au moins que les ...heureux.

On devrait respecter mieux, ce me semble, cette mâle ...et courageuse portion de l'humanité : les travailleurs : Personne plus que nous ne les aime et ne les honore.

Personne n'a un désir plus sincère et plus ardent de [...] voir enfin conquérir par la force des idées, — ou p[ar] la force des choses, une part large et suffisante dan[s la] distribution des avantages sociaux.

Mais, est-ce bien les servir que de les flatter bas[se]ment, que de leur élever un piédestal moqueur où l[a] simplicité doit être mal à l'aise?

Est ce bien les servir que de leur inspirer, à gra[nd] renfort de phrases, un amer dégoût de leur position, [et] de cultiver chez eux avec passion et colère cet inst[inct] de haine jalouse qui est en germe au fond de toutes [les] souffrances?

Est-ce les aimer franchement que de leur enlever [à] la fois le courage de supporter le présent, et les croy[an]ces qui sont l'avenir?...

Ce qu'ils demandent, soyez sûrs, c'est du travail, [et] non pas la perfide excitation de vos harangues inté[res]sées. Parmi toutes ces tortures qui assaillent la misè[re,] vos pages insensées sont un malheur de plus!

N'est-ce pas pitié! — Les uns vont parler à c[es] hommes qui ont faim des chimériques ressources de l[a] loi agraire, les autres, retournant à plaisir le coute[au] dans la blessure saignante, leur prouvent, clair comm[e] le jour, qu'il y a pour eux impossibilité de vivre; — u[n] autre enfin, dont la verve féconde est presque du géni[e,] mettant une forme poétique et merveilleusement bell[e] au service d'une pensée extravagante, veut leur pe[r]suader qu'ils sont autant de don Juan, devant qui s[e] pâment les marquises.

Ces hommes ne sont pas blasés comme vous sur l[e] domaine des idées. Nos fictions, ils les prennent au s[é]rieux. Ils croient en vous, qui rêvez éveillés, sans sa[]voir peut-être tous les deuils que vous faites.

Ils vous ont lu. L'œil de leur esprit est fermé, leu[r] raison est fourvoyée. Ils ne travaillent plus. Ils font de[s] vers boiteux et cherchent la comtesse qui doit les ado[]rer à genoux.

Ce sont des *types*. — Des gens perdus, incurables e[t] que vous avez tués d'un revers de plume...

Des cinq jeunes filles qui venaient d'entrer dans l'ate[]lier de Mme Sorel, quatre avaient des robes d'indienne

...ssée, faites à la dernière mode, des chapeaux d'étoffe ...mmune, mais de forme élégante, et des brodequins ...occasion dans leurs socques.

La cinquième portait un petit bonnet comme Sainte. C'était Mignonne, la fiancée de Dragon, qui venait ...ur la première fois à l'atelier et que Mlle Zélia et ...^{lle} Zuléma, sur la recommandation de Bébelle, leur ...mie, allaient présenter à *Madame*.

Derrière elles s'avançait, triste, une grande fille pâle, ...ui était *Mademoiselle*, contre-maître féminin préposé à ...police de l'atelier durant les absences de Madame.

— Toujours en retard ! dit cette dernière avec une ...rtaine aigreur ; — vraiment, mesdemoiselles, vous ...e faites un tort considérable.

— Dix minutes !... répliqua Zélia.

— Voilà-t-il pas ! ajouta Zuléma qui ôta son chapeau ...t le lança dans un coin.

— Vous feriez mieux, reprit Mme Sorel, d'imiter ...ainte...

— Ah ! Sainte ! Sainte !... s'écrièrent en chœur les ...uatre jeunes filles ; — c'est son métier de n'avoir point ...e défaut.

— Avec ça qu'on ne sait pas, murmura Mlle Modeste, — ce qu'elle fait depuis cinq heures du soir jusqu'au ...ndemain matin !

Ce que faisait Mlle Modeste durant le même espace de ...emps, tout le monde le savait.

Sainte brodait et ne répondait point.

— Madame, reprit Zélia, — voici la nouvelle ou...rière.

Mignonne s'avança, un peu déconcertée ; ses deux ...rotectrices la poussèrent sans façon. Madame la consi...déra un instant et dit à *Mademoiselle* :

— Nous prendrons à l'essai... vous verrez ce qu'elle ...eut faire.

— L'essai, dit Zuléma en forme d'explication, — c'est ...ingt-cinq sous par jour... nous autres, c'est quarante... ...i cela vous gante, dites-le, on n'est pas forcée.

— Je veux bien essayer, murmura Mignonne.

— Alors, en besogne ! s'écria Zuléma qui entonna ...'une voix gaillarde sur l'air de *la Fiancée* ;

> Travaillez, mademoiselle,
> Si vous avez du talent,
> Tra la la la la la belle,
> Tra la la la la la lan !

— Mademoiselle Zuléma !... dit sèchement Madame.
— On ne peut seulement pas souffler !... grommela celle-ci en s'asseyant à son métier.

On venait de désigner à Mignonne un métier vide à côté de Sainte.

Et se dirigeant de ce côté, le regard de Mignonne rencontra le visage penché de la jeune fille.

— Tiens, tiens !... dit-elle en souriant ; j'ai vu cette demoiselle-là hier à l'Opéra.

— Au Grand-Opéra !...

— Oui, vraiment... Mais, dame !... elle était mieux mise que ça, par exemple !...

Zuléma, Zélia, Modeste et l'autre brodeuse, qui s'appelait sans nul doute Emmélie, se prirent à rire de tout leur cœur.

— Ah ! Sainte ! mademoiselle Sainte ! dirent-elles ; à l'Opéra !...

— Première galerie, ajouta Mignonne, heureuse de rompre la glace à si bon marché ; — avec un petit brun, gentil comme un amour...

Les rires redoublèrent.

— Ah ! Sainte ! criait on ; — mademoiselle Sainte !

— Sainte-n'y-touche !...

Le mot eut un succès prodigieux.

Sainte était pourpre. Une larme tremblait à sa paupière.

— Ah ! mon Dieu ! ma petite !... s'écria Mignonne qui s'élança vers elle et lui saisit la main, — je n'ai pas dit ça par malice, au moins... et ce n'est pas de quoi pleurer... Chacune est pour avoir sa connaissance...

— Je vous prie, mademoiselle, dit madame Sorel, de ne point parler de ces choses-là devant moi.

— Pour le bon motif... voulut ajouter Mignonne.

Mais le chœur des brodeuses couvrit sa voix. — Ce furent des gorges-chaudes et ces mille mots pointus que savent trouver les femmes, grisettes ou non, pour se venger à l'occasion d'une supériorité quelconque.

— Mademoiselle Sainte ne va pas aux Funambules !... Zuléma.

— Ce n'est pas fait pour elle, appuya Modeste, c'est on pour nous autres !

— Et le petit brun ?... reprit Zélia.

— Pour le bon motif !... riposta Emmélie, qui ajouta demi-voix :

— J'en ai eu cinq, moi, pour le bon motif !

— Mademoiselle Sainte, demanda Modeste gravement, — serons-nous de la noce ?...

Sainte se redressa enfin, et rejeta en arrière ses longs cheveux blonds. Un éclair brilla sous ses larmes.

— C'est mon frère, dit-elle, en regardant fixement la troupe moqueuse.

— J'allais le dire ! s'écria Zuléma.

— Je vous promets que c'est mon frère, répéta Sainte d'une voix altérée.

— On connaît ça, dit Emmélie ; — beaucoup, beaucoup !

Sainte se leva. Les fraîches couleurs de sa joue avaient disparu. Son regard, si timide et si doux naguère, brillait de toute l'indomptable fierté de sa race.

Elle écarta d'un geste Mignonne qui, confuse et repentante de tout ce mal arrivé par son étourderie, aurait voulu la défendre et la consoler.

La raillerie s'était arrêtée sur la lèvre des brodeuses, bonnes filles au fond, quoique très méchantes. — Ceci n'est pas un non-sens.

Sainte, sans dire une parole, gagna la porte à pas lents et se retira.

— Bégueule !... prononça Emmélie avec un dédain suprême.

— Mesdemoiselles, dit Madame, bergère constitutionnelle de ce troupeau indiscipliné, — je défends que cette scène inconvenante et déplacée se renouvelle dans ma maison... Et quand Mlle Sainte reviendra demain...

— Elle ne reviendra pas ! murmura Mignonne tristement.

L'atelier tout entier haussa les épaules.

Sainte avait descendu l'escalier. Ses larmes étaient séchées.

A la porte de la rue, il y avait un homme, qui, moitié entré dans la cour, examinait les fenêtres ouvertes de l'atelier de sculpture d'un air singulièrement curieux.

La figure de cet homme offrait un rare mélange de frayeur et d'effronterie.

Ce n'était rien moins que M. Burot, qui, intrépide jusqu'aux coups de canne inclusivement, venait, au péril de son dos, reconnaître la position de l'ennemi.

Il s'était dit que peut-être bien, en définitive, la petite blonde de l'Opéra était la maîtresse du sculpteur, et qu'alors...

On devine le reste. La première chose, en ce cas, était de pousser hardiment une reconnaissance.

M. Burot était en équilibre sur le pas de la porte, prêt à prendre ses jambes à son cou au premier signe de danger.

Le pas léger de Sainte suffit à lui donner l'éveil. Il se rejeta vivement en arrière.

La jeune fille passa. — Burot l'avait reconnue d'un coup d'œil.

Il enfonça son chapeau de travers sur sa perruque crépue, envoya un geste de triomphant défi à l'atelier du sculpteur où il n'y avait personne, et s'élança sur les traces de Sainte...

CHAPITRE X

PAR HASARD

M. Burot suivit Sainte à distance raisonnable, et ne s'arrêta qu'en la voyant franchir le seuil de l'hôtel de Taillepré.

— Ah ! bah !... se dit-il ; — la petite loge chez nous !... Elle est la locataire de M. le duc !... Je trouve très joli... Nous sommes capables de l'avoir pour un terme de loyer.

Il mit la main à son tour sur le marteau de la porte cochère, mais il ne le souleva point.

— Au fait, pensa-t-il, — pas d'étourderie !... Ce gros ours de portier vient lui-même payer les loyers de l'aile droite... Et la petite doit être de l'aile droite, puisque l'Anglais n'a point de fille. Ledit ours est sans doute quelque chose comme un protecteur... un cerbère... Il ne faut pas lui donner l'éveil.

M. Burot, à la suite de ce raisonnement, lâcha le marteau et alla se poster à l'angle de la rue des Francs-Bourgeois, pour voir si la petite blonde ressortait ou restait définitivement.

Il resta là fort longtemps ; — le temps de boire beaucoup de petits verres et de fumer par deux fois de fond en comble la pipe neuve qu'il avait achetée le matin, en lieu et place de cette autre pipe à long tuyau que le oncle de Romée avait fait sauter au troisième étage.

M. Burot, malgré sa cravate de satin bleu à fleurs jaunes et son gilet de velours, n'était point déplacé au

coin d'une rue, la pipe à la bouche. Bien plus, la p[ipe]
lui séyait ; c'était le complément de sa tenue.

Cela lui allait vraiment comme les lunettes d'a[cier]
aux pédants de collége, comme le ruban rouge a[ux]
marmots de nos députés...

En quittant Sainte à la porte du n° 26 de la rue Sa[int-]
Louis, Gaston avait pris le chemin de l'atelier de g[ra-]
vure sur planches, où il travaillait lui-même. Tous [les]
matins, il venait ainsi conduire sa sœur, tous les s[oirs]
il retournait la prendre.

Ce fut donc sans y penser et comme on suit un c[he-]
min accoutumé qu'il se dirigea vers son atelier. Ma[is]
sur la route, un flux tumultueux de pensées vint [as-]
saillir et troubler son cerveau.

Jamais peut-être, durant les années lentes de sa je[u-]
nesse si triste, si dépourvue de joie, jamais sa haute [et]
courageuse nature n'avait été si près du désespoir. C[e]
matin, il semblait que son âme fût sans force contre [la]
souffrance. Il fléchissait sous le poids de sa malédicti[on]
désolée, et tâchait à fermer l'œil de son intelligen[ce]
pour ne plus voir le voile sombre étendu sur son a[ve-]
nir.

Mais le présent valait-il mieux ? — L'un et l'au[tre]
pouvaient-ils, en fait de malheur obscur et sans cons[o-]
lation, le disputer aux jours funestes du passé ?...

Gaston avait eu à quinze ans le cœur d'un homm[e.]
Auprès de sa sœur bien-aimée, il trouvait en lui parf[ois]
les naïves douceurs de la jeunesse heureuse ; mais [le]
fond de sa nature était la gravité virile et cette calm[e]
résignation du fort qui regarde en face le malheur.

Ceci n'excluait point, aux heures d'angoisses et d[e]
solitude, les fougueux regrets, les élans passionnés, l[a]
colère surtout contre l'auteur unique des deuils de s[a]
famille.

Mais ne sait-on pas que se résigner n'est point mou[-]
rir ? — Et les échos de la Thébaïde n'entendirent-i[ls]
pas souvent les cris et les sanglots de ces hommes sanc[-]
tifiés, qui avaient élevé pourtant la pensée du ci[el]
comme un bouclier impénétrable entre eux et l[e]
monde?

Depuis hier d'ailleurs, Gaston avait deux aiguillo[ns]

plus dans sa plaie. — Celui dont le premier pas dans
[la] vie trébucha sur le carreau humide et froid d'une
[pau]vre demeure, le fils de l'indigence, qui entendit des
[pla]intes autour de son berceau et dont la famille n'a
[d'au]tre histoire que les vicissitudes héréditaires d'un
[tra]vail ingrat, suivi du chômage affamé, celui-là peut
[en] quelque sorte affronter sans danger la vue des splen-
[deu]rs mondaines. Ces joies ne furent jamais les siennes.
[Ell]es n'éveillent en lui ni regrets ni souvenirs.

Mais l'homme qui fut, par lui ou par ses pères, l'un
[des] princes de cette foule brillante, et qui, dépossédé,
[caché], honteux, jusqu'au fond de sa misère, l'homme
[que] l'épée flamboyante de l'ange des adversités a chassé
[du] seuil du paradis de la terre, — et qui regrette,
[et] qui se souvient! Oh! qu'il se garde, l'imprudent,
[d'ap]procher jamais de ces vives lumières qu'épand au-
[tou]r de soi la noble richesse! Qu'il conserve comme un
[bien] unique et précieux ce sommeil de l'âme où son
[ma]lheur s'affaisse et s'engourdit dans l'oubli du passé.
[Le] réveil pour lui, c'est l'angoisse. Il reconnaît sa
[pla]ce parmi ces magnificences dont le sépare désormais
[une] infranchissable barrière.

Sa blessure se rouvre. Il se consume au feu de désirs
[lég]itimes mais insensés. Il se heurte furieux et déses-
[pér]é à la porte close de ce paradis d'où l'exila sa chute.

Gaston, durant une soirée, avait trempé sa lèvre à la
[cou]pe des heureux de ce monde, — et il ne lui en res-
[tait] au cœur qu'amertume profonde, faiblesse doulou-
[reu]se, découragement, dégoût, détresse.

Son nom, — le nom de Maillepré, — synonyme de no-
[bl]esse, de gloire, d'opulence, éclatait dans son cerveau.
[Ses] souvenirs, éveillés, lui parlaient de grandeur et de
[for]tune, — et son regard tombait sur l'étoffe grossière
[de] son costume de travail. Et sa pensée revenait vers
[Ai]nte, qui, à ce moment même, vendait pour un pau-
[vre] salaire le labeur d'une pénible journée!...

Il allait. La fièvre accélérait son pas. Ses yeux ne
[vo]yaient point. Les aspects connus qui bordaient sa
[rou]te n'avaient plus pour lui de signification. Il ne
[sa]vait pas où il était...

Son atelier était situé rue du Pas-de-la-Mule. Il l'avait

dépassé depuis longtemps. — La longue ligne des bo[u]-
levards était devant lui. Il marchait.

Et parmi son malaise moral un autre souci surgi[ssait]
qui lui venait encore de l'Opéra et de cette soirée [de]
plaisir...

Il y avait un marquis de Maillepré qui n'était pas l[ui]-
même. Un autre portait son nom. — Ce débris supr[ême]
du noble héritage de sa race, on le lui avait volé !

Comme ces biens immenses qui étaient le domaine [de]
sa famille, comme ses honneurs, transmis de père [à]
fils depuis des siècles, comme tout ce qui avait ét[é le]
patrimoine de ses aïeux !..,

Et Gaston se disait ; — Comment trouver cet hom[me]
qui m'a pris le dépôt confié par mon père mourant?
Il est riche, sans doute, et je suis pauvre. Nos route[s ne]
se rencontrent point. Il pourra jouir sans crainte de [son]
larcin de nom. Mes jours se passent au travail... je n[‘ai]
pas le temps de défendre mon honneur !...

Les promeneurs regardaient curieusement ce jeu[ne]
garçon à l'œil sec et brûlant, qui semblait emporté da[ns]
sa marche rapide par une idée fatale.

— C'est un fou ! murmurait-on le plus souvent.

Mais, sur le boulevard du Temple, cette grasse ter[re]
des festins bourgeois, il y a plus d'ivrognes que de m[a]-
niaques, et il se trouvait bien des gens pour répliqu[er]

— Il a bu !

Gaston ne voyait rien, n'entendait rien. Il allait, dr[oit]
devant lui, sans savoir...

En marchant, sa cervelle surexcitée travaillait et ra[p]-
pelait à soi les douleurs d'autrefois, pour les ajout[er]
impitoyablement aux douleurs présentes.

Gaston voyait passer devant ses yeux le grabat o[ù]
son père à l'agonie adressait à la famille un derni[er]
adieu.

Il entendait ce nom de Western, cri suprême d'un e[s]-
poir qui survivait en quelque sorte à l'existence !

Western!... ce sauveur annoncé n'était jamais ven[u]

Gaston voyait encore M. Polype, l'usurier implacabl[e]
refuser un asile à la famille qui voulut pleurer auto[ur]
d'un cercueil.

Puis c'était Mme de Maillepré, sa mère, qui succombait au poids trop lourd de la souffrance.

Et des larmes venaient aux yeux de Gaston, — des larmes vite séchées par le feu de sa paupière...

Puis encore c'était Charlotte, la rieuse et vive enfant, compagne chère de Sainte, la consolation et la gaîté de la famille, — c'était Charlotte qui fuyait la détresse commune et jetait sa part du lourd fardeau du malheur.

Charlotte qui, désormais, était une étrangère pour ceux qui l'aimaient !...

Gaston était bien loin déjà des tranquilles boulevards où l'on aperçoit maintenant la colonne de Juillet et son génie en équilibre. Il avait dépassé les parages poudreux du Château-d'Eau et ces portes monumentales dont le noir granit parle de Louis-le-Grand, en latin, au gagne-petit du quartier Saint-Denis.

Le mouvement, le bruit, l'élégance l'entouraient maintenant de toutes parts. Il arrivait à cette autre colonne, piédestal géant d'une gloire qui emplit le monde.

La rêverie étendait toujours son épais bandeau sur ses yeux. Il s'égarait à plaisir et avec une sorte d'emportement dans le sentier parcouru de sa vie passée. Il comptait ses douleurs, il additionnait ses souffrances. On eût dit qu'il voulait arriver, en vidant toute l'amertume amassée au fond de sa mémoire, à ce paroxysme de désespoir qui remplace les larmes par le sourire et lance au ciel le défi sardonique de son regard, en criant comme Oreste : Merci ! je suis content.

Il n'en était pas ainsi. Avant d'arriver à Dieu, sa colère trouvait devant soi un homme, unique instrument des misères de sa race. — Son père et sa mère morts tous deux au plus bas de leur chute, Charlotte absente, Sainte condamnée au travail de ses mains, lui-même jeté au dernier rang de l'échelle sociale, telle était l'œuvre de cet homme, qui était, lui, puissant et riche, de toute l'opulence et de tout le pouvoir de la famille spoliée.

Gaston tressaillait de haine. — Il avait fui cet homme, toujours, parce qu'il craignait les conseils violents de son indignation et qu'il ne voulait point [...] un assassin.

Dans ses nuits de fièvre épuisante, parmi ses inso[m]nies arides où sa poitrine brûlait, où sa gorge av[ait] soif, où tout son corps, baigné de sueurs funestes, s'a[gi]tait sous l'étreinte de son mal implacable, c'était l'o[m]bre du duc de Compans-Maillepré qui, obsédante [et] tenace, s'asseyait à son chevet pour doubler son m[ar]tyre.

Une idée était en lui que chassait le repos du jo[ur] mais qui revenait sans cesse aux heures de la fiè[vre] nocturne :

Tuer le duc, l'assassin de sa race !

Gaston croyait d'ailleurs que le duc, non content d[es] dépouilles conquises, cherchait à se débarrass[er] d'une dernière inquiétude et en voulait à sa vie. — Partout où sa famille avait trouvé un asile passage[r] une investigation mystérieuse l'avait suivie. Un hom[me] avait intérêt à la joindre. C'était le fait certain ; ca[r] aux logis abandonnés par elle, un inconnu s'était p[ré]senté toujours, cherchant sa trace avec patience.

Cet inconnu pouvait être Western. Mais, bien q[ue] Gaston ignorât le meurtre commis le mardi gras d[e] l'année 1826 à l'hôtel du Sauvage, il n'attendait pl[us] Western depuis bien longtemps. Western, pour l[ui] c'était l'ami infidèle et traître à son mandat. — Se[pt] ans s'étaient écoulés. N'eût-ce point été, en conscienc[e,] folie que de croire à un retard de sept années !

Cet homme qui le faisait épier, c'était le duc. — Pourquoi ? — Gaston avait le droit peut-être de sou[p]çonner la pensée d'un crime.

En tous cas, ce n'était pas le duc seul qui le préo[c]cupait en ce moment. Ses regrets avivés lui montraie[nt] tout le bonheur brillant qui eût dû être son lot dans l[a] vie. Le duc n'avait qu'une portion de sa colère q[ui] bouillait, confuse et sans objet distinct, au dedans d[e] lui. L'autre s'attaquait au sort, à Western, et surtou[t] à ce nouveau-venu dans sa haine, le faux marquis d[e] Maillepré . . . .
. . . .

LE GRAND OPÉRA

Un air vif et frais fouettait Gaston au visage. Il s'éveilla enfin tout à coup de cet étrange sommeil de la distraction qui ôte à l'œil et à l'oreille la faculté de voir et d'entendre.

Il regarda. Au-dessus de sa tête, comme un réseau à jour, s'étendaient les cimes dépouillées des grands arbres des Champs-Elysées.

Il avait, suivant machinalement sa route, traversé la place Louis XV, qui ne subissait point encore l'outrage de ces excroissances brunâtres qu'on nomme, — croyons-nous, — des colonnes rostrales ; il avait dépassé l'entrée où se cabrent les merveilleux chevaux de Coustou. — Devant lui, à l'horizon, se dressait le grand arc de triomphe, découpant ses voûtes rondes sur l'azur laiteux d'un ciel d'automne.

Il était midi. Le temps, froid et clair, appelait les promeneurs. — Déjà les équipages se succédaient pressés dans la grande allée, tandis que, sur le sable des bas-côtés, roulaient ces calèches mignonnes où des enfants rieurs se font voiturer par un attelage de chèvres.

De temps en temps quelque cavalcade, une amazone entourée de ses servants, — passait au trot dansant de ses chevaux fiers. Un tilbury fluet se glissait entre un fiacre haut sur roues et la caisse arrondie gracieusement d'un landau rasant le sol. — Ici c'était le coupé solitaire et fermé d'un malade demandant de l'air pur à cette végétation endormie et cachant ses membres frileux sous un triple vêtement. Là, c'était une calèche découverte, parterre roulant, qui épanouissait au soleil des derniers beaux jours un frais bouquet de jolies femmes...

Gaston n'avait jeté qu'un coup d'œil sur ce nouveau spectacle dont l'élégance répondait cruellement à sa misère. Ces joies du riche semblaient le poursuivre. — Il se détourna, fuyant ce bruit heureux, ce luxe soûlant, ces belles femmes aux blanches fourrures, bercées par un balancement moëlleux.

A ce moment passait une cavalcade bruyante, composée d'une femme, escortée par quatre cavaliers.

La dame était jeune et bien faite. Ses écuyers, ou-

T. I. 12.

trant la mode britannique, trottaient, pliés en deux comme si leurs selles eussent été rembourrées de lames de rasoir. Ils étaient habillés en *gentlemen* pur sang, et leurs bavardages essayaient d'avoir un accent anglais.

C'étaient Félicien Chapitaux, J. B. S. T. Sanguin, Arsène Bon de Montfermeil et le baron Prunot qui donnaient l'honneur et le plaisir d'accompagner madame de Saint-Pharamond, la perle des lorettes du quartier Bréda.

Une lorette à hôtel, à chevaux, à blason, — une lorette aussi élevée au-dessus du commun des lorettes qu'un maréchal de France l'est au-dessus d'un caporal.

Une lorette, enfin, qui avait toujours dans sa manche un prince pour le moins, mais qui dérogeait volontiers les matins, aux heures du déshabillé, avec de simples Chapitaux.

Ce mot *lorette*, en 1833, n'était peut-être pas inventé, mais il allait l'être.

Félicien et ses illustres amis montaient d'assez beaux chevaux. Ils étaient écuyers médiocres, sauf le baron Prunot qui avait eu une jeunesse orageuse, et que la protection de son oncle, le vaillant duc de Pharsale, avait poussé autrefois dans l'armée jusqu'au grade important de maréchal-des-logis de dragons. — Sa moustache datait de cette belliqueuse époque de sa vie.

Quant aux autres, ils allaient de leur mieux, mettant à profit les cachets du manége, et se donnant tous les airs évaporés qu'ils pouvaient.

La lorette distribuait à chacun d'eux avec une souveraine équité une part égale de mines et de sourires, et chacun d'eux, en revanche, épuisait pour elle sa réserve d'esprit et de galanterie.

Il se trouva que Félicien Chapitaux fut à court le premier. Si ce jeune gentilhomme avait pris la peine de réfléchir, il se fût convaincu aisément qu'étant fils d'une fraction d'agent de change et neveu du fameux et honorable chef de la maison Polype et C°, la providence, à douze pour cent, du petit commerce de Paris, point n'était besoin pour lui d'avoir d'autres mérites

…elconques. Mais nul n'est exempt de faiblesses. Féli[cien] avait la prétention d'être remarqué pour son es[prit] et sa bonne grâce, comme le premier venu.

Cette fantaisie de l'héritier des Chapitaux amena un [acc]ident vulgaire en apparence, — mais dont les suites [de]vaient influer puissamment sur les destinées de nos [pri]ncipaux personnages.

Tant il est vrai que la créature la plus insignifiante [a s]on rôle marqué dans le grand drame de la vie! — [L'e]xistence de Rome, la ville éternelle, tint un jour à [l'i]nstinct d'une oie...

Félicien Chapitaux, n'ayant plus rien à dire, absolu[me]nt rien, pas même des sottises, fit blanc de sa cra[va]che et voulut folâtrer comme un charmant garçon [qu']il croyait être. Son cheval était, il faut le croire, en [un] jour d'acariâtre humeur. Il partit de côté, faisant [des] sauts romantiques. Chapitaux eut peur. — Le che[val] courut çà et là sous les arbres, dans un rayon d'une [cin]quantaine de pas. Gaston était là, tout près. Il tour[na]it le dos. Le poitrail du cheval le heurta par derrière. [Ga]ston fut renversé rudement et demeura évanoui sur [le] coup.

A quelques pas de là, le cheval revint au mors. [Cha]pitaux regarda derrière lui et vit Gaston étendu [san]s mouvement.

— Ces diables de blouses, grommela-t-il en haussant [les] épaules, — se fourrent partout!...

Il rejoignit ses amis qui s'étaient arrêtés pour le re[gar]der faire, et la cavalcade reprit sa route, maugréant [à l']envi contre les *blouses* impertinentes..

J. B. S. T. Sanguin, dont le père avait commencé [par] être colporteur, affirma que le *peuple* devenait in[to]lérable.

Prunot, qui était né dans une échoppe, à l'époque où [le] duc de Pharsale n'était que caporal, tordit sa mous[ta]che et jura que toute cette *populace* lui échauffait [so]lemment les oreilles.

Chapitaux était trop ému pour placer son mot.

Mais la charmante lorette, madame de Saint-Phara[m]ond, ferma le chapitre en disant qu'on ne savait plus

où aller pour se garer de la *canaille*. — Elle était co[m]
tesse, mais fille unique d'un ramoneur savoyard [et]
d'une marchande de pommes...

Gaston gisait, privé de sentiment, sur l'herbe.

La scène s'était passée à une quarantaine de pas [de]
la grande route, au bord d'une des allées transversa[les]
qui se coupent au rond-point. – Il n'y avait person[ne]
aux alentours. — La scène n'avait eu pour témoi[ns]
qu'une de ces pauvres femmes qui vendent des pet[its]
pains le long des avenues, et les maîtres d'une calè[che]
ouverte, passant au moment où Gaston était tombé.

La calèche s'arrêta. — On vit à la portière une dou[ce]
et belle figure de femme, puis un visage d'hom[me]
aussi beau et presque aussi doux.

Deux mains gantées sortirent de la calèche, nouè[rent]
la soie d'une bourse autour d'une carte de visite [et]
firent signe à la pauvre femme d'approcher.

— Voici de quoi payer des secours, madame, dit l[e]
jeune homme ; — nous ne pouvons nous arrêter ici.
Donnez à ce malheureux les soins nécessaires, et dite[s]
lui que s'il manquait de quelque chose, il pourrait v[e]
nir chez moi... mon adresse est sur cette carte...

Le jeune homme regarda en arrière. Une autre vo[i]
ture se montrait au bout de l'avenue. Il ferma la gla[ce]
avec précipitation et la calèche repartit au galop.

Gaston reprit ses sens au bout de quelques minute[s.]
Il n'avait guère été qu'étourdi du choc. — La bon[ne]
femme lui remit fidèlement la bourse et la carte.

L'œil encore tout troublé de Gaston n'eut pas plu[tôt]
rencontré les lettres gravées sur le brillant émail [du]
carré de vélin qu'il se remit d'un bond sur ses pie[ds]
en criant :

— Où est-il ? où est-il?...

— Son adresse est au bas, répondit la bonne fem[me.]

Gaston se frotta les yeux et regarda une secon[de]
fois.

— Ah !... fit-il avec un long soupir.

Et, jetant la bourse d'un geste violent aux pieds d[e]
la pauvre femme il se prit à courir de toute sa for[ce]
vers la place Louis XV.

La carte portait gravés, sous une couronne de marquis, ces noms :

GASTON DE MAILLEPRÉ

Au-dessous, l'adresse était écrite au crayon : *rue Royale Saint-Honoré, 9.*

CHAPITRE XI

HABIT NOIR ET GANTS BLANCS

Vers une heure, Gaston revint à l'hôtel de Maillepré. Il traversa la cour précipitamment, sans jeter un regard vers la loge de Biot.

Ses cheveux étaient en désordre. Sa blouse et son pantalon avaient de larges taches de boues. Il semblait harassé de fatigue.

Jamais, d'ordinaire, Sainte et Gaston ne rentraient à l'hôtel avant cinq heures. Ils faisaient, chacun dans son atelier, ce que les ouvriers nomment deux tiers de journée, pour pouvoir assister au dîner de la vieille dame.

Aujourd'hui, Sainte était rentrée dès le matin : Gaston, à son tour, rentrait à une heure.

Et tous deux semblaient troublés comme on l'est au choc d'un malheur imprévu. Leur tristesse n'était point celle de chaque jour.

Depuis la veille, Biot avait vu bien des choses propres à exciter l'inquiétude de son dévouement. Il suivit Gaston d'un regard à la fois respectueux et paternel. Puis sa rude paupière se baissa et ses mains abandonnèrent le travail commencé.

Il demeura pensif durant quelques minutes. Lorsqu[il] attaqua de nouveau les fils rétifs de sa trame métal[li]que, sa grosse tête secoua lentement les mèches épaiss[es] de sa chevelure. Un bruyant soupir souleva sa poitri[ne]. — Il adressa un regard pieux à une image de la mè[re] de Dieu collée à la muraille et murmura dévotement:

— Bonne sainte Vierge, veillez sur eux !

Une fois entré dans la chambre qui lui servait de r[e]traite, Gaston arracha son bourgeron et le foula d'[un] pied haineux. — Son front était baigné de sueur. Des paroles sans suite tombaient confusément de [sa] bouche.

Il passa rapidement un pantalon noir et l'habit q[ui] lui servait aux dîners de famille. — Au moment d[e] sortir, il se laissa tomber sur le pied de son lit et cou[v]rit son visage de ses mains.

La porte de Sainte s'ouvrit tout doucement. Elle s'ap[]procha sur la pointe des pieds et baisa le front humi[de] de son frère à travers ses doigts écartés.

Il se redressa en sursaut.

Sainte était assise auprès de lui sur le lit et reten[ait] ses larmes qui voulaient couler.

— Gaston !... mon frère !... dit-elle ; — je t'en prie... qu'as-tu ?... où vas-tu ?...

Gaston balbutia et baissa la tête.

Sainte jeta ses deux bras autour de son cou en répé[]tant : — Je t'en prie !... je t'en prie !...

Elle souriait pour être exaucée.

Gaston la pressa contre son cœur en silence. Puis i[l] se leva et se dirigea vers la porte.

— Je te dirai tout, murmura-t-il ; — demain !

Il ne songea point à lui demander les motifs de s[a] présence à cette heure. Une seule pensée était en lui...

Sainte demeura seule. — Ses larmes contenues jailli[]rent.

Elle rentra dans sa chambre et se mit à genoux de[]vant son crucifix.

Dieu étend sa main pour recueillir le pleur de l'en[]fant, — cette perle embaumée qui descend de l'âm[e] avec ses parfums purs de prière et d'amour...

Gaston dit à Biot en passant :

— Si je ne reviens pas à cinq heures, tu diras que tu [...] où je suis.

— Ce sera un mensonge... murmura Biot qui rou[...]

— C'est pour Sainte, ajouta Gaston.

— Pour Mlle Sainte... prononça tout bas le paysan; c'est bien... je mentirai.

Gaston était déjà dans la rue.

Il monta en fiacre à la station de la rue Culture-[Sain]te-Catherine, et cria au cocher.

— Rue Royale-Saint-Honoré, n° 9 !... au galop !...

Il faut avoir l'esprit bien troublé pour parler de ga[lop] à des chevaux de fiacre.

Gaston baissa les deux glaces. Son front brûlait. Il [man]quait d'air. . . . .

. . . .

L'atelier de gravure pour étoffes de MM. Rohrbach [et] Malfus, situé rue du Pas-de-la-Mule, était en ce mo[m]ent plein d'ouvriers.

C'est l'Alsace, comme on sait, qui est en possession [de] produire la majeure partie des artisans employés à [l'im]pression des étoffes, depuis le dessinateur, qui vous [trai]trait bel et bien, en allemand, si vous ne l'appeliez [poi]nt un artiste, jusqu'à l'humble *picoteuse*, chargée [d']enfoncer dans le bois ces épingles sans tête, dont la [ré]union et l'arrangement forment certaines parties du [des]sin.

L'Alsace a une belle voix, mais un accent effroyable.

Avant d'entrer dans cet atelier, où les fils de la *cho[se] Milusse* (Mulhouse), du *peau Sdraspurg* et de *Golmar* [son]t en majorité, nous prenons l'engagement de n'imi[te]r qu'avec modération les inflexions germaniques de [ces] excellents Français.

Il y avait là, du reste, des gens de tous les pays.

C'était une immense pièce, affectant la forme d'un [la]rge corridor, et recevant le jour par une double ran[gé]e de fenêtres. — De chaque côté, contre les murailles, [d]eux tables épaisses et tenant toute la longueur de la [sa]lle, étaient solidement scellées dans la maçonnerie du [m]ur. Les croisées se trouvaient fort rapprochées, et de[v]ant chacune d'elles s'asseyait à cette table un ouvrier

graveur en face de sa planche. Les outils occup[aient]
les entre-deux des fenêtres.

Dans l'espace laissé libre au milieu de la pièce, d['au]tres ouvriers, penchés sur des bancs-à-tirer, lamina[ient]
du cuivre, à grand effort de tenailles.

Çà et là, se voyaient les réchauds où rougissaient [les]
plaques d'acier fin que le poinçon devait percer de tr[è]fles, d'amandes, d'olives, pour les transformer, ap[rès]
la trempe, en filières, et les baquets d'eau froide où [se]
plongeait en frémissant le métal brûlant.

La besogne était en pleine activité. — C'était un c[on]cert irritant de conversations croisées, la plupart [en]
allemand, de chants du Rhin, entrecoupés de long[s si]lences pendant lesquels grinçaient odieusement le c[ui]vre tiré, la pierre ponce et l'acier trempé des filièr[es].
Le dessus de ce bruyant ensemble se composait de m[ille]
petits coups de marteaux, secs, persistants, pointus, c[a]pables de mettre en fièvre le système nerveux le pl[us]
pacifique.

Tout le monde travaillait. Les uns attaquaient l[a]
planche elle-même avec le burin et la gouge, comm[e]
dans la gravure sur bois ordinaire ; les autr[es]
courbant avec art de minces lamelles de cuivre, l[es]
forçaient à figurer le méandre des arabesques les pl[us]
compliquées et les enfonçaient ensuite dans le boi[s]
ménageant ainsi d'un seul coup les saillies d'un dess[in]
considérable ; d'autres enfin laminaient le cuivre, gr[a]vaient les poinçons d'acier, préparaient les planches o[u]
picotaient.

Au fond de la pièce un escalier de communicatio[n]
conduisait aux bureaux de M. Malfus.

Auprès de la porte d'entrée, un petit bureau entour[é]
d'un grillage, et où s'asseyaient tour à tour, suivant le[s]
besoins, M. Rohrbach, son payeur ou le contre-maître,
était vide en ce moment.

Une voix s'éleva sur le diapason précis qu'il falla[it]
pour se faire entendre parmi le tapage confus de l'atelier.

— Un pari ! dit cette voix, — que c'était le Pâlot !...

— Poiret !... nous aurons des raisons ensemble ! ré[-]
pondit Nazaire, dit Dragon, dont la bonne et gaie figu[re]
exprimait un commencement d'humeur.

— Des raisons avec moi ! s'écria Poiret ; — pour le [...]!... Mais qu'est-ce qu'il t'a donc fait, ce conscrit-[là] pour que tu l'aimes mieux que tes vieux, Dra-[gon]?

— Je ne sais pas, répliqua ce dernier ; — c'est plus [fort] que moi... Ça me fit comme ça en Alger avec le ca-[pita]ine Romée, que je connus par un coup de sabre [qu']il me donna, — du plat, s'entend, — pour m'empê-[che]r de tuer un Kabyle qui criait grâce, — grâce en [arabe], s'entend. — Le coup était bon ; j'en porte encore [la] marque... Oh ! mais !... je me retournai pour casser [la g]rimousse de celui qui me l'avait communiqué, ami [ou e]nnemi... Ma foi c'était une tête de si brave enfant !... [Et p]uis j'avais tort... Un Kabile à genoux, ce n'est pas [un] Anglais... Je mis ma main au shako et je dis : Merci, [capi]taine !...

— Il n'y avait pas de quoi ! interrompit Poiret.

[U]ne demi-douzaine d'ouvriers faisaient trève à leur [bru]yante besogne pour écouter.

— Toi, Poiret, reprit Dragon, — tu ne peux pas ju[ger] les choses du champ d'honneur, étant bourgeois et [civi]lin... le capitaine se mit à rire et me tendit la main... [Et] mais !... Ça me fit quelque chose là-dedans... Je [me] mis à l'aimer, ce diable-là qui se battait comme un [ach]arné, mais qui choisissait les bons pour taper... si [bie]n que, quand le capitaine donna sa démission, à cette [fin] de s'aligner avec le colonel qui lui avait fait du cha-[gri]n, je pris en grippe le militaire et je demandai mon [con]gé.

— Et qu'est-ce qu'il lui avait fait son colonel ? de[ma]nda Cachard dit *Feignant*, l'une des bonnes têtes de [l'a]telier.

— Ceci et puis ça, mon bonhomme, repartit le dis[ant] Nazaire ; — un peu de l'un, un peu de l'autre.

— N'empêche ! dit Poiret ; le Pâlot n'a pu te donner [de] coups de plat de sabre...

[D]ragon haussa les épaules avec supériorité.

— Le coup de plat n'est pas le motif de la chose entre [le] capitaine et moi, répondit-il ; — ça vient tout seul... [Je] ne sais pas, moi !... eh bien ! le Pâlot, c'est tout de [mê]me... Il me revient, quoi donc, cet enfant ! dès la

première fois que je l'ai vu, je me suis dit c'est bo[n]
voilà ! ça me va !... Après, vous autres ?

Nazaire mit son burin sur sa table et son regard fi[t]
tour de l'assistance, comme pour chercher un contr[a]
dicteur autre que Poiret.

Mais la plupart l'aimaient et le craignaient à la fo[is.]
C'était le coq de l'atelier. Il ne rencontra que des so[u]
rires approbateurs.

Le plus doux de ces sourires s'épanouit sur la bouch[e]
d'un énorme Allemand, gras, dodu, rose, frais, l'a[ir]
innocent et bête, qui répéta laborieusement :

— C'est pon ! foilà ! za me fa !... Trôle te messié Tr[a]
con !... Il a tuchurs le mot pour rire...

Cet Allemand avait une sorte de repoussoir sous [sa]
grosse fraîcheur. Ses yeux noirs regardaient quelque[s]
fois en dessous. On l'aurait vraiment pu prendre po[ur]
un tartufe de bêtise.

Il s'appelait Pierre Worms, dit *Poupard*.

Poiret pouvait être tué, mais non pas convaincu.

— N'empêche !... dit-il entre haut et bas ; — si [le]
Pâlot venait... Mais où diable peut-il être, lui qui n[e]
manque jamais !...

— Ça le regarde, répliqua sèchement Dragon.

— Ça le regarde... ça le regarde... grommela Po[i]
ret... N'empêche que c'est drôle !...

— Ui, dit Pierre Worms ; — che trufe aussi, moi.

— Quoi ? s'écria Nazaire en se levant.

Il était ravi de trouver enfin à qui parler.

Mais le gros Allemand était un Alsacien prudent.

— Guoi ? répéta-t-il ; che trufe gue fus tites pie[n]
monsieur Tracon...

Nazaire se rassit en grondant. Poiret se mit à siffle[r.]

— Un pari ! dit-il au bout de quelques minutes ; —
le père Potel est en retard... la paie ne se fera pas c[e]
soir.

— Faudrait voir ça ! riposta *Feignant* : on me do[it]
trois journées pleines... ricarac !... dix-huit francs...
trente-six heures de volupté aux Amandiers !...

— Trois journées en quinze jours... Voilà un bra[ve]
que ce *Feignant*.

— C'est ma mesure, mon petit !... Et si le vieux Po[tel]

LE GRAND OPÉRA

...ne me donne pas mes dix-huit francs, je manque un ...dez-vous dans tout ce qu'il y a d'aimable et de pre... choix.

— Un pari que tu le manques, dit l'intrépide Poi...

...ignant le regarda en dessous et se pencha à l'oreille ...on voisin.

— C'est avec son épouse, murmura-t-il ; — la Bé... m'a fait l'œil l'autre jour, que c'était à en fré-...!...

...s'interrompit et tendit le cou.

— Ça va, le pari, reprit-il, — trente sous !
— Deux francs ! surfit Poiret.
— Cinquante sous !
— La pièce !...
— La pièce !... ça va !... Touche.

...tendit la main. Poiret frappa dedans. Au moment ...me où ces deux mains calleuses claquaient l'une ...tre l'autre, la porte s'ouvrit, et M. Potel, le payeur, ...ra.

...oiret fut consterné. — Le *Feignant* éclata de rire. Il ...t entendu d'avance le pas lourd du vieux commis ...ns l'escalier.

— Cinq francs ! s'écria-t-il ; — ça fait vingt-trois que ...à caresser... c'est fameux !

M. Potel alla droit à son petit bureau.

— Mes amis, dit-il, — je suis très occupé... Je vais ...e votre affaire tout de suite... J'ai mis l'argent dans ...boîte hier soir.

— C'est ça, monsieur Potel, répliqua *Feignant* ; pour ...part, je ne suis pas pressé, mais du moment que ça ...us oblige...

— Efitemment ! appuya Poupard.

On eût pu remarquer une certaine hésitation dans la ...ix de Pierre Worms, qui, depuis l'entrée de M. Po..., avait perdu quelque peu de ses fraîches couleurs. Mais il lui en restait encore bien assez.

Les ouvriers quittèrent leurs tables et s'approchèrent ...bureau. M. Potel, l'œil sur son livre, mit la clef ...ns la serrure du tiroir où il déposait d'ordinaire pour ...elques heures l'argent destiné à la paie.

— Nazaire dit Dragon, dit-il en suivant ses comp[tes]
— Trente journées entières... soixante et dix-h[uit]
francs... Voilà un digne garçon qui doit faire des é[co]-
nomies.

— C'est comme moi, murmura *Feignant*.

— Voyez-vous, monsieur Potel, répondit Nazaire,
je vais avoir besoin d'argent... Quand on se marie !...

— A la bonne heure, mon ami, à la bonne heure !
J'aime à voir de bons vivants comme vous, pas bégue[u]-
les, faisant le dimanche comme il faut... mais rien q[ue]
le dimanche !... Quand ça se marie, au moins, ce n'[est]
pas de la graine de misère qu'on sème... Faisons no[tre]
compte...

M. Potel avait plongé la main dans son tiroir. — S[a]
voix mourut à son dernier mot ; son sourire se chang[ea]
en une grimace de terreur.

— Eh bien ! dit *Feignant*, — y a-t-il un rat enra[gé]
dans votre caisse, monsieur Potel ?

Le payeur, au lieu de répondre, se leva. Il était pâle
ses doigts tremblaient.

— Je suis un pauvre homme, dit-il ; — un père d[e]
famille... Si c'est une plaisanterie, faites-moi grâce !..

Il haletait et fut obligé de s'interrompre.

— Qu'y a-t-il ? se demandait-on autour de lui.

La portion silencieuse de l'atelier, qui se compos[ait]
d'une douzaine d'Asaciens, Fritz, Johannes, Nicolas
Wilhem, manifesta son étonnement en coassant.

— Rendez-moi... reprit le vieillard ; — mes bo[ns]
amis, ce serait pour moi la mendicité !... Rendez-m[oi]
mes deux mille francs !

— Un vol ! s'écria Dragon qui devint aussi pâle q[ue]
le pauvre payeur lui-même.

Par un mouvement plus rapide que l'éclair, chac[un]
des assistants avait interrogé de l'œil son voisin. Null[e]
physionomie ne broncha devant cet examen, si ce n'e[st]
peut-être celle de Cachart dit *Feignant*. Sa renomm[ée]
équivoque pesait sur lui en ce moment. Tout innoce[nt]
qu'il était, il avait la conscience d'avoir plus que to[ut]
autre mérité les soupçons.

Pierre Worms, au contraire, présentait aux regar[ds]

large face grave et rose sur laquelle se peignait la [can]deur la plus exemplaire.

— In fol ! répéta-t-il en joignant les mains ; — Té [mi]lle francs !... A ce pon M. Bodel !...

Nazaire sortit des rangs et se posa devant la porte.

— Pas de bruit, dit-il tout bas ; — ça me fait l'effet [qu']il y a ici présent un gibier de guillotine... Nous [al]lons faire l'appel des poches.

— Bonne idée ! s'écria Poiret qui, pour la première [foi]s de sa vie, se trouva un moment d'accord avec son [ca]marade ; — en avant les poches.

— En avant les poches ! répéta le *Feignant* avec em[pr]essement.

Les grosses joues de l'Alsacien eurent comme un tres[sa]illement.

— Ce serait pon, dit-il, — si nous étions tous ici...

— Qui manque ? demanda Dragon.

— Le Pâlot, monsieur Tracon, répondit Poupard, — [q]ui va au crand Obéra, comme tit M. Boiret, en hapit [no]ir et cants plancs...

— C'est pourtant vrai !... murmura Poiret, qui sem[bl]a lui-même effrayé de la conséquence inévitable de sa [dé]couverte ; le Pâlot n'est pas ici !

Poiret, bien entendu, avait raconté au long ses im[pr]essions de la veille.

Il y eut un murmure sourd dans le groupe des ou[v]riers.

— On ne va pas à l'Opéra, aux premières, disait-on, — avec une mignonne en robe de soie, quand on n'a [q]ue quatre francs par jour ; car le Pâlot ne fait que [d]eux tiers de journée...

— Bas tafantache !... dit Poupard avec une mine [tr]iomphante,

— C'est vrai !... grommela Poiret.

— C'est faux ! s'écria Nazaire d'une voix tonnante ; — je réponds du Pâlot, moi, moi, entendez-vous ?... [L]'avez-vous jamais rencontré par les rues autrement [qu]'en blouse ?... Il n'est pas si faraud que toi qui parles, [P]oiret, — ni que Cachard, — ni que moi... C'est un [b]rave enfant, un bon ouvrier... Poiret vous a conté des [b]alivernes, comme un étourneau qu'il est, et je parie

que le Pâlot n'a jamais eu d'habit noir sur les épau[les]
ni de gants blancs aux mains...

La porte de l'atelier s'ouvrit. Gaston entra brusq[ue]ment.

— Le voilà ! crièrent dix voix à la fois.
— En habit noir et cants blancs !... ajouta l'Alsaci[en]
— Et saoul comme trente mille hommes ! pours[ui]vit *Feignant* : — il ne tient pas sur ses jambes !...

Nazaire demeura la bouche ouverte devant Gast[on] comme s'il eût voulu douter de la réalité de cette app[a]rition.

Un nuage passa sur la vive et franche expression [de] son regard. — Puis il baissa la tête en murmurant a[vec] une sorte de découragement : — Poiret avait raiso[n,] c'était lui !

CHAPITRE XII

LA LETTRE

Gaston, suivant un élan pris au dehors, avait f[ait] trois ou quatre pas à l'intérieur de l'atelier. — Ses c[a]marades s'étaient reculés de lui avec mépris et d[é]fiance.

Le vieux Potel le regardait avidement, croyant vo[ir] en lui l'homme qui avait dérobé ses pauvres économi[es.]

Les gens dont malheureusement le cabaret est l'un[i]que plaisir voient partout l'ivresse. L'émotion du v[i]sage, le désordre des vêtements, une démarche mal a[s]surée, tout cela n'a pour eux, au premier regard, qu'u[ne] signification : l'ivresse.

Et vraiment, c'est merveille et pudeur d'entendre, lorsqu'un homme tombe d'inanition ou d'épilepsie sur le trottoir, la moitié de ceux qui l'entourent répéter, au lieu de le secourir :

— Si l'on peut se mettre dans des états pareils!...

Mais ici tout le monde aurait pu s'y tromper, Gaston avait réellement l'air de sortir d'une orgie. — Son front, pâle d'ordinaire, était rouge par taches. Ses cheveux collaient à ses tempes ruisselantes. L'un de ses gants blancs, déchiré dans toute la longueur de sa main, laissait voir les veines gonflées de ses doigts qui tremblaient.

— A preuve!.. dit Poiret qui ne put s'empêcher d'envoyer à Nazaire un regard de triomphe ; — à preuve que les étourneaux ne sont pas dans ma chemise, mon fils.

— Le fait est, ajouta Cachard, — que le Pâlot est gelé un peu.

Fritz, Johannes, Nicolaus, et, en général, tout le troupeau des Alsaciens, baragouinèrent quelque chose d'analogue.

Ce fut alors seulement que Gaston jeta les yeux sur son costume. — Il rougit vivement et s'appuya au coin d'un banc à tirer, pour ne pas tomber. Sa tête tournait.

— Maintenant, nous voilà au complet, dit *Feignant* ; — on peut exhiber ses doublures...

— Ui, répliqua le gros Worms, mais le Bâlot a bien le temps de fider les siennes...

— C'est égal, mon gros, c'est égal! s'écria *Feignant* ; — il faut nous lâcher ce plaisir-là !... Je commence.

Cachard s'exécuta vivement. — D'autres l'imitèrent. Nazaire ne soufflait plus mot ; il était au dernier rang du groupe, silencieux et comme atterré.

La fouille se poursuivait. — Le bon gros Pierre Worms ne se pressait point d'*exhiber ses doublures*. Il se tenait obstinément auprès de Gaston et paraissait pris à son endroit d'une subite et inexplicable sympathie.

Gaston regardait tout autour de lui sans comprendre ; il cherchait de l'œil Nazaire et ne le découvrait point.

Nazaire se tenait toujours debout et à l'écart.

M. Potel, le payeur, avait mis ses rondes lunettes [sur] son nez pâli. A chaque poche qui se retournait en va[in], il poussait un long soupir de détresse et répétait :

— Je suis père de famille... C'est le pain de mes p[au]vres enfants...

L'œuvre d'investigation avançait cependant, et r[ien] ne se trouvait. Le tour de Worms et de Gaston al[lait] venir.

Le bon Alsacien semblait avoir de la peine à gar[der] son candide sourire...

En ce moment Gaston aperçut Nazaire qui sembl[ait] se cacher de lui.

Il fit un effort et s'avança lentement jusqu'à lui s[ans] remarquer son air froid et gêné.

— Je voudrais te parler, Dragon, dit-il.

— Ça ne se peut pas pour le moment, répondit N[a]zaire.

Gaston lui prit la main et poursuivit à voix basse :

— Je n'ai point d'autre ami que toi, et j'ai beso[in] d'un ami... Viens.

Nazaire laissa tomber ses yeux détournés jusque alo[rs] à dessein sur la figure douce et souffrante de son jeu[ne] camarade. Ses idées parurent prendre tout à coup u[ne] autre direction.

— Tu as raison, Pâlot, dit-il, — je suis ton ami. Viens !

Il l'entraîna à travers la foule étonnée et le pous[sa] dehors.

— Où vas-tu donc, Dragon ? cria Poiret.

— Ça n'est pas de jeu ! dit Feignant.

— Messié Tracon ! insinua Poupart, qui sembla r[e]prendre sa sérénité, — ça n'est pas chiste, que di[a]ble !...

Nazaire, sans écouter ces clameurs, poussa Gasto[n] dehors, puis il revint seul un instant et dit :

— Je me charge de lui, les enfants : c'est moi q[ui] vais tirer ça au clair.

. . . .
. . . .

Il était quatre heures du matin. La vieille duchesse de Taillepré sommeillait derrière les rideaux fermés de son alcôve.

Berthe, blanche et froide, penchait son visage de marbre sur son métier à tapisserie, et travaillait, exténuée, aux lueurs mourantes d'une lampe près de s'éteindre.

Dans la pièce voisine, Sainte, sans lumière, avait ses pieds nus sur le carreau glacé. Elle se tenait debout, contre la porte de la chambre de son frère. — Elle écoutait.

Durant toute la nuit, il y avait eu de la lumière dans la pièce habitée par Gaston. — Il était rentré la veille au soir fort tard et n'était point venu prendre le baiser de chaque jour au front de sa sœur.

Jusqu'à plus de minuit, Sainte l'avait entendu se promener à grands pas dans sa chambre. — Puis elle avait pu saisir des soupirs étouffés, des sanglots, et le grincement d'une plume courant convulsivement sur le papier.

La pauvre enfant tâchait de pleurer tout bas...

Le bruit avait cessé. — Les planches mal jointes du cabat de Gaston avaient gémi sous le poids de son corps.

Sainte écoutait toujours, néanmoins, les pieds sur la pierre, l'oreille collée aux fentes de la porte, parce que bien souvent, après ces veilles agitées, Gaston, suffoqué par la fièvre, râlait en son sommeil, qui était presque une agonie. — Sainte l'éveillait alors, et Gaston se calmait aux douces paroles de l'ange assis à son chevet.

Une nuit de tourmente suivait ce beau jour, où l'automne avait pris au printemps un de ses sourires. Le vent soufflait et gémissait, secouant les vieilles fenêtres de l'hôtel. Sainte, étourdie par ce bruit, qui augmentait sans cesse, croyait à chaque instant ouïr des plaintes de l'autre côté de la porte.

Elle céda enfin à l'inquiétude qui la poignait. La clef tourna dans la serrure, et la jeune fille, ouvrant tout doucement se glissa dans la chambre de son frère.

Sur l'appui de la croisée, qui remplissait pour Gaston

l'office de table, en l'absence de tous meubles, il y av[ait]
une bougie encore allumée et des papiers épars.

La bougie envoyait ses faibles lueurs jusqu'au vis[age]
de Gaston, qui dormait tout habillé sur son lit. — L[es]
traits du jeune homme, animés par la fièvre, sembla[ient]
sourire, bien qu'une trace humide, larme à peine s[é]-
chée, restât sous sa paupière.

Gaston dormait profondément, et son sommeil ét[ait]
tranquille. Peut-être un rêve heureux étendait s[es]
riantes chimères autour de son esprit lassé.

Sainte s'était approchée. Elle retenait son souffle po[ur]
ne pas l'éveiller, et le contemplait avec une joie atten[-]
drie. — Il reposait ; il ne souffrait plus : Sainte reme[r]-
cia Dieu.

Elle retourna vers la fenêtre afin de souffler la bou[-]
gie. Comme elle arrondissait ses jolies lèvres, son r[e]-
gard tomba sur l'enveloppe d'une lettre dont le co[in]
sortait de dessous les papiers en désordre. — Sur [ce]
coin d'enveloppe il y avait son nom : Sainte.

Elle poussa les papiers. L'enveloppe apparut entiè[re]
et découvrit ces lignes :

« Pour remettre à mademoiselle Sainte de Naye, m[a]
sœur. »

Sainte chancela. Une terreur vague, mais navrant[e]
vint lui serrer le cœur. Que craignait-elle ? Elle ne s[a]-
vait ; — mais elle sentait un malheur. Depuis la veil[le]
il y avait autour d'elle comme un vent d'effroi et d[e]
douleur. Cette lettre allait lui apprendre...

Elle recula. — Ses mains se cachèrent derrière [ses]
reins...

Elle demeurait à deux pas de la lettre, le col [en]
avant, l'œil dilaté, le pied prêt à fuir... Elle av[ait]
peur...

Elle avait désir, car cette lettre était de Gasto[n].
C'était la confidence attendue. C'était l'âme de Gasto[n]
où Sainte ne pouvait plus lire, et qui pour elle alla[it]
s'ouvrir de nouveau...

Sainte regarda du côté du lit. Gaston souriait, cal[me]
et beau dans son repos. Elle fit un pas en avant et tou[-]
cha la lettre qu'elle laissa retomber. En tombant, [la]
lettre se retourna : elle n'était point cachetée.

Sainte la prit une seconde fois, la quitta, sollicitée
par un remords vague, puis la reprit encore.

Cette fois elle la cacha comme une proie dans son
sein et s'enfuit.

Elle referma la porte, posa la bougie sur sa table à
ouvrage et s'assit, oublieuse du froid qui faisait trembler
son corps charmant, dont un peignoir de percale tra-
hissait les virginales beautés.

La lettre sauta hors de son enveloppe.

Sainte parcourut les premières lignes, et des larmes
tombèrent sur le papier.

Bientôt ses yeux, chargés de pleurs brûlants, ne vi-
rent plus.

Elle se pencha, défaillante, et mit son front alourdi
entre ses mains.

Son désespoir était muet, sans plaintes ni prières.

Voici ce qu'elle avait lu sur un papier humide encore
et où d'autres larmes, tombées avant les siennes,
n'avaient point eu le temps de sécher :

« Ma sœur, Dieu t'avait confiée à ma garde. Tu
n'avais que moi pour te protéger et pour t'aimer. Pardonne-moi, je t'en supplie. Ne m'accuse pas quand tu
seras seule, pauvre ange, à supporter le fardeau de
souffrance que nous partagions tous deux...

« Pardonne moi, ma sœur... Ces quelques jours que
Dieu me laissait vivre t'appartenaient. C'est bien vrai !
Je suis coupable et lâche de t'abandonner ainsi avant
l'heure mais quelque chose de plus fort que moi-même
m'a poussé. Pour la première fois depuis que j'existe,
j'ai mis de côté ta pensée. Je me suis souvenu seulement de ce sang illustre dont les dernières gouttes sont
dans mes veines. Une voix impérieuse a empli mes
oreilles au nom de Maillepré... Le nom de notre père,
ma sœur !...

» Oh ! je devais résister ! Le ciel a courbé si bas notre race, que chez nous l'orgueil est folie. Qu'importait
à Gaston, l'ouvrier, le vol du nom qui n'était plus le
sien ?...

» Ma sœur !... oh ! ma sœur chérie ! le courage de
mes pères est en moi. Quelque fibre inconnue tressaille

au fond de mon cœur en songeant à l'épée que ma main va soulever pour la première fois... Et pourtant voici que mes yeux sont inondés de larmes ! — C'est que je t'aimais, Sainte, ma pauvre enfant, comme notre père t'aimait, comme notre mère t'adorait... Jamais femme ici-bas n'aurait eu mon amour. Mes jours qu'avait comptés la maladie, étaient à toi, tout à toi !

» La main de Dieu seul devait nous séparer... Je le sais... je le sais !... Mais je vais jouer demain cette pauvre vie qui est à toi, ma sœur !... Je vais te prendre ta dernière joie... Si tu lis jamais cette lettre, c'est que... c'est que nous ne nous verrons plus, Sainte...

» Ecoute... Il ne faut pas pleurer... Dieu est bon ; il nous réunira... Nous serons heureux... bien heureux !

» Mais tu vas rester seule !... Hélas ! pauvre enfant, tu n'auras plus à qui sourire... Dans quel sein mettras-tu les larmes ?

» Mon Dieu ! faites que je vive ! laissez-moi l'aimer quelques jours encore ! Vous lui avez pris sa mère, mon Dieu ! ayez pitié !...

» Ma sœur, ma sœur aimée, tu le vois, je demande la vie... Ne m'accuse pas quand je ne serai plus... J'aurais voulu rester près de toi toujours...

» L'homme qui te remettra cette lettre te dira où est ma tombe... Tu viendras quelquefois... j'entendrai ta voix, va ! et que ta voix me sera douce !...

» Il me faut garder de la force pour demain... et cet adieu me tue... Si je vis, tu ne sauras rien... Les beaux rêves de ton sommeil d'enfant n'auront point été troublés un seul instant... Si je meurs...

» Adieu, ma sœur, toi qui mettais tant de bonheur dans notre tristesse ! Adieu, Sainte, ma pure joie ! mon amour ! Adieu ! Pardonne-moi !... »

Sainte demeura longtemps comme anéantie.

Elle n'avait pas tout lu.

Quand la vie lui revint, elle prit de nouveau la lettre et tâcha de l'achever.

C'était pitié de voir la malheureuse enfant étancher ses larmes, qui l'aveuglaient, pour lire encore et sangloter et se mourir sous l'étreinte d'un accablant désespoir.

Elle comprenait. Sa tendresse aux abois devinait le [mo]t qui n'était point dans la lettre.

Il s'agissait d'un duel, elle le savait.

Jusqu'au jour, elle se débattit, folle d'angoisse et de douleur. — Tantôt elle s'agenouillait pour prier, et demeurait muette devant l'image sainte à laquelle s'adressait chaque jour sa pieuse oraison, tantôt elle s'élançait pour éveiller son frère, le supplier, le convaincre...

Mais elle connaissait Gaston et savait que son caractère, si doux, si aimant, comportait une fermeté inébranlable.

Le jour la surprit, affaissée sur le carreau de sa chambre, prostrée, vaincue par le découragement.

On eût dit qu'elle n'avait plus de pensée.

Peu à peu cependant ses beaux yeux bleus s'éclairèrent.

Une lueur d'espoir brilla dans l'azur limpide de sa prunelle. Ses mains se joignirent et se levèrent suppliantes vers le crucifix.

Elle se remit lentement sur ses pieds. Son front méditait ; l'hésitation se peignait dans chacun de ses mouvements.

Au bout de quelques minutes, sa jolie tête se redressa en un geste plein de hardiesse, pour retomber bientôt sur son sein, confuse et la rougeur aux joues...

Elle chaussa un de ses brodequins, — puis l'autre.

Une demi-heure après, — Gaston dormait encore, — Sainte descendit dans la cour et demanda le cordon que Biot, à demi éveillé, tira par habitude et sans savoir.

Sainte s'élança au dehors. — Les rues étaient désertes. — La jeune fille allait rapide et légère. Le vent, qui soufflait avec violence, faisait voltiger sa mante et le voile noir qu'elle avait attaché à son chapeau.

En quelques minutes, elle avait atteint la rue Saint-Louis et soulevait le marteau de son ancien atelier, au n° 26.

— Que demandez-vous ? dit le concierge.

— Monsieur Roméo, répliqua Sainte...

DEUXIÈME PARTIE

LE MARQUIS SAUVAGE

CHAPITRE PREMIER

BONNE DAME

Que de prologues romanesques dans la vie commune et combien peu de dénouements ! Nous mettons tous en action chaque heure de chaque jour le proverbe éternel : L'homme propose et Dieu dispose.

Aux premières pages de ce livre, nous avons vu cinq hommes réunis pour signer un pacte qui devait enchaîner pour eux la fortune. Ils devaient exploiter ce sillon banal, l'amour, qui est, en notre siècle marchand, une valeur matériellement escomptable.

Car don Juan, de nos jours, n'est plus cette âme immense dont le blasphème étonne, dont les témérités sublimes excitent autant l'admiration que l'horreur. — Don Juan, chez nous, aime pour parvenir. Chacun de ses soupirs pèse tant de billets de banque ou tant de gros sous, suivant sa position sociale. Il séduit avec méthode, avec art, comme d'autres manient le *monseigneur* et la pince du casseur de serrures. — C'est un filou que notre don Juan, un maraud, un misérable capable de briser un cœur pour une augmentation d'appointements, capable d'adorer à genoux une idole de soixante ans, si elle est dorée ; — capable de vendre sa femme pour une médaille de bronze à l'exposition des produits de l'industrie nationale...

Parmi nos cinq associés une femme vint qui s'emp[...]
des bénéfices du pacte.

Puis sept années se passent. Le pacte n'a produit q[...]
de biens faibles résultats. Voici Roby, dont la bou[...]
est aussi plate qu'autrefois. Denisart, malgré son id[...]
en est réduit à fonder un journal avec des capitaux [...]
sents, un journal d'avenir, pourtant, intitulé le *Pro[...]
taire*, feuille politique, morale, littéraire, commercial[...]
industrielle, agricole, religieuse, philosophique, i[...]
tructive, divertissante et universelle, à dix sous par s[...]
maine, rédigée par une société d'artistes et de savan[...]
non pairs de France.

Les trois autres sont parvenus, mais dans des p[...]
portions modestes. Durandin a une étude d'avoué : J[...]
sépin est docteur d'étage moyen : vingt à trente mi[...]
francs de recette ; — enfin du Chesnel est toujours [...]
crétaire d'ambassade.

Ainsi va le monde. Ces fiévreux efforts des gens q[...]
s'agitent autour de nous, mettant de côté, *pour arriv*[...]
toute pudeur, ont-ils un autre résultat en thèse gén[...]
rale ?

Quelques-uns arrivent, mais c'est l'exception. Et l[...]
raison en est bien simple : il n'y a dans notre bell[...]
France qu'un certain nombre de positions à prendre.

Boire toute honte ne suffit pas, quoi qu'on en dise[...]
pour parvenir. Il faut avec cela du bonheur.

Que de braves gens ont bonne volonté de vendr[...]
leur âme à Satan et ne peuvent ! Satan sait compt[...]
aussi bien qu'un courtier d'élections...

Et, voulez-vous savoir ? les trois quarts de ceux q[...]
crient à la vénalité sont des envieux !...

Au reste, Durandin, Josépin, du Chesnel n'étaient
point parvenus par eux-mêmes. Une main que nous devons croire puissante les avait poussés tous les trois en
échange de services rendus.

A la rigueur, chacun d'eux pouvait dire qu'il s'était
fait une échelle de femmes, mais un bras fort avait soutenu ce frêle marchepied, qui culbute si souvent et duquel on tombe toujours dans la fange.

Soyons sérieux une fois et tranchons le mot : on
n'arrive plus par les femmes. Le moment approche où

on n'arrivera même plus par sa femme. C'est usé jusqu'à la corde. — En tombant si bas, don Juan s'est crotté. On n'en veut plus ; la croix d'honneur est sa suprême aubaine. Quelques années encore et il cherchera une place de chasseur...

Écoutez bien ceci, jeunes Français que la seule largeur d'un comptoir sépare des marquises et des *bannières*, vous qui portez des gants paille le dimanche, et qui, tous les jours de la semaine, pouvez essayer des cachemires sur de nobles épaules. Plus d'une fois, nous en sommes certain, l'ambition entra dans votre cœur. Vous avez de longs cheveux bien pommadés, des chemises à jabots, des bottes vernies, et vous savez sauter la polka, cette danse qui, née dans un palais, agonise à la Chaumière ; vous êtes beaux, propres, bien couverts ; vous avez de l'esprit, comme tout fils de la maligne nation qui créa le vaudeville : évidemment vous devez maudire le sort qui vous mit l'aune en main ou la plume à l'oreille. — Imprudents ! vous rêvez peut-être un équipage, un château, un roman.

Une femme ?

Mais les femmes sont auteurs, messieurs, et journalistes, et diplomates, et colonels : qu'ont-elles à faire de vous, s'il vous plaît ?

Ouvrez les yeux. Don Juan mâle s'éteint. Voici venir don Juan femelle...

Don Juan, si mieux vous aimez, la femme conquérante qui va remuer le monde d'un coup de son éventail !

Jeunes gens, croyez-nous, cherchez ailleurs ; songez au solide : la boutique mène à tout, et votre aune est la baguette des fées. — Quant au métier d'homme ravissant, il est perdu, nous vous l'affirmons sur l'honneur. Ces dames n'ont plus besoin que d'un bottier ou d'un libraire . . . .
. . . .
. . . .

C'était le soir de ce jour où le cheval du brillant Félicien Chapitaux avait renversé Gaston dans les Champs-Élysées.

Il y avait raout à l'hôtel de Pontlevau, salon mix…
maison neutre, située sur les confins du faubourg Sai…
Honoré, mais regardant à travers la place de la Co…
corde les derniers hôtels du faubourg Saint-Germain…

L'excellent caractère de Mme Pontlevau et son ap…
rentage, partagé entre les deux camps, réunissai…
dans ses salons des gens qui ne se rencontraient po…
ailleurs, des fidèles et des ralliés.

Elle avait donné sa fille aînée à M. de Varannes, …
thousiaste serviteur de la branche aînée des Bo…
bons, et sa fille cadette avait épousé M. de Baul…
auditeur au conseil d'Etat.

La bonne dame adorait le duc de Bordeaux, ma…
elle chérissait le duc d'Orléans. Elle pleurait volontie…
au souvenir de MADEMOISELLE et de sa mère, mais l…
princesses filles de Louis-Philippe avaient son amou…
Tout cela du meilleur cœur du monde et sans autre i…
térêt que de s'amuser le plus possible.

Elle était née en 1785, mais sa tête avait seize ans.

C'était une femme froide, qui se passionnait po…
chacun à la surface. Elle avait beaucoup d'empress…
ment serviable, et peu d'obligeance réelle. Protéger …
était un bonheur. Sa protection, divisée à l'infini, n…
profitait à personne. Il n'y avait pas dans toute sa natu…
un atome de méchanceté; en revanche, vous n'y eu…
siez point trouvé une parcelle de bonté véritable.

C'était quelque chose de nul et de négatif, une cré…
ture dépourvue d'angles, et taillée pour passer parm…
le monde en n'attachant personne, mais aussi en n…
choquant jamais âme qui vive.

Son esprit était de cette espèce volatile et imponde…
rable qui glisse devant l'intelligence comme un fe…
follet devant l'œil. Quand elle se taisait, on cherchai…
ce quelque chose de très joli qu'elle avait dit. On n…
trouvait point; sa parole passait sans laisser de trace…

On était assez longtemps néanmoins à s'apercevoi…
qu'elle ne pensait point.

C'était une causeuse aimable. Il n'y avait là-dessu…
qu'une voix.

Elle avait dû être très jolie. Sa physionomie souria…
encore très finement, mais toujours.

Vous eussiez fait tout Paris, les départements et l'étranger sans trouver une mère plus aimante. On s'fait presque attendri, rien qu'à l'entendre parler de ses filles. Ce qui n'empêchait point Marie, — M⁽ᵐᵉ⁾ la vicomtesse de Varannes, — d'avoir passé sa jeunesse au couvent, et Diane, — madame de Baulnes, — d'avoir pris, loin de sa mère, une éducation bizarre et malheureuse.

Sachant tout cela, vous n'auriez point pu nonobstant, vous défendre de l'aimer.

C'est le dernier trait.

Il y avait de l'inquiétude et de la tristesse sur le charmant visage de M⁽ᵐᵉ⁾ de Varannes, assise aux côtés de sa mère. Elle avait l'air fatigué. Son regard distrait errait parmi la foule et ne s'animait parfois que quand la voix d'un laquais s'élevait pour jeter un nom dans la salle.

Aux premiers sons de cette voix, l'œil de la vicomtesse avait une lueur fugitive. Puis, le nom prononcé, la prunelle se voilait de nouveau.

Sa sœur Diane faisait cercle non loin de là. Elle était fort belle ce soir et portait pour la première fois l'une des parures de sa corbeille de mariage. Silencieuse, immobile sans trop de raideur, elle ne prenait part à la conversation que par des sourires distribués comme au hasard.

Les habiles prétendent ne se tromper jamais et distinguer au premier regard une jeune fille d'une jeune femme.

Les habiles l'eussent appelée mademoiselle...

La réunion était nombreuse et ne manquait point de gaîté. M⁽ᵐᵉ⁾ de Pontlevau possédait sur le bout du doigt les formules délicates du manuel inédit des maîtresses de maison qui reçoivent. C'était l'étude de sa vie entière. Elle en eût remontré aux plus expertes et gouvernait admirablement la foule hybride, formée de deux éléments rivaux qui consentaient à se mêler dans ses salons.

Ses deux gendres d'ailleurs étaient les lieutenants qu'il fallait pour emporter cette position difficile : Le vicomte avait des opinions qui expliquaient la présence

du contingent légitimiste ; M. de Baulnes avait une p[o-]
sition qui excusait l'admission des ralliés.

Il y avait du reste une loi tacite, mais scrupuleuse[-]
ment exécutée. C'était un terrain sûr : toute propagand[e]
en était sévèrement exclue. Il n'y avait pas d'exempl[e]
qu'une conversion s'y fût opérée.

Nous employons ici le mot conversion dans son v[rai]
sens latin et mondain, qui exprime l'action des ven[ts]
politiques sur les girouettes humaines.

MM. de Varannes et de Baulnes étaient deux homme[s]
d'apparence particulièrement distinguée. Le premi[er]
arrivait à l'âge mûr, l'autre semblait très jeune encor[e.]
Tous les deux, en ce moment, paraissaient préoccup[és]
d'idées tristes auxquelles ne pouvait faire diversion e[n]
tièrement la tâche laborieuse imposée à leur courtoisi[e.]
Ils étaient aimables, empressés, souriants, mais quel[-]
que inquiétude mystérieuse les ramenait toujours ve[rs]
la partie du salon où se trouvaient leurs femmes.

Le vicomte méprisait souverainement la jalousie, i[l]
était très jaloux ; sa position tournait au martyre.

M. de Baulnes était amoureux. Il avait trouvé un[e]
barrière dressée au seuil nuptial et, au delà, non poin[t]
une pudeur soumise, mais une savante résistance ; no[n]
point une enfant timide, mais une amazone ceinte pou[r]
la lutte et toute cuirassée de sophismes gelés, — une d[e]
ces froides statues que les empereurs moscovites fon[t]
tailler, dit-on, dans des blocs de glace. Une terre[ur]
sourde lui serrait le cœur. N'ayant point la clef de ce[t]
étrange énigme, il craignait tout, doutait de tout, e[t]
fatiguait son intelligence à chercher autre chose que d[e]
la honte sous le mensonge de son titre d'époux...

M. de Varannes épiait sa femme : M. de Baulnes ob[-]
servait la sienne.

La vicomtesse souffrait de l'attention de son mari,
parce que, vaguement, elle se sentait coupable, sinon
de fait, au moins dans le secret de son cœur. Diane[,]
froide, impassible, souriante, n'avait nul souci des tour[-]
ments qu'elle causait. Son âme, faussée, ne sentai[t]
point et se reposait dans la conscience d'avoir gardé l[e]
précepte de son extravagant fanatisme.

Il était près de minuit.

Un cordon étincelant de femme courait autour des [salons]. Entre ces deux rangs immobiles, d'autres [fem]mes passaient, penchées au bras de leurs cavaliers. L'atmosphère échauffée avait une odorante épais[seur]. — La promenade nonchalante et balancée sem[blai]t une guirlande sans fin, dont la courbe lentement [mo]bile se brisait parfois un instant pour renouer bien[tôt] sa chaîne ondulante. — C'étaient partout des fleurs [nu]ances pâles, parmi la soie lustrée des chevelures, des [épau]lières radieuses éclipsant avec orgueil la blancheur [des] reflets des parures de perles, — des panaches mi[gn]ons, de fiers diadèmes, des sourires malins ou ten[dr]es derrière la dentelle d'ivoire des éventails.

On n'annonçait plus. — Du Chesnel venait d'entrer [av]ec le docteur Josépin, médecin de la maison.

Josépin avait enduit sa longue personne d'une couche [de] gourme gauche, afin d'avoir bon ton.

Du Chesnel, au contraire, était parfaitement à l'unis[so]n de ce monde élégant et frivole. C'était un garçon de [mé]rite qui savait graduer ses allures et traversait un [sal]on d'aussi bon air qu'un estaminet.

Lorsqu'il salua Mme de Pontlevau, elle lui dit obli[ge]amment :

— Seul encore, monsieur !… Mme la vicomtesse nous [ti]endra donc éternellement rigueur ?…

Du Chesnel noua une excuse telle quelle à un compli[m]ent ayant cours et laissa la place au blond docteur [qu]i salua, remonta ses lunettes d'or, sourit, rougit, [ba]lbutia, se releva et toussa.

Mme de Pontlevau parut ravie de tout cela.

Du Chesnel fit un tour de salons. — Au point de dé[pa]rt, il retrouva Josépin qui s'empara de lui.

— Ah ça ! dit-il, — au fait, mon cher, Mme de Pont[le]vau a raison.

— En quoi ? demanda du Chesnel.

— Pour ta femme, répliqua Josépin. — Je ne conçois [r]ien à cela… Es-tu jaloux ?

Du Chesnel haussa les épaules et regarda autour de [l]ui avant de répondre.

— La duchesse, docteur, la duchesse !… dit-il ensuite ; — la duchesse est Elisabeth ; je suis Leicester ma femme est Amy Rosbart...

— Comprends pas du tout, dit Josépin.
— Tu n'as donc pas lu Walter-Scott ?
— J'ai toujours eu l'intention de le lire.
— Alors, il faut t'expliquer... Elisabeth était reine d'un certain âge ; Leicester était ambitieux ; Amy Robsart était jolie...
— Ah ! diable !...
— Oui... jolie comme Charlotte, qui est la plus charmante créature...
— A la bonne heure !... interrompit Josépin ; — de sorte que tu te trouves avoir fait une sottise ?
— Ni plus ni moins... Une spéculation malheureuse.
— Une école...
— J'ai cru bien faire... La chose a mal tourné... La duchesse a jeté les hauts cris, comme si la pauvre place que son pauvre crédit m'a donnée valait la peine... C'est pitoyable !... D'un autre côté, Charlotte, que j'avais prise sur sa mine éveillée, n'a pas tenu ce que sa mine promettait... C'est un dragon de vertu !
— J'ai lu *Gil-Blas*, murmura Josépin.
— Pourquoi me dis-tu cela ?
C'est que nous parlions tout à l'heure de Walter-Scott... Nous sommes à la littérature... et je me souviens de l'honnête comédien Melchior Zapana...

Du Chesnel rougit légèrement et regarda autour de lui. — Quand il vit que personne ne songeait à épier leur entretien, il se prit à rire et toucha l'épaule du docteur.

— Josépin, dit-il, — tu as mis le doigt sur la plaie... Mais ce n'est pas tout... Elle est adorablement jolie.
— Malheureux ! gronda Josépin.
— Hélas ! oui... Leicester était amoureux !
— Il dut rester secrétaire d'ambassade, dit le docteur.
— Il était ministre... ou quelque chose d'approchant... il fut destitué !

Josépin se gratta l'oreille avec gravité comme s'il eût ruminé une ordonnance.

— Mon cher garçon, reprit-il, — ce roman doit être

…eux… Mais puisque tu l'as lu, tu es doublement [cou]pable…

Il se fit un mouvement du côté de la porte d'entrée, [et] parmi les mille conversations entamées un nom passa [ré]pété avec un intérêt visible par toutes les bouches [fé]minines.

C'était le jeune Gaston de Maillepré, — le marquis [sau]vage, — qui venait d'être introduit.

Bien des jolies têtes se tournèrent vers la porte. Bien [des] oreilles devinrent distraites. Bien des beaux yeux, [dont] la flamme commençait à s'éteindre sous la pres[sion] lourde de l'ennui, se rallumèrent, aiguisant d'ins[tinct] la pointe sournoise de leur arme coquette.

Le marquis Gaston était le plus riche, le plus beau, [le] plus original. — Tout jeune, il avait une histoire qui [fai]t un roman.

Il avait une vie moitié connue, moitié mystérieuse. [On] savait de lui quelques amours choisis, menés d'une [faç]on ravissante, et quelques duels hors frontières, où [il] avait tué çà et là un comte Orloff, un lord Effingham, [un] major Anspach, un cavalier Barberini et même un [pr]ince polonais dont le nom nous fait défaut ; en un [mo]t, tous ceux qu'il est d'usage de tuer. — Mais nous [av]ons tué délicieusement, avec charme, de manière à [fai]re des jaloux…

On l'adorait. Il y avait de quoi.

Une toute petite scène muette accompagna son [en]trée.

Madame de Varannes, qui était très pâle, rougit et [bai]ssa les yeux comme malgré elle en le voyant [a]vancer. Son mari l'épiait attentivement. Sa sœur [Di]ane, au même instant, leva sur elle un regard si [ét]rangement curieux et perçant, qu'on aurait pu le pren[dr]e pour un regard de haine jalouse. — M. de [Varan]nes observait Diane…

Il vit ce regard. Son sourcil se fronça ; son œil se [fit] sombre et inquiet sur le jeune marquis.

Le marquis, à ce moment, saluait Diane en passant [avec] un de ses plus jolis sourires. Il se dirigeait vers [M]adame de Varannes.

Du Chesnel, qui n'avait rien perdu de tout ce[la,]
montra d'un signe à Josépin les deux maris[.]
Le docteur se prit à dire derrière ses lunettes d'o[r:]
— Ils ont ma foi peur tous les deux ! murmura-t-il[,]
— c'est magnifique !...

CHAPITRE II

LE RAOUT

Il y avait quatre ou cinq ans que, pour la première
fois, on avait entendu parler du marquis Gaston d[e]
Maillepré.

Mais, depuis cette époque, Paris n'avait point eu [le]
temps de se blaser sur cette brillante et mystérieus[e]
existence, qui tout à coup révélée, semblait avoir fu[i]
aussitôt les curieux regards de la foule.

Le marquis avait voyagé.

En 1830, au retour d'une longue excursion, il s'étai[t]
embarqué à bord de l'un des navires de l'expéditio[n]
d'Afrique. Le maréchal Fourmont l'avait cité au premie[r]
bulletin de la conquête...

Depuis on l'avait vu en Espagne, volontaire d[e]
l'armée carliste, rosser les christinos avec enthou[-]
siasme.

Mais ses prouesses n'étaient jamais de longue durée[.]
Il se blasait vite. Le danger l'appelait et ne savait pa[s]
le retenir.

De sorte que, dans le même mois, — ainsi le racon[-]
tait du moins la chronique des nobles salons d'outre[-]
Seine, — on eût pu le rencontrer, courant, l'espingol[e]

l'épaule, les sierras de Navarre, puis le trouver val[ant] à Bade ou à Paris, et procédant à de tout autres [ba]tailles...

C'était charmant. Bien des héros d'opéra-comique [ne] sont pas de cette force-là.

Mais ce n'était rien auprès du roman de sa jeunesse.

Figurez-vous un de ces pages adorables qui portaient au moyen âge le missel des châtelaines, un minois tendre, coquet, espiègle, sentimental, de grands [y]eux d'un bleu sombre, de longs cheveux noirs bouclés, une taille fine et souple, plus de beauté, plus de gentillesse, plus de grâces mutines qu'il n'en faudrait pour doter une demi-douzaine de jolies femmes.

Figurez-vous tout cela, et ne craignez point de rêver quelque chose de trop séduisant ou de trop poétique. Gaston était au-dessus de nos fictions, — et il tombait tout à coup parmi ce monde curieux des salons de Paris.

On ne l'avait point vu grandir. On n'avait point pu s'accoutumer aux promesses de son enfance. Sa mère ne [s']en était point fait une parure.

Sa mère, — oh! voyez si la mode avait raison [d']adopter cet enfant! — sa mère n'était point une [no]ble dame, connue de tous, partie intégrante et iné[vi]table de toute fête, ennuyeuse à force d'être vue...

C'était une belle femme des prairies du Nouveau-[M]onde, aux seins de pourpre et au cou vermeil, en[tou]ré d'un collier de rassades. — C'était une héroïne de [Fen]imore Cooper, qui l'avait porté sur son dos durant [de] longues routes, dans les sentiers solitaires des [fo]rêts vierges; c'était une Indienne de Châteaubriand, [qu]i l'avait bercé, suspendu dans son berceau d'écorce, [au]x branches odorantes des sassafras...

Songez qu'il suffit, pour faire courir tout Paris, de quelques Arabes fort laids!

Fils du désert qui n'ont pas même le mérite de [l']inconnu, puisque nous possédons depuis longtemps [le]s marchands de nougat de Constantine, et qui ont [en] revanche l'habitude lamentable de comparer tout le monde à l'Océan, au soleil, à la lune, en vers kabyles.

T. I. 14

Notre sauvage à nous ne faisait point de vers; [il]
était beau, civilisé; il avait de grands biens et cin[q]
cent mille livres de rente en perspective, du chef de so[n]
oncle, monsieur le duc de Compans-Maillepré.

Il était marquis, — non pas vraiment marquis à [la]
douzaine comme le fils aîné de monsieur le duc d[e]
Pharsale, qui signe sans rire marquis de Rubicon, [—]
mais marquis à blason dix fois séculaire.

On a vu des oncles rapporter des millions d'Améri[-]
que, mais des généalogies !...

C'était, à coup sûr, la première fois que pareil phé[-]
nomène se présentait. Il ne se présentera plus.

Ce fut une fureur. Le marquis Sauvage eut un succè[s]
effréné. Cela devait être : tous les éléments qui const[i-]
tuent la vogue étaient en lui.

Et ce titre bizarre de *Marquis Sauvage* effaça e[n]
quelque sorte son nom. Les gens qui parlaient de l[ui]
sans le connaître et surtout les bas officiers de l'armé[e]
fashionable s'habituèrent à l'appeler ainsi. On sava[it]
qu'il était petit-fils du duc Jean de Maillepré-Maillepr[é,]
compagnon de monsieur de Lafayette et mort prison[-]
nier de la peuplade des Cherokées : cette histoire tou[te]
entière se résumait admirablement dans le sobriqu[et]
de Marquis Sauvage.

Mais nul ne savait précisément les circonstances de s[a]
vie. Le peu qu'on en connaissait venait des indiscré[-]
tions d'un jeune avoué près le tribunal de premièr[e]
instance de la Seine, maître Edme Durandin, qui ava[it]
eu en dépôt, lors de son arrivée en France, ses titr[es]
et papiers de famille, pour le cas possible où monsieu[r]
le duc de Compans-Maillepré eût refusé de reconnaîtr[e]
cet héritier que lui envoyait le ciel.

Monsieur le duc, nous devons le dire tout de suit[e,]
s'était bien gardé de soulever le moindre doute et ava[it]
accueilli cet accroissement de famille avec reconnais[-]
sance.

Telle était au moins l'opinion du monde, opinio[n]
d'autant plus probable que monsieur le duc n'ava[it]
point d'enfants.

Durant ces quatre ou cinq ans, le marquis ava[it]
habité Paris six mois tout au plus. Il était presque con[s-]

...mment en voyage, — ou vivait incognito on ne savait
..., car plusieurs affirmaient l'avoir rencontré précisé-
...ent aux époques de ces prétendues absences.
Pour ne le point posséder trop souvent, on ne l'en
...dorait que mieux. Ces absences répétées et surtout ce
...tit mystère qui l'entourait incessamment, bien qu'il
...fectât de vivre avec bruit et au grand jour, ajoutaient
...ngulièrement à son mérite et faisaient que sa vogue
...oissait loin de s'amoindrir.
Une circonstance qui donnait à sa position une
...ssiette inébranlable et rendait impossible jusqu'à
...'ombre d'un soupçon malveillant, touchant la sincérité
...e son titre, et, comme dit le code, de son *état civil*,
...'est que monsieur le duc de Compans-Maillepré n'était
...oint homme à admettre légèrement une parenté dou-
...euse. On se souvenait qu'en 1825 et 1826 il avait acca-
...lé, dans une lutte judiciaire, toute une famille d'aven-
...uriers, qui se prétendaient Maillepré.
Ces gens avaient disparu. La justice avait, bien en-
...endu, fait raison de leurs allégations que nulle preuve
...crite ne venait soutenir. — Sans les tribunaux, bon
...Dieu! d'honnêtes seigneurs comme le duc de Compans
...eraient tous les jours à la merci du premier venu!...
L'arrêt rendu sur appel contre ces imposteurs était
...par défaut. Ils avaient promis de fournir des documents
...ttendus de New-York. Mais le chef de la famille était
...mort dans un taudis mal famé de la galerie de Valois
...u Palais-Royal, la veille du prononcé de l'arrêt.
Sa mère, sa femme, ses enfants... mais, en vérité,
...ourquoi s'occuper si longtemps de ces malheu-
...reux!...
Gaston était arrivé d'Amérique un an ou deux après
...e procès. Le jeune avoué Durandin avait servi d'inter-
...médiaire entre le duc et lui. Ses titres avaient été scru-
...puleusement éprouvés. Un seul manquait : c'était l'acte
...e décès du dernier duc, mort chez les Cherokées. En
...onséquence, Gaston, par une délicatesse bien rare, ne
...mit sur son écusson que la couronne de marquis.
A part cette origine extraordinaire, qui le mettait
...hors ligne tout d'un coup, à part même sa fortune et
...a beauté presque incomparable, le jeune marquis

possédait au plus haut degré toutes les séductions q[ui]
attirent et enchaînent les femmes.

Son esprit hardi, bizarre, capricieux à l'excès, ava[it]
à l'improviste comme des bouffées suaves d'irrésistib[le]
poésie. Son aspect moral changeait et fuyait deva[nt]
l'examen. Froid aujourd'hui et railleur avec amertum[e,]
demain son cœur s'élançait vers vous. La femme qu['il]
avait dominée et comme écrasée sous quelque despo[tique]
que fantaisie, le retrouvait soumis, tendre, suppliant

Il avait d'entraînantes façons de dire son enfanc[e]
perdue au bord des grands lacs, les joies farouches d[e]
son adolescence, les dangers de la chasse, les marche[s]
patientes sur le sentier de la guerre...

Puis c'était son entrée brusque dans la civilisation
son arrivée à New-York, où il s'était trouvé à l'impro
viste parmi des hommes à visages blancs, comm[e]
étaient le sien et celui de son père, avant que l'ocr[e]
caustique du tatouage ne l'eût rougi...

Oh! qu'elles rêvaient doucement, toutes celles qu[i]
emportées par le caprice rapide de son récit, couraie[nt]
avec lui sous le gigantesque couvert des forêts d[u]
Nouveau-Monde.

Comme elles frissonnaient en voyant le tomahawk d[e]
quelque géant à la peau sanglante tournoyer autour d[e]
ce front charmant, menacer ces tempes que gardai[t]
seulement la parure de leurs boucles de soie, douce
ment agitées...

Ou bien encore, — la nuit, — derrière un tronc noir
disparaissant sous sa chevelure de lianes mêlées, deu[x]
yeux brillants qui luisent... un homme nu qui attend[,]
l'oreille au guet comme un tigre à l'affût.. un doig[t]
qui s'arrondit autour de la languette d'un mousque[t]
armé... un enfant qui s'avance, ignorant le péril e[t]
chantant le refrain que lui apprit sa mère . . .

. . . .

Il y en avait une, noble et douce créature, qui l'ai
mait d'une passion silencieuse et profonde.

D'autres avaient brûlé, en passant, le bout de leur[s]
ailes aux flammes inconstantes de ce feu follet qui appe
lait, attirait et fuyait; d'autres avaient soupiré un jour[,]
un mois, une année, soupiré à leur aise, comme de[s]

...mances, soupiré entre deux valses et lorsque les
...ins graves de leur toilette leur en laissaient le loisir.
D'autres s'étaient affichées avec entrain et bonheur,
...ttant leur gloire à être vaincues.
D'autres, rieuses et folles, aussi coquettes que lui,
...ient accepté la bataille en se jouant, et lutté à l'aide
...ces armes courtoises qui glissent sur les sens, loin
...ttaquer le cœur.
D'autres enfin, peut-être, avaient aimé vraiment,
...s oublié.
Une seule gardait à l'âme sa blessure vive. C'était
...rie de Varannes, — un cœur tendre et fier que sa
...te aurait tué, une chrétienne fervente qui demandait
...Dieu de la force contre son amour.
Elle était pure encore ; mais elle aimait trop pour
...voir point de remords. Sa conscience lui montrait
...bîme ouvert sous sa faiblesse...
Elle aimait. Les femmes comme elle, en qui l'amour
...un grand malheur plutôt qu'une faute, ne savent
...int jouer le rôle d'hypocrisie qui sauve tant de cou-
...bles indignes de pardon. Les combats où s'épuise leur
...tu mourante ôtent à leur front ce calme serein, à
...rs lèvres ce tranquille sourire où se traduit le bien-
...re du devoir accompli. La physionomie, ce livre écrit
...langue inconnue, dont les pages ont, pour chaque
...gard, un sens divers, et que la sottise vulgaire se
...nte toute seule de lire couramment : la physionomie
...est point un masque utile pour ces pauvres cœurs
...isés. La physionomie dit leur souffrance, et leur
...uffrance les accuse.
La foule qui passe et qui voit le malheur suppose le
...ime.
C'est l'histoire des douze débitants formés en jury et
...hargés par la loi de décider du sort d'un homme.
Outre que ces juges augustes ne sont pas sans voir
...ez eux parfois des poids faux et des balances accommo-
...es, pour la plus grande prospérité de leur honorable
...mmerce, il est notoire que la perspicacité n'est point
...r fort, et que, devant leur tribunal, le Christ, mal
...ouvert, aurait chance d'être comdamné une seconde
...ois. — Nous devons avouer qu'en revanche ils acquitte-

raient Barrabas, si ce larron avait boutique sur r[ue]
ou *de la bonne terre au soleil.*

Il y a pour cela mille raisons. La première et [la]
meilleure, c'est que le pauvre n'est pas une pratiq[ue.]

Et puis, l'homme qui a faim doit avoir la tenta[tion]
de voler; c'est manifeste. Donc, il y a gros à parier.

Le plus sûr est de le pendre.

Ce n'étaient point du reste les soupçons étourdis [du]
monde qui faisaient la peine de Marie de Varan[nes.]
Elle les ignorait. Elle ne savait point que vingt rega[rds]
épiaient sa rougeur ou son sourire et qu'on se chuch[o-]
tait derrière l'éventail de ces demis-mots perfides q[ui]
courent gaîment de bouche en bouche, bienveillan[ts]
d'abord dans leur fine moquerie, puis, on ne sait co[m-]
ment, accusateurs, amers, mortels.

Elle souffrait parce que son âme chrétienne et pu[re]
s'indignait à la seule pensée d'une lutte contre le d[e-]
voir, elle souffrait, parce que, faisant appel à son cou[-]
rage, elle ne trouvait que faiblesse au dedans d'ell[e-]
même. Elle souffrait parce que le présent blessait [sa]
pudeur fière et que l'avenir l'épouvantait.

Certes, il y avait dans les salons de madame de Po[nt-]
levau bien des femmes charmantes pour qui ces scr[u-]
pules hâtifs et ces remords précoces eussent été lett[re]
close.

Ces femmes charmantes avaient eu des amants, a[u-]
tant d'amants qu'on en peut avoir, sans franchir cet[te]
limite arbitraire au-delà de laquelle est l'isolement [et]
l'excommunication du monde.

Ces femmes charmantes portaient sur le visage [le]
repos heureux de leurs consciences. Nul ne songeai[t à]
parler d'elles. — On en avait tant parlé !

Mais les hommes se disaient en regardant le brilla[nt]
marquis et Mme de Varannes :

— Décidément c'est une chose faite.

Quant aux femmes, en ces sortes d'affaires, il n'e[st]
point possible de transcrire la formule de leur verdi[ct.]
Ce qu'elles disent ne signifie rien, mais elles se com[-]
prennent. . . . .
. . . .
. . . .

— Depuis que monsieur Esprit est chef du cabinet du ministre, disait Léon du Chesnel au docteur Joséphin, — je suis obligé de me donner beaucoup de mal auprès de Léa Vérin...

— Est-elle contente de son docteur? demanda Joséphin.

— Je ne sais pas.

— Qui est-ce?

— Le professeur Garance.

— Un âne!... ma foi, cette corvée-là doit être abominable...

— Odieuse!... mais il y a un beau côté : madame de Vérin n'est pas une jolie femme...

— Je le crois pardieu bien !

— La duchesse me passe mes assiduités auprès d'elle, tandis que si c'était une beauté...

Le docteur regarda du Chesnel par-dessus ses lunettes.

— Sais-tu que c'est un métier d'Auvergnat que tu fais là! murmura-t-il avec commisération.

— Ne m'en parle pas!... dit du Chesnel en haussant les épaules.

— Depuis sept ans, reprit Josépin ; — toujours secrétaire d'ambassade!... et obligé d'avoir voiture... Comment vis-tu?

— D'espoir, répondit le diplomate ; — la veine peut venir... J'ai, après tout, de belles chances... La duchesse, Léa Vérin...

— Et madame Melchior Zapata, interrompit le docteur.

Les couples brillants qui passaient, échangeant des riens élégants et de nobles fadaises, eussent été, nous le croyons, fort étonnés d'entendre dans les salons de Pontlevau cette conversation excentrique.

En général, on s'y prend moins crûment, et il est d'usage de parer mieux ses confidences. Mais du Chesnel et le docteur étaient de vieux et bons amis...

Le marquis avait pris le bras de Mme de Varannes. Ils s'étaient mêlés au flot des promeneurs.

Diane s'était presque au même instant munie d'un cavalier et les avait suivis à distance. — Diane était

curieuse à l'excès et peut-être méchante comme tou[tes]
les cœurs oisifs et vides qui ne savent point aimer.

Les deux maris, sans le vouloir peut-être, furent en[-]
traînés dans ce mouvement, comme deux satellites
attirés fatalement par leurs centres.

Les deux maris ne découvrirent rien, c'est la règle.
— Mais Diane apprit que, ce jour même, sa sœur s'étai[t]
promenée en tête-à-tête avec le marquis.

Il n'en fallut pas davantage à cette immaculée pou[r]
supposer le mal. — D'où lui venait cette science?

Nous ne savons.

La secte nouvelle, pour fausser l'esprit et tarir l[e]
cœur de ses adeptes, doit pousser fort loin ses ensei[-]
gnements...

Toujours est-il que M. de Baulnes vit parfaitemen[t]
l'expression de joie méchante qui éclairait le visag[e]
de sa femme. Elle était donc heureuse de l'accord d[u]
marquis et de sa sœur. — Pourquoi?

La position exceptionnelle de M. de Baulnes ouvrai[t]
son âme à toutes sortes de soupçons. Rien ne devai[t]
plus lui sembler incroyable.

Il vit monsieur de Varannes qui, lui aussi épiait.
M. de Varannes, en apercevant un œil fixé sur lui,
eut honte, parce qu'il crut découverte sa secrèt[e]
blessure. Il rougit et baissa les yeux.

M. de Baulnes s'arrêta court. Une idée avait surg[i]
parmi sa jalousie confuse, — son regard haineu[x]
toisa un instant monsieur de Varannes, puis il gagn[a]
précipitamment la porte et sortit pour chercher d[e]
l'air. Il suffoquait...

Jamais on n'avait vu Mme de Pontlevau plu[s]
avenante et plus gaie. Elle arrêta le marquis au pas[-]
sage et lui dit les choses du monde les plus adorables.
Il se forma un petit cercle autour de ce dernier, qui fu[t]
charmant, voulut bien payer de sa personne, et prouv[a]
une fois de plus qu'il était l'homme aimable par excel[-]
lence.

Au bout d'une heure, il se leva et parcourut les sa[-]
lons comme s'il eût cherché quelqu'un dans la foule.

Le marquis avait quelques flatteurs, mais poin[t]
d'amis, si ce n'est peut-être M. de Varannes lui-même,

quel il avait rendu service et qui s'en souvenait. Mais ce n'était point à M. de Varannes qu'il ait affaire. — Deux ou trois fois, en répondant aux [sa]luts de quelques compagnons de plaisir, il fut sur le [po]int de les aborder. Puis, il se retint.

Enfin, il aperçut Josépin et du Chesnel. Il les aborda [aus]sitôt.

— Enchanté de vous rencontrer, messieurs, dit-il.

— Monsieur le marquis... commença Josépin ; — je [v]ous prie de croire que je suis moi-même particulière[m]ent heureux ..

— J'en suis persuadé, docteur... J'aurai besoin de [v]ous deux demain à dix heures.

— Auriez-vous quelqu'un de malade ?...

— Pas encore... Il s'agit d'une rencontre, et je pense [que] vous voudrez bien être mes témoins?

— Avec plaisir, dit du Chesnel.

— Comment d'une rencontre !... murmura José[pin].

Le marquis s'éloigna en disant :

— Messieurs, je compte sur vous.

Quand il fut parti, du Chesnel se gratta le front.

Reste à savoir, reprit-il, si c'est avec M. de Baul[ieu] ou avec M. de Varannes... On n'a jamais vu jouer [un] rôle avec cet aplomb-là !...

— Ah çà ! grommela Josépin ; — je n'ai jamais été [su]r le terrain, et j'ai lu, je ne sais où, que parfois les [té]moins sont obligés de se battre.

— Poltron, dit du Chesnel, tu parles de cent ans...

— A la bonne heure, répliqua Josépin ; — s'il avait [fa]llu se battre, mes principes ne m'auraient point per[m]is d'être de la partie.

CHAPITRE III

DERRIÈRE LE RIDEAU

Aux heures d'épouvante extrême ou de mortel désespoir, la première lueur qui point parmi les ténèbres de l'esprit semble un phare de salut. L'âme s'élance avec enthousiasme et passion vers ce remède promis à son angoisse. On ne réfléchit point. On ne sait pas voir l'obstacle qui barre la route et contre lequel va trébucher votre course aveugle. Une réaction vive s'opère contre la terreur récente, amenant avec soi de folles confiances.

Plus de calcul, — y eût-il un abîme entre vous et ce semblant d'espoir, vous vous hâtez, ardent, l'œil sur le but lointain et ne voyant point la barrière qui est là, tout près de vous, à vos pieds, et qui va vous rejeter, meurtri, au plus profond de votre apathie découragée...

Sainte avait quitté l'hôtel de Maillepré sous l'empire de cet entraînement confus au conseil duquel la désolation est docile.

Durant toute la route, son intelligence troublée avait suivi l'impulsion reçue, sans essayer de voir au delà.

Elle était sortie en se disant : — il nous protégera...

Elle venait chercher cette aide qu'elle s'était promise à elle-même.

Mais à peine eut-elle franchi le seuil de la maison du numéro 26 que son courage tomba.

Il en est ainsi. La lumière cesse de brûler et laisse au

...ur de plus cruelles ténèbres. — On ne sait plus. On demande s'il est bien possible qu'on ait espéré...

La pauvre Sainte fit quelques pas dans la cour qui séparait les deux ateliers, et s'arrêta entre la porte de Mme Sorel, la brodeuse, et celle du sculpteur Romée. Pourquoi était-elle venue?...

Romée était pour elle un étranger. Elle ne lui avait jamais parlé. C'était par hasard qu'elle savait son nom.

Elle avait les yeux cloués à la pierre du pavé trempée par l'orage récent.

Elle demeura quelques minutes ainsi. — Tout le monde dormait encore aux divers étages de la maison, nul œil curieux n'épiait la douloureuse hésitation de Sainte. Le concierge, qui lui avait ouvert la porte, la voyait depuis longtemps en tête-à-tête avec le sculpteur, dont il maudissait les amours matinales, en compagnie de sa moitié, *mame* Jalambot.

Jalambot n'était pas aussi beau garçon que le prince Albert d'Angleterre, et sa femme ne possédait point cette cravache royale dont on raconte tant et de si surprenantes prouesses. Mais elle avait un balai. Jalambot était un portier malheureux.

Roxelane Jalambot, née Poux, régnait despotiquement dans la loge, qui était un petit Windsor.

Jalambot n'avait de trêve que quand il dormait. Il tenait à son sommeil comme le prince Albert à ses papiers; — cette visite à cette heure indue l'avait mis en méchante humeur, et, s'il avait reconnu Sainte pour une des ouvrières de Mme Sorel, il lui eût, sans doute, infligé une de ces avanies froidement odieuses dont les portiers parisiens, seuls dans l'univers entier, gardent l'abominable secret.

La pauvre enfant n'en eût point souffert davantage. Elle était à l'abri de toute piqûre vulgaire, derrière l'excès même de sa détresse.

Elle restait immobile. — L'obstacle qu'elle n'avait point aperçu de loin était là, devant elle.

Le but lui échappait... Quel était d'ailleurs ce but? Elle n'en avait plus la conscience.

Elle n'osait point se retirer, ni avancer, — ni demeurer.

C'était une pensée fougueuse et soudaine qui avait empli son cerveau au plus violent de son angoisse.

Il lui avait souri si souvent et si doucement! Elle avait espéré. Quoi? elle ne savait. — Nous ne savons.

Mais tout à coup la foi lui revint avec le courage, parce que la pensée de son frère venait d'envahir de nouveau son cœur

. . . .
. . . .

Romée était levé depuis un quart d'heure. Il faisait grand jour. — Debout dans son atelier particulier qui attenait à sa chambre à coucher, il retouchait avec une sorte de caressant amour un petit buste de marbre, au dessus duquel une tringle en fer suspendait un rideau de soie.

Ce buste était pour lui comme une relique pieuse dont aucun regard profane ne devait violer le mystère.

Voici ce qui était arrivé quelques mois auparavant à propos d'une première épreuve de ce morceau fini et précieux qui était à sa deuxième édition.

Un de ces frêlons artistiques qui ont des gants jaunes, de grandes barbes, un tilbury et du génie, Mécènes bourgeois, indiscrets protecteurs, mouches du coche qui se vantent de *faire aller* les arts, un de ces fâcheux enfin qui sont le fléau des ateliers, était venu un matin chez Romée.

Le buste était alors derrière son rideau de soie, dans un coin de l'atelier du rez-de-chaussée.

Romée avait l'excellente habitude de recevoir très sommairement les importuns qui venaient mettre leur lorgnon sous le nez de ses statues, et dire:

— Ah! diable!... ravissant!... pas mal, pas mal!... fameusement fouillé! joliment drapé!... très fort, ma foi, très fort!...

Il salua ce matin-là le frêlon, sans quitter son travail, et le laissa se faire les honneurs de l'atelier.

Le frêlon fourra son lorgnon dans son œil, mit sa

canne derrière son dos et commença ces incroyables grimaces de l'homme qui veut passer pour amateur.

Il perdait sa peine. Romée ne le voyait pas.

Au bout de cinq minutes, il est même probable que Romée avait oublié sa présence.

Mais tout à coup le frêlon poussa un véritable cri d'admiration. Romée se retourna en sursaut et devint pâle de colère.

Le lorgnon du frêlon était braqué sur le buste. Le rideau était levé.

Cela fit à Romée le même effet que si on eût arraché le masque d'une femme appuyée à son bras.

Il s'élança, menaçant, vers l'indiscret. Celui-ci lorgnait toujours.

— Romée prit le buste, le regarda un instant, puis le brisa violemment contre le pavé de l'atelier.

Cela fait, il saisit le frêlon par les épaules, et le jeta dans la rue.

Il fit ensuite un autre buste, mais il le cacha mieux...

Il n'y avait que ce morceau qui fût de la main de Romée. C'était là en effet plutôt un cabinet qu'un atelier. — Quelques fragments de bas-reliefs antiques se mêlaient, épars sur ces meubles chers aux artistes et dont la renaissance chercha les bizarres découpures. — A l'une des fenêtres qui regardait directement les croisées de Mme Sorel, une épingle fixait les plis du rideau, de façon à laisser une petite place à l'œil.

Quelques esquisses de maîtres modernes pendaient aux murailles, signées presque toutes par des noms jeunes alors, mais auxquels la gloire est aujourd'hui venue.

Au milieu d'un panneau vide on voyait deux épaulettes de capitaines, des pistolets de cavalerie, un sabre et une croix d'honneur.

Romée avait un bonnet mauresque à longs glands lourds et touffus. Une ceinture pareille serrait autour de sa taille les plis d'une blouse de cachemire.

Il travaillait gaîment et en chantant.

Sa voix était comme sa personne, alerte, franche, forte. Elle avait de ces accents vibrants et jeunes qui vont au cœur, et de ces notes mâles dont la douceur ressemble au noble écho d'une trompe qui appelle dans le lointain sonore des forêts...

Il travaillait, mais à sa manière, et plutôt pour toucher le buste et polir de l'ongle les contours charmants d'un visage angélique que pour le corriger réellement. Ce travail était un jeu, une longue caresse, et le rideau de soie blanche y avait grande part.

A chaque instant, Roméo s'éloignait, regardait, puis revenait d'un saut, changeant quelques plis à la draperie, la faisant descendre, puis remonter pour découvrir le buste plus ou moins.

Chemin faisant, il souriait à son œuvre et lui envoyait des baisers...

C'était un fou que ce Roméo, un amoureux, un céladon, un enfant !

Vraiment oui. — Mais c'était un terrible céladon, un enfant qui avait le bras et le cœur d'un homme...

Il se fit un bruit léger dans sa chambre à coucher. Roméo rougit comme un coupable et s'élança vers le rideau qu'il fit glisser sur sa tringle avec un empressement jaloux. —Le buste disparut caché complètement.

Roméo écouta. Le bruit avait cessé.

— Que diable fais-tu là, Croquignole ! cria le sculpteur.

Croquignole était un très jeune amateur des arts qui à l'exemple des gentilshommes d'autrefois que la loi de chevalerie forçait à servir avant de commander, tenait lieu à notre sculpteur de gouvernante, de bonne et de valet de chambre, en attendant que le travail le fît un grand artiste à son tour.

Croquignole ne répondit point.

Nous devons en faire l'aveu, c'était assez son habitude. — Croquignole avait la passion du jeu. Il jouait au bouchon avec Petit-Louis, l'héritier du triste Jalambot.

Roméo répéta sa question sur un ton d'impatience.

Croquignole ne répondit point encore, — parce qu'il était dans l'atelier d'en bas avec Petit-Louis et qu'il avait neuf sous sur le bouchon.

Roméo ouvrit brusquement la porte.

Il vit une femme debout au milieu de sa chambre

cette femme avait les mains jointes et la tête baissée. Romée ne pouvait apercevoir son visage sur lequel pendait un voile noir. Elle gardait l'attitude d'une personne arrêtée brusquement dans sa course. Sans doute la voix du sculpteur l'avait effrayée au moment où elle traversait la chambre.

Romée ne la reconnut point, mais une vague émotion lui remua le cœur.

Il n'était pas homme pourtant, nous l'affirmons, à s'émouvoir au vaniteux plaisir d'une vulgaire aventure. Il avait l'âme pleine et n'eût point su comment accueillir le douteux bonheur d'une conquête inattendue...

— Que voulez-vous, madame? demanda-t-il.

La nouvelle venue ne répondit point. — Sa poitrine se souleva brusquement.

— Vous vous trompez peut-être?... reprit Romée.

— Non, répondit Sainte d'une voix basse et brisée ; — je ne me trompe pas.

Cette voix que Romée n'avait jamais entendue eut pour lui des accents chers et passa sur son âme comme les notes oubliées d'un chant ami.

Il s'avança lentement. Son cœur, averti, suppléait à vue. — Il devinait encore mieux qu'il ne reconnaissait...

— Mademoiselle... dit-il ; — c'est chez moi... c'est pour moi que vous êtes venue?...

Sa voix tremblait.

— Non, murmura Sainte ; — c'est pour lui...

Elle releva ses mains jointes et rejeta son voile en arrière. Romée vit ce doux visage d'enfant, si suave, si ressemblant à la beauté des anges...

Ce visage dont le sourire, aperçu de loin, avait si souvent réjoui son être entier et précipité par ses veines le cours plus rapide de son sang...

Ce visage où Dieu avait épuré les rayons de la candeur céleste, — ce front qu'entourait comme une sainte auréole le reflet pur des virginales pudeurs.

Hélas ! où était ce sourire adoré?... L'azur de ces grands yeux n'avait plus sa lumière sereine. Ces paupières fatiguées se fondaient en larmes.

Romée était devenu pâle. Il n'osait plus interro[ger]...

— Pour lui, reprit Sainte en s'efforçant de conten[ir] ses sanglots ; — il va mourir si quelqu'un ne le sauv[e]

— Je le sauverai, dit Romée ; que faut-il faire ?

— Hélas ! mon Dieu ! répliqua la pauvre enfant ; je ne sais... je ne sais !...

Elle ne songeait point à expliquer sa venue. Romée ne s'étonnait point.

En l'absence de Croquignole, elle avait trouvé [la] porte ouverte. Elle était entrée...

Elle n'eût point su elle-même en dire davantage.

— Ne pleurez pas, reprit Romée, nous le sauverons, quel que soit le danger... Oh ! mademoiselle, je le co[n]nais et je l'aime...

— Vous le connaissez !... répéta Sainte, au cœur [de] qui cette voix consolatrice mettait une lueur d'espé[rance]...

— Si je connais votre frère ! s'écria Romée ; je vou[s] ai suivis bien souvent tous deux lorsque vous regagni[ez] ensemble l'hôtel de Maillepré... Quelle douce et bell[e] tendresse ! et que je lui voulais de bonheur pour to[ut] l'amour qu'il vous porte !...

Sainte ne rougit point. — Elle eut presque un sou[rire] sous ses larmes.

— J'ai bien fait de venir... dit-elle.

— Nous le sauverons ! poursuivit Romée ; — je vou[s] le promets, mademoiselle ! Oh ! oui, vous avez bie[n] fait de venir... Je suis à vous... Je suis à lui auta[nt] qu'à vous... Ne sais-je pas que c'est par lui que vou[s] êtes heureuse !

— Merci... merci... murmura Sainte.

Romée la prit par la main et la fit asseoir.

Je sais encore.. dit Romée en hésitant, — que so[n] costume d'ouvrier recouvre un gentilhomme... Il fau[t] me pardonner, mademoiselle... je ne suis pas entré bie[n] avant dans son secret... J'ignore son vrai nom... Ma[is] parlons du danger qui le menace...

— Il va se battre en duel, dit Sainte.

— Je me battrai pour lui ! s'écria Romée.

Ce mot partait de l'âme. Le regard de Sainte, où [le]

armes se séchaient, eut un éclair d'ardente gratitude. Puis son front se baissa de nouveau.

— Il est brave et fier ! prononça-t-elle en soupirant : il ne voudra pas !

— Qu'il le veuille ou non, mademoiselle, je le sauverai, vous dis-je... Vous ne savez pas le bonheur que j'ai à vous faire cette promesse et la joie que j'aurais à la remplir... Il y a si longtemps que ma vie se tient à une seule espérance...

— Êtes-vous donc malheureux, vous aussi ? demanda Sainte.

— Oh ! non, répondit Romée ; — tous les jours je vous vois sourire...

Il s'interrompit et rougit, comme s'il eût craint d'abuser de ce hasard qui jetait la jeune fille pour ainsi dire entre ses bras.

Mais Sainte ne paraissait point offensée. Son front charmant gardait le calme de sa candeur angélique...

— Et quand vous n'êtes plus là, poursuivit Romée, je vous vois encore...

Il la prit une seconde fois par la main et la conduisit dans le petit atelier. Ils s'arrêtèrent devant le rideau de soie, que Romée tira brusquement.

Sainte regarda le buste et frappa ses mains l'une contre l'autre dans un mouvement de naïf bonheur.

— Oh ! que je suis jolie !... s'écria-t-elle.

Puis quelque chose de triste passa sur sa joie d'enfant. La femme s'éveillait en elle. Son front se couvrit enfin d'une rougeur épaisse, et ses yeux regardèrent le sol.

Il se fit un silence.

Sainte était belle ainsi comme la pudeur divine.

Romée la contemplait avec délices.

Quand elle releva ses paupières, de grosses larmes coulèrent sur sa joue.

— Mon frère !... dit-elle en joignant ses mains ; — vous m'avez fait un instant oublier mon frère !...

Romée s'éveilla brusquement de son extase.

— Venez, s'écria-t-il en jetant sa blouse de cachemire pour prendre un costume de ville ; — je vais le suivre et veiller sur lui comme s'il était mon fils !...

Il y avait dans la personne de Romée quelque chose

de robuste et d'intrépide qui répandait autour de lui et réchauffait les courages. Tandis que Sainte le suivait, l'espoir revenait doucement à son cœur, et, sans savoir, elle se répétait à elle-même :

— Mon Dieu !...

CHAPITRE IV

NAZAIRE, DIT DRAGON

Au bruit connu des pas de Romée, qui descendait rapidement l'escalier, Croquignole et Petit-Louis se cachèrent derrière un Hercule en plâtre, dans le musculeux embonpoint duquel on eût taillé deux douzaines de gamins maigres comme eux.

Il y avait dix-sept sous sur le bouchon.

C'était un coup de partie : la ruine de l'un ou la fortune de l'autre.

Romée, puis Sainte, passèrent sans les apercevoir. Sainte avait rabattu son voile.

— Rien que ça de grisette endimanchée ! dit le jeune Jalambot, qui avait sucé avec le lait de Roxelane, sa mère, l'habitude de dénigrer chacun au hasard.

Croquignole, indigné du sans-façon avec lequel on traitait la compagnie de son maître, proposa incontinent un combat singulier à Petit-Louis.

On se mit en garde. La bataille fut terrible. Il y eut de tué un Gladiateur et de blessés un Satyre et un Faune, dont l'un perdit sa queue, l'autre ses cornes.

L'honneur étant ainsi satisfait, Croquignole et le jeune Jalambot continuèrent leur partie.

Il était huit heures environ. Jalambot père faisait le café au lait pour sa femme, qui sommeillait encore, la suzeraine, sur les hauts matelas du lit conjugal. — Auprès d'elle, à la place de Jalambot, il y avait un gros matou qui dormait insolemment.

Jalambot abhorrait ce matou, qui était son rival; mais il était contraint de le respecter, à cause du balai de Roxelane.

Romée demanda le cordon.

Le concierge, occupé à retirer la crème, qui s'enflait et menaçait de se répandre, ne put obéir tout de suite.

— Allons, Jalambot! propre à rien! malheureux! cria aigrement la reine de la loge, qui avait le réveil mauvais.

— On y va, ma jolie, on y va! répondit avec humilité le portier.

Le cordon se tendit. — Romée et Sainte sortirent.

Roxelane avait eu le temps de voir que le jeune sculpteur n'était pas seul.

— Qu'est-ce que c'est que ça? demanda-t-elle.

— Ça quoi, ma jolie?

— Qui sort avec M. Romée!

— Je ne sais pas, ma jolie, murmura Jalambot d'un ton de crainte.

— Tu ne sais pas! s'écria Roxelane, qui se souleva sur son séant, magnifique de négligé, de laideur et de colère; — tu ne sais pas, dindon! tu ne sais pas, godiche!... A quoi es-tu bon?

— Mais, ma jolie...

— La paix!... On regarde, emplâtre!... tu ne sais pas, paresseux!... Tu ne sais pas!... tu es là pour le savoir!.

La tête de Roxelane retomba sur l'oreiller, et le gros chat vint frotter sa moustache contre sa joue rouge.

Jalambot, l'oreille basse, versa du café dans un bol, au fond duquel se tassait une double cuillerée de cassonade. Il tourna le tout pour faire fondre, et y ajouta les trois quarts du pot de crème.

— Tiens, ma petite jolie, dit-il doucement en s'avançant vers le lit d'un pas timide.

Roxelane reçut son déjeuner d'un air rogue.
Le chat miaula.
— Et mon gros !... dit-elle.
Mon gros, c'était le chat.
Il fallut que le triste Jalambot fit le déjeuner du chat.

En suite de quoi, ce portier malheureux eut le droit de manger ce qui restait, après avoir mis de côté la part de Petit-Louis...

Romée, suivi de Sainte, se dirigeait rapidement vers l'hôtel de Maillepré.

La route fut bientôt parcourue. — Au moment où Romée allait soulever le marteau de la porte, Sainte, qui courait derrière lui, s'élança et arrêta son bras.

— Qu'allez-vous dire ?... demanda-t-elle ; — Gaston ne vous connaît pas... Jean-Marie ne vous laissera pas entrer.

Romée se retourna en souriant.

— Je sais ce que je dirai à votre frère, répliqua-t-il ; — quant à mon ami Biot... car nous sommes des amis, Biot et moi, mademoiselle, ne vous inquiétez pas... il me recevra bien.

Romée frappa et la porte s'ouvrit.

Mais le brave Jean-Marie n'était point dans sa loge.

— Où est Biot ? demanda Sainte à l'Auvergnat qui le remplaçait.

— Au premier, chez le vieux qui fait son sabbat, répondit le commissionnaire.

On entendait en effet des cris furieux du côté du corps de logis de l'hôtel, dont les fenêtres, garnies de leurs contrevents, restaient hermétiquement fermées.

Il y avait quelque chose de lugubre dans ces hurlements éclatant derrière l'immobilité morte de ces noires murailles.

Mais Sainte et Romée avaient l'esprit ailleurs.

— Et mon frère ? demanda la jeune fille.
— Votre frère ?... répéta l'Auvergnat.
— Où est-il ?
— Le petit en blouse ?...
— L'avez-vous vu sortir ?
L'Auvergnat se gratta l'oreille.

— Peut-être bien... répondit-il ; — oui... oh ! mais non, chtrrrra ! je sais pas.

Sainte et Romée se regardèrent.

Il y avait de l'épouvante sur les traits de la jeune fille et le sourire de Romée ne pouvait dissimuler son inquiétude.

Sainte s'élança en courant vers l'aile droite.

— Attendez-moi ! murmura-t-elle ; — je vais savoir...

Elle disparut dans l'escalier tournant.

L'instant d'après, Romée la vit redescendre. Mais elle n'entra point dans la cour. Sa force l'abandonna. Elle tomba sur la dernière marche.

— Il est parti ?... dit Romée.

Sainte fit un signe d'affirmation.

— Et vous ne savez pas ?...

Sainte secoua la tête. — Ses yeux étaient fixes ; elle ne pleurait point.

— Le nom de son adversaire ?... demanda encore Romée.

— Je ne sais rien, mon Dieu, murmura Sainte ; — rien !...

— Mais n'a-t-il pas laissé quelque chose... un mot ?...

— Oui... oh ! oui... un mot ! dit Sainte dont les sanglots se firent jour ; — un mot !... tenez !

Sa main, serrée convulsivement, se détendit et montra un petit carré de papier, sur lequel il y avait : *Adieu !*

Au sixième étage de l'une de ces maisons neuves, construites il y a une quinzaine d'années sur le boulevard Beaumarchais, une porte blanche portait, écrit à la craie noire, le nom de NAZAIRE, DIT DRAGON.

Cette porte s'ouvrait dans un corridor froid et sentant le plâtre humide qui entourait les combles de la maison.

Vers huit heures, un jeune homme gravit péniblement la rampe étroite et raide de cette manière d'échelle qui forme l'escalier du dernier étage des constructions nouvelles. Il s'arrêta devant la porte de Nazaire, et mit ses deux mains sur sa poitrine haletante.

C'était Gaston de Maillepré, — Gaston l'ouvrier.

Il n'eut pas besoin de frapper. Une oreille attentive veillait sans doute de l'autre côté de la porte, car son unique battant s'ouvrit aussitôt.

— Bonjour, Pâlot, bonjour ! dit la bonne voix de Dragon ! — présent à l'appel !... heure militaire, morbleu !... C'est bien, ça, mon fils !... Tu aurais fait un cavalier là-bas... C'est égal !... je n'ai pas fermé l'œil de la nuit, saperlotte !... Je voyais toujours deux fleurets en croix, et des pistolets, et le tremblement... Dieu de Dieu ! si c'était seulement à moi de m'aligner !... Mais je cause trop, mon petit, en voilà assez !... souffle un peu et puis en garde !

D'habitude, l'honnête Nazaire n'en disait pas si long, mais, ce matin, il était visiblement ému, et chez certaines natures, l'émotion est comme l'ivresse : elle fait parler.

Il avait pris Gaston par la main et l'avait conduit à une chaise où le jeune homme se laissa tomber essoufflé.

Malgré la familiarité de ses paroles, Dragon mettait dans ses manières à l'égard de Gaston, non seulement une franche affection, mais aussi une sorte de déférence.

Un tiers qui fût entré à l'improviste n'aurait certes point pu prendre ce jeune homme au costume simple, mais élégant et portant sur sa physionomie un cachet frappant de distinction noble et délicate, pour le camarade de ce brave garçon de Nazaire, tout rond, tout sans gêne, spirituel à sa façon, gai, franc, le cœur sur la main, mais bonnement ouvrier des pieds à la tête, et un peu *troupier* par dessus le marché.

Et vraiment c'est une figure attrayante que celle de l'ouvrier ainsi fait, solide, vivant, vaillant, bon bras et bonne conscience. — Et ceux-là sont de maladroits amis qui, par dessus cette mâle beauté, lui mettent un masque niais de rêveur ou de rimeur...

Voici ce qui causait l'émotion de Nazaire et mêlait un peu de déférence parmi sa ronde cordialité d'habitude.

La veille, en voyant Gaston entrer à l'atelier avec ce fameux habit noir, source de tant de gageures proposées par l'aventureux Poiret, Nazaire avait été frappé comme d'un coup de foudre. Il aimait Gaston de tout son cœur. C'était une amitié de père, inspirée par le plus noble mobile qui soit au fond de l'âme humaine : c'était l'affection du généreux pour le faible.

Or, un vol venait d'être découvert. On accusait Gaston. Mille circonstances se groupaient fatalement à l'appui de cette accusation. — La plus grave de ces circonstances c'était sans contredit l'excursion d'un jeune ouvrier pauvre dans la vie fashionable, sa présence à l'Opéra, en compagnie d'une femme élégante...

Là s'était porté tout l'effort de Nazaire, il avait dit : Non ! si haut et si bien qu'on n'avait plus osé le contredire.

Et voilà que Gaston était venu de lui-même lui donner un démenti....

En sortant de l'atelier avec Gaston, Nazaire ne savait plus que croire.

Il avait voulu interroger, — mais juge, il s'était senti tout à coup plus déconcerté que l'accusé.

Il avait vu le noble visage du jeune homme, où se lisait une fierté loyale. Pour la première fois peut-être, il s'était rendu compte vaguement d'une différence entre Gaston et ses autres compagnons.

Sous ce costume nouveau, Gaston avait l'air si bien à l'aise et si parfaitement à sa place.

En même temps, Nazaire avait remarqué sur le front du jeune homme, qui surmontait en ce moment son trouble et se redressait plus digne, une tristesse autre que sa tristesse ordinaire.

C'était quelque chose de grave et de presque solennel.

Nazaire perdit jusqu'à l'idée du vol. — Entre cette idée et Gaston, l'instinct droit et clairvoyant de sa nature aperçut un abîme.

La rougeur lui vint au front rien que d'avoir un instant soupçonné...

— Dragon, lui dit Gaston en serrant sa main, — tu as toujours été bien bon pour moi...

— Qu'est-ce que c'est que ça, par exemple! interrompit Nazaire; — les amis sont les amis!...

— Laisse-moi parler... Je ne t'ai jamais rien dit parce que mon secret n'est pas à moi et qu'il ne t'importait point de le connaître...

Un secret! murmura Nazaire dont ce mot rappela vaguement les soupçons dissipés.

— Aujourd'hui, reprit Gaston, — j'ai besoin de ton aide. Me la promets-tu?

— Deux fois, Pâlot... Mais tu me fais peur, je t'avertis...

— J'ai une sœur, reprit encore Gaston dont la voix baissa et trembla, une pauvre enfant dont je suis l'unique appui et la seule joie... Quand je ne serai plus là, Dragon, elle sera bien malheureuse.

— D'ici là, nous avons le temps de nous retourner, mon fils! dit Nazaire en tâchant de rire.

Gaston secoua la tête et serra fortement la main qu'il tenait toujours entre les siennes.

— Promets-moi de la protéger! dit-il.

— Ça ne se demande pas, mon garçon!... Mais je te dis que tu me fais peur!... Est-ce que?...

Il s'interrompit et attira Gaston jusque sur sa poitrine.

— Est-ce que tu voudrais te périr?... demanda-t-il tout bas.

Gaston eut un sourire mélancolique.

— Il faudrait que je fusse bien impatient, mon pauvre Dragon, répliqua-t-il; — regarde-moi... et vois si je ne puis pas attendre.

— A la bonne heure! s'écria Nazaire: — c'est-à-dire, se reprit-il, — tu n'as pas le sens commun... J'ai vu des pâlots comme toi vivre cent ans... mais voyons! finis-moi ton chapelet.

— Je me bats en duel demain à dix heures, dit Gaston.

Nazaire enfla ses joues.

— Ce n'est que ça! s'écria-t-il gaîment; — ah! tu te bats en duel!... excusez!... c'est bon, j'arrangerai l'affaire.

— Tu ne l'essaieras même pas, répartit Gaston ; — c'est là le service que je voulais te demander.

Nazaire recula d'un pas et se prit à examiner son jeune camarade avec un étonnement curieux. — Ils étaient sous les galeries désertes de la place Royale. Le réflecteur d'un réverbère voisin éclairait vivement le front fier et triste de Gaston et montrait dans un demi-jour confus la cambrure cavalière de sa taille.

Nazaire secoua la tête à son tour.

— Tu n'as pas les idées d'un ouvrier, dit-il ; — et vrai, Pâlot, tu aurais mieux fait comme lieutenant que comme soldat, dans le militaire ; mais c'est des hypothèses, comme disent les pousse-cailloux du génie...Tu veux te battre : c'est loisible ; à quoi te bats-tu ?

— Je ne sais pas...

— Au compas ?... au couteau ?... à la trique ?...

— Non, murmura Gaston.

— Non ?... Ah ! ah ! mon petit, c'est vrai que le sabre est plus attachant... mais les compagnons ne sont pas des grenadiers... La trique, le compas et l'eustache : connais que ça !... Si bien que moi qui te parle j'ai été obligé de me travailler, suivant les circonstances, avec la canne ou la double pointe, étant opposé à la savate, à cause que j'ai servi honorablement dans la troupe, dont j'ai des témoignages flatteurs de tous mes chefs.

— Ce n'est pas avec un compagnon que je me bats, dit Gaston.

— Tu t'attaques au bourgeois ?... c'est différent... Alors, en avant la contrepointe !... Comment s'appelle-t-il ton quidam ?... J'ai fréquenté des maisons établies : je le connais peut-être.

— Il se nomme... balbutia Gaston.

— Ça commence bien !... Après?

Gaston hésita.

— Il se nomme, reprit-il enfin résolument, — le marquis de Maillepré.

— Rien que ça de mousse ! s'écria Dragon stupéfait ; — le marquis Sauvage !... le marquis des marquis !... un fier du numéro 1 !... Tu crois qu'il va s'aligner avec toi !...

— J'en suis sûr, dit Gaston, — je l'ai insulté.

— Alors, en tout cas, il a le choix de l'arme... c'est autant de gagné... Mais insulter ne suffit pas, mon petit, et... tu m'entends bien?... Si Feignant, par exemple, insultait le fils du roi... et il en est bien capable!... le fils du roi ne se battra pas avec lui... ça me paraît bête, à moi, vois-tu, parce que tous les hommes sont égaux, dès qu'il ne s'agit pas du militaire... mais enfin, ça se fait.

Gaston eut un moment d'impatience tôt comprimé.

— Je te dis que j'en suis sûr, répéta-t-il.

— Ça suffit... Mais alors tu ne me dis pas tout... Il y a autre chose...

Gaston se rapprocha de lui.

— Écoute, murmura-t-il, — je ne puis pas t'apprendre pourquoi j'ai insulté cet homme... c'est le secret de mon père qui est mort... Mais, à toi qui m'as toujours traité comme un ami, je puis te confier la part du mystère qui m'appartient... Je suis fils d'une famille, non pas noble seulement, mais illustre. Mon aïeul était duc et pair de France... Ne m'en demande pas davantage... Mon père a emporté notre nom au tombeau.

Nazaire garda un instant le silence.

— Ah! tu es noble, toi, Pâlot?... dit-il ensuite avec un involontaire accent de défiance.

Puis il reprit comme en se parlant à lui-même!

— C'est pourtant vrai, ça!... A mon idée, s'entend... Pas fier avec les camarades... Ah! dam, non, par exemple!... mais pas chaud non plus, pas noceur, pas bavard, pas farceur, quoi!... et ne se plaignant jamais, cet enfant-là!... travaillant de bon cœur... Pas de grimaces... pas de dégoût!... Ça ne ressemble pas à ces graines de messieurs qui ont eu des malheurs et qui traînent leurs vieilles bottes par les ateliers... Ah! mais!... Merci de m'avoir dit ça, Pâlot, ajouta-t-il tout haut et avec brusquerie.

— C'est toi qui m'y as forcé... commença Gaston.

— Je te dis merci : ça suffit... et, vois-tu, je suis sûr que tu ne t'en es jamais vanté...

— Jamais.

— Tu fais un brave enfant, Pâlot, tout de même! reprit Nazaire qui avait de l'émotion dans la voix; —

mais, minute !... ça vous fâche peut-être ; à présent, que je t'appelle Pâlot ?...

Gaston lui serra la main en souriant, et Nazaire la serra rudement dans les siennes.

— Ah ! dam !... poursuivit-il ; — je n'ai vu les nobles qu'aux *Folies* et à l'*Ambigu*, où ils sont tous bêtes, menteurs et lâches... Je me méfie, moi, vois-tu, parce que je vas au spectacle tous les dimanches et qu'il y a toujours là un comte ou un baron qui dissimule comme le diable pour victimer les jeunes premières, plonger dans les fers, comme ils disent, M. Albert ou M. Delaistre, et immoler M. Saint-Ernest... que ça fait pleurer Mignonne, la pauvre chérie, toute l'eau de ses yeux !... Mais toi, Pâlot, c'est pas ça ! tu es bon. C'est pas ta faute si tu es noble, et je t'en aime trois fois plus !... Voyons ! je serai ton témoin, sans savoir pourquoi tu te bats... C'est dur, mais c'est tout de même... Et quant à ta sœur...

— Ma pauvre sœur ! murmura Gaston qui courba la tête.

— Voilà-t-il pas ! s'écria Nazaire, cachant son émotion sous un éclat de bruyante gaîté ; — elle ne saura pas tes fredaines, mon fils !...

— Mais... dit Gaston ; — si je suis tué...

— Tais-toi, Pâlot !...

— Je crois que je serai tué, dit encore Gaston, mais cette fois avec une froideur ferme.

— Tais-toi ! répéta Nazaire ; — ça porte malheur !... Toi, mon pauvre Pâlot !... mourir comme ça !...

La voix de Nazaire tremblait. Il prit brusquement Gaston à bras le corps et le pressa contre sa poitrine.

Puis il se recula et frappa du pied avec une véritable colère.

— Morbleu ! dit-il en passant le revers de sa main sur ses yeux humides ; — tu me fais faire des bêtises... Ta sœur... je ne la connais pas, moi, ta sœur !... mais je l'aime... Si le malheur voulait... Ta sœur aurait un père, Pâlot, mon pauvre enfant chéri !...

Cette fois, ce fut Gaston qui entoura de ses bras les robustes épaules de Dragon. Ils demeurèrent longtemps embrassés.

— Merci!... merci!... disait Gaston.

Nazaire faisait des efforts inouïs, mais tout à fait inutiles pour s'empêcher de pleurer.

Au bout de quelques secondes, il repoussa Gaston et reprit :

— C'est dit. Ne parlons plus de ça où je me fâche... Un troupier qui pleure, vois-tu, ça n'est pas conforme... Revenons à demain... Sais-tu manier le pistolet?

— Non, répondit Gaston.

— Sais-tu tirer l'épée?

— Mon Dieu, non.

Nazaire fit une longue grimace.

— C'est égal, dit-il ensuite. — C'est égal... on a vu des conscrits... pas souvent... Mais je suis prévôt, morbleu! et j'aurai bien le temps de te montrer un bon coup... viens!

Il voulut entraîner Gaston, qui résista.

— Viens donc! répéta-t-il.

— Pas à présent, dit Gaston; — c'est ma dernière soirée... elle sera pour ma sœur...

— C'est juste, répliqua Nazaire, — quoique je sois bien sûr que nous reviendrons tous deux demain déjeuner au Capucin... Je t'invite. — Mais enfin, c'est juste: la petite, avant tout!... A demain donc! huit heures au plus tard, et je t'en donnerai une fière leçon!... A propos, sais-tu mon adresse?

Il arrive souvent que deux amis d'atelier, qui ne sont point en même temps compagnons de plaisir, ignorent mutuellement leur domicile. L'atelier est un rendez-vous de chaque jour, qui rend les visites inutiles. Gaston ne savait pas où demeurait Nazaire.

Ils entrèrent chez un marchand de vins, et Dragon écrivit sur un bout de papier cette adresse compliquée :

« Nazaire, dit Dragon, boulevard Beaumarchais, maison neuve, sans numéro, la quatrième après le café, l'escalier du fond, tout en haut, la troisième porte dans le corridor. Le nom est dessus. »

CHAPITRE V

LEÇON D'ARMES

Nazaire, dit Dragon, demeurait dans une grande chambre mansardée, à deux fenêtres, s'ouvrant au fond de deux profondes embrasures. Derrière les vitres de ces croisées, on apercevait des fleurs d'automne dont les premières gelées avaient courbé les tiges malades.

Son lit de sangle était entouré de rideaux de croisé bleu, retenus au plafond par un anneau de cuivre, et dont les plis se drapaient avec une sorte de coquetterie.

Sur la cheminée, dans de hauts verres à bière de Strasbourg, il y avait des paquets de marguerites-reines et des dahlias.

La commode en bois de noyer, l'armoire de chêne verni, les chaises paillées et le fauteuil d'étoupes, recouvert en colonnade grise, tout cela était propre, tout cela avait un parfum de « bon chez soi » trop rare, il faut l'avouer, dans la pauvre demeure de l'ouvrier.

Et encore, ces fleurs du dedans et du dehors, la netteté brillante du cuivre des serrures, les plis du rideau, quelque chose enfin qui mettait parmi ces meubles indigents, de l'œil, de l'apparence, de la symétrie, eussent annoncé au regard observateur la présence habituelle d'une femme.

Partout où passe cette fée bienfaisante, il reste un charme indéfinissable, une trace riante, un rayon, un reflet, — un rien qui pare et embellit, — qui se sent, qui se voit, mais qui ne peut s'écrire.

La fée, ici, c'était Mignonne, la jolie fiancée de Nazaire.

C'était une bonne et gentille enfant que Mignonne, et qui aimait son Dragon comme une petite folle, bien qu'elle le fît enrager parfois. — Bébelle, l'*amante* de Poiret, était venue quelque matin après le départ de Nazaire pour l'atelier, et avait haussé les épaules bel et bien en disant :

— C'est pas un sort, ça, ma petite, que de rester tous les jours que Dieu donne en plan, pour attendre un homme qui n'est qu'un graveur ! Moi, j'ai Poiret; il me va ; mais ça n'empêche... le jour est long... une connaissance honnête est bientôt faite... ça passe le temps... Et puis les étudiants sont si gentils ! Des amours en béret rouge, ma fille !..., qu'on croirait voir ceux qui sont dans Paul de Kock !...

Bébelle avait dit cela et beaucoup d'autres choses, car Bébelle était un *type*, et les types parlent comme des volumes entiers de romans *de mœurs*.

Mais Mignonne avait fait la sourde oreille, et Bébelle avait dû descendre les six étages de la mansarde en chantant par dépit :

> Messieurs les étudiants
> S'en vont à la barrière
> Pour danser le cancan
> Et la Robert-Macaire, etc.

Chanson qui est un type d'ode, dû à la collaboration d'un grand nombre de jeunes gens aimables et jouant la poule.

Et Mignonne était restée *en plan*.

La chambre de Nazaire possédait encore d'autres ornements auxquels la main de Mignonne n'avait point de part.

C'était d'abord un grand sabre droit de dragon; c'étaient ensuite un burnous blanc, deux pipes arabes en croix et une de ces interminables ceintures mauresques, dont le tissu fait honte à nos fabriques.

On ne va pas pour rien, voyez-vous, *en Alger*, et, comme dit en style de voltigeur la médaille récemment frappée à la gloire de nos quasi-conquêtes marocaines:

le Français sut vaincre ; il le sait encore ; il le saura toujours !

Inscription manifestement sublime et qui ne laisse pas de rappeler les belles strophes de ce chant militaire bien connu :

> Un grenadier, c'est une rose
> Qui brille de mille couleurs ;
> Au combat, il n'est rien qu'il n'ose
> Tout affronter par sa valeur...

Donc Nazaire avait, lui aussi, rapporté ses trophées, plus modestes, il est vrai, que le parasol d'Isly, mais moins rapiécés.

Il reçut Gaston, comme nous l'avons vu, avec une cordialité brusque, mêlée d'une nuance de déférence.

Nazaire avait beau se battre les flancs, il ne pouvait plus être aussi libre avec le *Pâlot*, devenu pour lui le petit-fils d'un pair de France.

De plus, il avait quelque chose sur le cœur.

— Je n'ai pas dormi de la nuit, répéta-t-il en se tenant debout devant Gaston assis, qui reprenait péniblement haleine ; — parce que j'ai pensé à vous... à toi, Pâlot... un peu pour la chose de s'aligner et beaucoup pour les deux contremarques de la Banque...

Gaston ne répondit point et l'interrogea du regard.

— Tu ne sais pas ça, toi, reprit Nazaire ; tu ne te doutais même pas qu'on t'accusait !... On avait volé deux billets au père Potel...

— Et l'on m'accusait ! dit Gaston.

— Un peu !... pas moi !... Pourtant, sapristi, Pâlot... faut être un grand lâche pour avoir eu cette idée-là !... Quand je t'ai vu venir avec ton habit noir... Ah ! dam, ça n'a pas duré longtemps... mais j'ai senti là-dedans comme un plomb...

Il s'interrompit et prit la main de Gaston qu'il écrasa sur son cœur.

— Tiens, petit ! ajouta-t-il vivement ; — sens comme ça saute encore, rien que d'y penser !... Ah ! mais !... c'est que ça fait grand mal !... Faut dire que c'est ma faute... j'aurais dû tomber tout de suite sur ceux qui t'accusaient et les raser à contre-poil, comme disait l'aide-major du régiment qui avait étudié pour être perruquier... Ça c'est vrai... As-tu soufflé ? Habit bas !... Je vais te conter la chose de ce qui est arrivé à l'atelier, tout en t'apprenant à te défendre.

Gaston se leva et ôta son habit.

Nazaire poursuivit :

— Tant il y a qu'après t'avoir quitté sous les arcades là-bas où il ne manque que du monde et des quinquets pour ressembler à tout ce qu'on voit de beau, je m'en retournai à l'atelier. Voilà Poiret qui me dit : — Un pari ! — Poiret dit toujours ça, tu sais bien...

Dragon s'interrompit et reprit :

— Relève un peu voir tes manches et serre ta cravate autour de tes reins... histoire d'être plus à ton aise...

Gaston obéit.

Nazaire alla prendre deux fleurets sous une table.

— J'ai caché les outils, rapport à Mignonne, dit-il ; les femmes, ça fait des hélas à tout bout de champ... Donc, Poiret m'aborde : Un pari !... moi, je réponds : — Pas de pari !... je viens ici, voyez-vous, à cette fin de causer raison et de vous avertir que si quelqu'un a le toupet de dire ci et ça sur le compte du Pâlot, qui est le meilleur de la compagnie, ni une ni deux, je lui casse les reins comme une chimique allemande.

— Tiens-toi bien, Pâlot, mon fils, la jambe droite libre, le corps posé sur la jambe gauche, le bras gauche effacé, ainsi que la poitrine de même, la main droite à la hauteur de l'œil... Un peu de jeu !... de l'aisance... Une, deux ! bats l'appel... ça va marcher !...

C'est entendu... Je leur dis : Je vous éreinte... C'est pas l'embarras, je leur dis ça plus souvent que je ne le fais, vu que le cœur est bon dans la plupart, même dans les Alsaciens : ils comptent là-dessus... Il n'empêche que l'habitude n'est pas de me rire au nez comme ils ont fait hier au soir... Ça m'a étonné...

L'œil sur mon œil, toujours ! Pas de bêtise !... Appuie l'épée... Attention... Pare tierce, et en garde !...

Mais Gaston ne savait point parer tierce.

Dragon s'interrompit pour lui expliquer les positions élémentaires et le rudiment des parades, ce qu'il fit

avec l'aplomb et la précision d'un prévôt de salle.
Gaston était adroit, mais son défaut complet d'habitude rendait à peu près nuls les résultats de cette leçon tardive.

— Ça va marcher, mon fils, disait Dragon, — ça va marcher... Tiens-toi bien... Le diable, c'est que je ne peux pas te parler en terme de salle, puisque tu ne les comprends pas... N'importe !... ça va marcher... En garde !... y sommes-nous ?... Tu vas parer tierce, mon petit, et te fendre sur ta parade... Une... deux !... allez donc !... ce n'est pas ça !...

Gaston faisait pourtant de son mieux. La sueur découlait de son front pâle et il respirait avec peine.

— Reposons-nous un peu, reprit Dragon, ça va marcher.

Gaston s'assit et passa son mouchoir sur ses tempes.

— Donc, poursuivit Nazaire, dont le cœur se navrait à voir cette fatigue si tôt venue, mais qui refoulait en lui son inquiétude énergiquement, — donc les autres me rirent au nez... Je me fâche, comme de juste, mais tout rouge, parce qu'il s'agissait de toi... J'en prends deux par le collet et j'allais leur procurer une embrassade un peu chaude, quand Poiret me dit : — On n'attaque pas le Pâlot, Dragon... Et Feignant ajoute : — Le Pâlot est bon, c'est convenu, pas de carnage !...

Gaston avait l'œil terne et gardait une immobilité de statue. — Sous la toile de sa chemise, on voyait seulement son souffle pénible soulever par soubresauts presque imperceptibles les parois de sa poitrine.

Dragon s'arrêta et le regarda en dessous.

— Ça n'a jamais vu le feu ! pensa-t-il involontairement ; — c'est enfant... peut-être bien...

Dragon rougit et sa mobile physionomie exprima tout à coup un mouvement de colère.

— Allons, se dit-il ; — hier je l'ai cru voleur ; aujourd'hui, je le prends pour un lâche... Pas mal... Voilà comme on traite ses amis quand on est un sans-cœur... Ah ! mais, je n'ai pas volé ça !

Il est évident que s'il était donné à l'homme de colleter son propre individu, Nazaire se fût fait à lui-même un fort mauvais parti.

— Quand ils m'eurent dit ça, Pâlot, reprit-il avec un soupir de contrition, — que tu étais un bon, et le reste, tu sens bien qu'il n'y avait plus rien à faire... Je lâchai Nicolaus, je lâchai Johannes... ou Fritz, je ne sais pas au juste lesquels je tenais, et je dis : Ça me paraît qu'on a retrouvé les sous du père Potel. — Juste ! me répondit Poiret. — Feignant voulut conter la chose, mais, si Poiret a du bon dans la tête, c'est sa langue. — Dragon, me commença-t-il ; un pari !... C'est que tu ne devinerais jamais qui a fait le coup.

Alors tout le monde se mit à crier ensemble que c'était Poupart.

Poupart avec sa bonne face d'imbécile !... aurais-tu cru ça, toi, Pâlot ?...

Gaston leva sur Nazaire ses grands yeux où il y avait de l'égarement et répondit *non* au hasard.

Puis il retomba dans son immobilité morne.

Le pauvre Nazaire voyait bien que tous ses efforts pour opérer une diversion étaient inutiles. Il poursuivit avec une sorte de découragement :

— Allons, mon fils ! en garde ! tu dois être reposé...

Gaston se leva lentement. — Il reprit son fleuret. — Il se mit en garde

Il fit quelques passes, suivant les prescriptions de Nazaire, avec une docilité machinale. — Puis le fleuret s'échappa de sa main.

Il croisa ses bras sur sa poitrine.

Sa paupière battit. — Une larme roula le long de sa joue.

Nazaire fronça les sourcils et jeta son fleuret avec colère.

— N'y a pas à dire, petit, prononça-t-il tout bas ; — je crois que tu as peur !

Gaston sourit douloureusement.

— Merci, répliqua-t-il sans amertume ; — merci pour ta leçon, mon ami... J'en sais assez pour me tenir sur le terrain, sans faire pitié à mon adversaire... Cela suffit... Quant à ton injure, je n'ai pas le temps d'avoir de la rancune .. Je te pardonne.

— C'est que, balbutia Nazaire qui ne savait plus s'il devait se fâcher contre Gaston ou contre lui-même ; —

quand on dit comme ça : je suis sûr d'avoir mon affaire... et qu'on perd la carte... et qu'on pleure...

Gaston releva sur lui ses grands yeux aux cils humides. Nazaire s'interrompit, rougit encore et détourna la tête. — Gaston lui prit la main.

— Je te pardonne, répéta-t-il ; — tu ne la connais pas... Tu ne sais pas ce que nous trouvions ensemble de bonheur parmi notre misère... Tu ne sais pas comme un désespoir va m'appeler... Je ne répondrai pas... ma main ne sera plus là pour essuyer ses pauvres larmes... Oh! oh! mon Dieu! ajouta-t-il en un sanglot déchirant, — ma sœur!... ma sœur!...

Il se couvrit le visage de ses mains.

Nazaire se donna un grand coup de poing dans le front et se prit aux cheveux.

— Chien de butor!... murmura-t-il ; — j'avais oublié la petite!...

Il se rapprocha, soumis, l'oreille basse, essayant de gauches caresses.

— Allons! fiston, dit-il ; — faut pas penser à ça... Une botte ou deux, ce ne sera pas la mer à boire... si tous ceux qui vont là n'en revenaient pas!...

— Que de fois, interrompit Gaston, — dans mes nuits de souffrances, l'ai-je trouvée, en m'éveillant, penchée à mon chevet comme un bon ange... Je la voyais... J'entendais sa douce voix... Je ne souffrais plus... Et c'est elle qui va maintenant souffrir... seule... toute seule, mon Dieu!... Elle viendra... oh! c'est à briser le cœur!... Elle viendra me chercher où je ne serai plus... Ma couche vide... mes vêtements de travail... Ecoute!... je n'ai plus qu'une heure pour penser à elle... Laisse-moi mes larmes... mes larmes qui sont à elle... à elle... Ma sœur!... ma sœur!...

Nazaire le soutenait, chancelant, entre ses bras. Il n'osait plus ouvrir la bouche.

Gaston haletait. — Il demeura un instant silencieux. Puis il se redressa lentement.

— Dans une heure, dit-il, — je dirai adieu à un souvenir... Et tu verras si j'ai peur. . . . .
. . . .

Romée était resté auprès de Sainte dans la cour de l'hôtel de Maillepré. Nulle consolation n'était possible. Dans les cas les plus désespérés, un frère console sa sœur, un fils sa mère, un amant sa maîtresse, parce que entre gens qui ont l'habitude de s'aimer, il reste, même après tout espoir évanoui, le baume des douces paroles et des caressantes tendresses.

Mais Romée, qui aimait Sainte de toute son âme, ne la connaissait point. Il n'y avait en leur passé rien de commun. Leur rapprochement s'était fait, non par hasard, mais par une de ces inspirations désespérées qui viennent à la détresse et sortent tellement des règles de la vie commune qu'on les relègue volontiers dans le domaine impossible du roman.

Car les événements de ce genre ont beau se représenter tous les jours et sous nos yeux, il est convenu que l'on n'en doit pas tenir compte.

Pourquoi? — Ecoutez ceci :

Un bon bourgeois, ami de l'ordre public, niait fort vertueusement l'existence de ces bandits parisiens auxquels nos journaux judiciaires, amants forcenés de la couleur, ont conservé le nom galant d'*escarpes*. Ce bourgeois demeurait quelque part dans les parages solitaires du quartier Pigale. Il se moquait volontiers des gens assassinés la veille dans la rue, et disait : Fadaise ! et disait : Roman !

On ne se fait pas une idée juste du nombre inouï des niais qui vivent sur ces deux mots !

Un soir, notre bourgeois fut étranglé, — mais étranglé comme il faut. Vous croyez peut-être qu'il fut convaincu ?

Néant. Avant de rendre l'âme, il dit aux escarpes stupéfaits : — Allons, mauvais plaisants, lâchez-moi vous me faites mal !...

Thomas, de nos jours, verrait, toucherait et nierait...

Mais, pour être réelles, ces *frasques* du désespoir ou de la passion restent dans l'exception. Leurs résultats sont aussi imprévus qu'elles-mêmes. Il atteignent parfois le but que les moyens ordinaires eussent manqué certainement, mais, s'ils échouent, tout est dit. L'en

...thousiasme est tombé ; le découragement revient plus morne et plus lourd.

Romée n'avait aucune action sur Sainte. De lui à elle un seul mot était bon à dire et à entendre : Je le sauverai !...

Mais où était Gaston ?... sur le terrain déjà peut-être... Promettre de le sauver désormais, c'eût été mentir.

Romée restait là, devant Sainte qui se mourait d'angoisse. Il oubliait que lui-même avait couru plus d'une fois la chance du duel et que notre civilisation a su jeter entre deux hommes qui se battent, non pas une muraille assurément, non pas même un bouclier, — mais quelque chose qui amoindrit le danger discrètement et laisse tout juste ce qu'il faut pour contenter l'*honneur*.

Parce que l'*honneur*, qui est mauvaise tête, mais bon prince, demande beaucoup et se contente de peu.

Romée, en face de cette douleur navrante de la femme qu'il aimait, perdait le vif ressort de sa nature allègre et entreprenante. Le découragement le gagnait.

Parfois, il était sur le point de s'élancer au dehors et de courir et de chercher à l'aventure. — Mais Sainte était là seule, épuisée de sanglots. Il restait...

La porte de la rue et celle du corps de logis s'ouvrirent en même temps, A la première, se présenta M. Williams ; par l'autre, sortit Jean-Marie Biot.

L'Auvergnat, accoudé tranquillement sur la demi-porte de la loge comme sur un balcon, fumait sa pipe et regardait.

D'un coup d'œil, Biot aperçut sa jeune maîtresse. Il descendit le perron en deux sauts et s'agenouilla près de Sainte.

— Qu'y a-t-il, monsieur Romée ? demanda-t-il avec soupçon, — et pourquoi êtes-vous ici ?

Sainte, au son de cette voix, releva sa paupière alourdie par les larmes. Quand elle vit Biot, une lueur d'espérance brilla dans son œil.

— Tu sais où il est, toi ! murmura-t-elle.

— Qui ?... demanda Biot qui ne comprenait pas et avait le cœur serré d'épouvante.

T. I. 16

Sainte fit effort pour parler. Elle ne put.

— Son frère, dit Romée.

— Son frère !... répéta Biot, devenu blême, M. le marquis !... Mais on craint donc !...

— Il ne sait pas non plus !... murmura Sainte.

C'était son dernier espoir. Ses sanglots se ralentirent, puis son souffle s'éteignit. — Elle était évanouie.

M. Williams s'était arrêté au milieu de la cour. Il braqua son lorgnon à double branche d'or sur le groupe formé par Sainte, Biot et Romée. Biot, en ce moment, débouclait la ceinture de la jeune fille, tandis que Romée frappait dans ses mains doucement.

M. Williams s'avança jusque auprès de la porte de l'aile droite. Son visage sévère et froid ne montrait nulle trace d'émotion.

— Pardon, dit-il d'une voix grave et empreinte d'un fort accent ; — mon ignorance de la langue donnera peut-être à ma question une portée brutale et indiscrète, mais mon intention est bonne...

Il tira de son sein un portefeuille.

— La souffrance de cette jeune lady, ajouta-t-il, a-t-elle pour cause le manque d'argent ?...

— Non, répondit Biot rudement.

M. Williams remit son portefeuille dans son sein, toucha son chapeau, tourna le dos et gagna lentement le perron.

Romée avait réussi à détendre les doigts crispés de l'une des mains de Sainte. C'était la main qui tenait le papier où Gaston avait écrit le mot adieu.

Le papier s'était retourné dans la main de Sainte. Il y avait deux lignes écrites à l'envers.

Romée l'approcha vivement de ses yeux. Aux premiers mot il tressaillit.

— Le cordon ! le cordon ! s'écria-t-il en s'élançant vers la porte.

L'auvergnat ouvrit. — Romée disparut.

Biot prit Sainte dans ses bras, monta l'escalier avec précaution et la déposa sur son lit.

CHAPITRE VI

LA BUTTE SAINT-CHAUMONT

.... Gaston était assis sur le lit de Nazaire [et] semblait absorbé complétement dans sa douloureuse [rê]verie.

Nazaire faisait semblant de brosser son pantalon, et [le] regardait du coin de l'œil. Il y avait dans ce regard [du] brave Dragon le dévouement d'un ami et la tendresse [in]quiète d'un père.

Le timbre enroué du petit coucou de faïence qui pen[da]it à la muraille sonna neuf heures et demie.

Gaston se leva et secoua sa tête par un mouvement [br]usque.

— Il est temps, dit-il.

Nazaire demeura immobile, son pantalon d'une [m]ain, sa brosse de l'autre, tant il fut étonné de voir ce [d]ont, courbé naguère sous l'accablant fardeau du déses[po]ir, se redresser tout à coup calme et fier.

— Je compte sur toi, reprit Gaston d'un ton bref et fer[me] qui faisait plein contraste avec la mollesse découra[gé]e de ses récentes paroles : — tu la consoleras de ton [m]ieux... Moi, je n'ai plus le droit de penser à elle, [par]ce que le moment est venu d'agir en homme.

— Allons ! dit Nazaire ; — voilà !... ça va marcher.

Gaston détacha sa cravate qui lui servait de ceinture, [et] la renoua autour de son cou, formant avec précision [la] mple rosette que nos dandies savaient si bien dispo[se]r à cette époque. Il remit son gilet, puis son habit, et

— Je suis prêt.

— C'est bon, répliqua Nazaire qui lissait la soie rebelle de son chapeau ; — où est le rendez-vous ?

— Aux buttes Saint-Chaumont.

— Fameux !... Ce marquis-là s'y entend, tout de même... La porte Maillot est pour ceux qui commandent leur déjeuner d'avance et paient un garde pour venir les déranger au moment où ils vont se fendre... C'est connu... au lieu que les buttes...

Il s'interrompit et acheva entre ses dents :

— Quoique je donnerais deux semaines de banque pour qu'on y vienne nous déranger ! En deux temps, reprit-il tout haut, — une citadine nous aura transportés sur les lieux ! Ça y est-il ?

Gaston s'avança vers la porte.

— Mais j'y pense, dit Nazaire ; — les bourgeois ont la coutume de se donner deux témoins de chaque bord... à quoi ça sert ? ça m'est égal... Nous ne sommes ici, en tout, qu'un témoin, nous, fiston.

— En effet, répliqua Gaston ; le marquis a parlé de ses témoins.

— Croit savoir les choses, vois-tu bien !... mais ce n'est pas le tout... qui prendre ?... Il y a Poiret.., c'est diablement commun ; ça n'a pas l'habitude des sociétés... Feignant ?... c'est trop décolleté ; ça ferait quelque manquement au décorum... Sapristi ! Pâlot, voilà de l'embarras !...

— Nous irons seuls, dit Gaston : — viens ..

Comme il ouvrait la porte on entendit dans l'escalier une voix fraîche et gaie qui chantait de petits couplets.

— Diable, diable ! grommela Dragon ; — cachons les outils... voilà Mignonne.

C'était Mignonne en effet, mais elle n'était pas seule. Romée la suivait, tenant encore à la main le papier où Dragon avait écrit la veille, en détail et sans abréviation :

« Nazaire dit Dragon, boulevard Beaumarchais, maison neuve, sans numéro, la quatrième après le café au fond de la cour, tout en haut, la troisième porte dans le corridor ; le nom est dessus. »

Romée avait découvert cette adresse en retournant par hasard ce chiffon où la main tremblante de Gaston avait tracé le mot *adieu*. Sa première pensée fut que le frère de Sainte se battait contre Nazaire. Cette idée prit sur son esprit d'autant plus d'empire qu'il savait Nazaire un terrible raffiné d'honneur. Et puis cette idée lui donnait grand espoir. Il s'y arrêta.

Nazaire, depuis son retour d'Afrique, avait conservé avec son ancien capitaine des rapports de respectueuse et très vive affection. Romée était pour lui l'idéal du bon, du beau et du vaillant. Il l'eût suivi au bout du monde.

Romée, qui savait cela, devait donc penser qu'un seul mot de sa bouche suffirait à calmer la tempête.

Il se disait, en arpentant rapidement la rue des Francs-Bourgeois pour gagner le boulevard :

— Ah! ah!... Gaston est fier! tant pis pour Dragon!... Il faudra qu'il fasse des excuses... et il les fera!... C'est un si brave cœur!... Je lui dirai : Cet enfant est mon ami, mon parent... la première chose venue!... C'est que ce diable de Nazaire ne ferait de lui qu'une bouchée!... Pourvu que j'arrive à temps!...

Il courait de toutes ses jambes.

Enfin il arriva dans la cour, où il trouva un portier aussi portier que Jalambot.

— M. Nazaire est-il chez lui? demanda-t-il.

— Au sixième au-dessus de l'entresol, répondit cet autre Jalambot.

— Je vous demande s'il est chez lui...

— Voyez voir, répliqua le portier ; — la troisième porte dans le *colidor*...

On a vu de ces fonctionnaires arriver à la décrépitude sans avoir eu jamais la moindre canne brisée sur les épaules.

C'est très vrai, — mais cela suffit pour prouver en faveur de la mansuétude surprenante de nos mœurs.

Romée n'avait ni la volonté ni le loisir de prendre à partie le concierge. Il s'élança dans l'escalier, dont il monta les degrés quatre à quatre.

Mignonne apportait le lait du déjeuner en chantant

et sans se douter le moins du monde que le prologue d'un drame sanglant se jouait dans la mansarde.

Romée la dépassa et entra le premier.

— Dieu soit loué ! s'écria-t-il, j'arrive à temps !

— Et à propos ! répondit Dragon ; — en voilà de la chance !...

Et, avant que Romée essoufflé pût prendre la parole, Nazaire poursuivit :

— J'ai l'honneur de vous présenter, capitaine, — Gaston, dit le Pâlot, un ami à moi... pas un ami à la douzaine, au moins !... un ami dans le vrai style, que je n'aimerais pas mon propre enfant un pouce de plus !...

Dragon avait pris une pose militaire pour prononcer cet exorde. — Romée l'écoutait avec surprise et perdait son espoir.

— Je vous le présente, continua Nazaire, — étant dans un mauvais cas... Une affaire le réclame, comme on dit et je m'émancipe à vous demander si vous n'auriez pas une heure ou deux à nous donner pour compléter le nombre voulu de deux témoins...

— Monsieur... voulut dire Gaston, qui salua poliment et froidement.

— Espère, Pâlot ! interrompit Dragon ; — il s'agit, comme bien vous pensez, capitaine, d'aller sur le pré incontinent... La chose est à dix heures... et c'est déjà pas trop matin, suivant mon opinion, ayant l'habitude pour mon compte de faire ces fonctions-là au saut du lit... Mais les goûts sont dans la nature aussi bien que les couleurs.

Romée avait baissé la tête et ne répondait point.

Mignonne venait d'entrer. Elle était auprès de la porte, son pot au lait à la main, curieuse, comprenant à demi et tremblante.

— Monsieur, dit Gaston en s'adressant à Romée, l'heure s'avance, et si vous ne devez point nous accorder votre concours...

— Comment ! murmura le sculpteur dérouté ; — ce n'est pas ensemble que vous vous battez !

— Ensemble ! s'écria Dragon ; — mais *motus !*... voilà Mignonne... Oui ou non, capitaine ?...

— Que ne puis-je faire davantage ! prononça Roméo comme en se parlant à lui-même ; — du moins serai-je là... Je vous suis.

— Monsieur, dit Gaston qui salua de nouveau, — je vous remercie... Partons !

Il franchit le seuil.

Roméo mit sa main sur l'épaule de Nazaire et lui dit quelques mots à l'oreille.

— Ah !... fit celui-ci avec toutes les marques de l'étonnement ; — ce n'est donc pas par hasard ?...

— Je le cherchais... Mais la pauvre enfant va rester seule... Elle ne saura même pas que je suis auprès de son frère...

— Si fait !... Voilà Mignonne...

Roméo ouvrit la bouche pour répondre et garda un silence embarrassé.

Nazaire rougit jusqu'aux oreilles.

— C'est ma femme, dit-il en se redressant, — n'ayez pas peur, capitaine... Les bans sont publiés... Et puis, d'abord, il n'y a pas de bans qui tiennent !... Mignonne est un bon petit cœur et une honnête fille, — à preuve que je l'épouse !

Ces derniers mots furent dits avec une dignité si franche et si vraie que Roméo n'hésita plus. Il alla vers Mignonne, qui, confuse et devinant qu'on parlait d'elle, faisait semblant de mettre tous ses soins à bâtir un petit feu de bois.

— Mademoiselle, dit-il, Nazaire me permet de vous demander un service.

Mignonne se releva et fit la révérence.

— Pardon, capitaine, interrompit Dragon ; — j'entends le Pâlot qui crie en bas... J'aurai plus tôt fait que vous... Voilà le cas, Mignonne... Il y a une petite demoiselle qu'il faut aller voir tout de suite... et la soigner, et tout... C'est la sœur du Pâlot, mon meilleur ami... et elle est quelque chose au capitaine, pour qui je me couperais en quatre sans maronner...

— Et que faut-il lui dire ? demanda Mignonne.

— Que tout va bien, mademoiselle, répondit Roméo ; — que je suis auprès de son frère... N'oubliez pas cela... et qu'elle prenne espoir...

— C'est ça, partons ! s'écria Dragon ; — le Pâlot fait le diable en bas..., Tu sais, Mignonne, des douceurs, des espoirs... Au grand hôtel du coin des rues des Francs-Bourgeois et Culture... Mademoiselle...

— Sainte de Naye, acheva Romée.

— Je vais faire de mon mieux, dit Mignonne.

Romée entama un remercîment ; Nazaire le poussa dehors sans cérémonie, et tous deux descendirent rapidement.

Gaston les attendait, le pied sur le montoir d'un fiacre qu'il avait appelé.

Le mot pourboire fut prononcé. Les deux rosses, sanglées à tour de bras, mirent en mouvement leurs jarrets maigres et comme désarticulés. Le fiacre, ébranlé, cahota au grand trot sur le pavé du boulevard.

La route se fit silencieusement.

Gaston se tenait immobile et froid dans un coin du fiacre. Auprès de lui, Nazaire, raide et craignant de s'appuyer aux parois prétendues rembourrées de la voiture, gardait une posture de circonstance. — Romée était agité. A chaque instant il semblait sur le point de prendre la parole et se taisait toujours.

Lorsque le fiacre s'engagea dans la rue du Faubourg-du-Temple, Nazaire toussa et dit :

— La règle est connue. Les témoins doivent savoir de quoi il retourne... Moi, je me suis engagé à mener l'affaire à tâtons, parce que je fais toujours ce que veut le Pâlot ici présent ; mais le capitaine, c'est différent...

— Comment ! Dragon, s'écria Romée, — vous ignorez...

— Je ne sais rien, capitaine, interrompit Nazaire ; — sinon que le Pâlot est droit comme un I et incapable de toute chose quelconque qui n'est pas la justice... Or donc, reste à savoir s'il veut s'expliquer.

— C'est impossible, répondit Gaston.

— Voilà, capitaine... Avant d'aller plus loin, c'est à vous de vous tâter...

— Je serai le témoin de monsieur, répliqua Romée, — quoi qu'il arrive.

— Vous êtes généreux, monsieur, dit Gaston avec

émotion ; — Je vous remercie encore une fois et du fond du cœur.

Roméo ouvrit la bouche ; des paroles se pressaient sur sa lèvre ; il les refoula au dedans de lui.

Que dire en effet ? La démarche de Sainte était une de ces choses en dehors des limites convenues, qui ne s'expliquent point en deux mots. Parler, c'est éveiller des défiances qu'on n'aurait point le temps de repousser ; — car l'heure avançait et le fiacre allait passer la barrière.

Un mot étourdi pouvait jeter Gaston hors de son sang-froid et lui ôter sa force.

Roméo se tut.

. . . .
. . . .

Nous sommes sur les buttes Saint-Chaumont.

Il faisait un ciel clair où couraient impétueusement des nuages noirs aux vives franges de neige.

Le vent soufflait avec violence, par rafales courtes, qui poussaient presque horizontalement de ces gros grains de pluie que la tempête lance par salves soudaines pour les sécher ensuite de son souffle âpre et puissant.

Le soleil se montrait tout à coup, teignant l'averse des couleurs du prisme. Puis il se plongeait sous une épaisse nuée, et sur le couchant sombre apparaissait la courbe immense d'un arc-en-ciel.

Au loin, sur la campagne, on voyait la lumière et l'ombre lutter, se mêler, se déplacer à tour de rôle et donner au même lieu des aspects divers. — De larges zones éclairées couraient par la plaine, suivies par d'autres bandes obscures et teignant en noir tout ce que le rayon solaire venait d'illuminer et de blanchir.

Paris se montrait au bas de la montée, noir, confus, immobile. — Puis venait une brusque échappée de clarté, Paris s'animait. La lumière mobile donnait une sorte d'étrange vie à l'immense cité. Tout se mouvait. L'ombre et le jour se choquaient parmi les innombrables murailles qui, tantôt cachées, tantôt saillantes à l'œil comme par magie, semblaient en proie à de gigantesques tressaillements.

C'était un spectacle magnifique, tantôt joyeux, tantôt terrible, toujours grand, toujours imprévu et nouveau. On eût dit les mobiles caprices de vingt changements à vue, exécutés sur une échelle colossale, et embrassant tout le vaste horizon dans le caprice inouï de leurs fantasques évolutions.

Les buttes elles-mêmes, désertes et ouvrant çà et là leurs entonnoirs béants de glaise verdâtre, ajoutaient au frappant du tableau. — Il y a quelques années à peine ces buttes, qui touchent à deux barrières populeuses, conservaient encore un caractère singulièrement agreste, et, à voir seulement les brusques accidents de terrain de ces Alpes en miniature, tapissées partout d'une végétation indigente et sauvage, on eût pu se croire loin des villes.

Par exemple, l'illusion ne pouvait durer longtemps. A gauche, les blanches maisons qui se groupent et s'étagent sur le plateau de Belleville; devant vous, Paris tout entier, depuis le dôme de la Salpêtrière jusqu'aux portiques de la Madeleine, depuis les tours maigres de Saint-Vincent-de-Paul jusqu'aux toitures oxydées des Invalides à droite, la ronde caserne de Belleville, les moulins de Montmartre; derrière vous, le clocher de Saint-Denis, tout vous eût dit que bien loin était la solitude.

De nos jours, l'illusion n'a pas même le temps de naître. — Du haut de la colline fouillée, minée, exploitée, notre regard qui veut s'élancer vers la plaine, rencontre la courbe à festons de l'enceinte continue et ces citadelles sournoises dont la double menace tourne ses canons vers Paris pour tout de bon et, pour la forme, vers la frontière...

Romée, Nazaire et Gaston étaient sur la butte depuis un quart d'heure environ. Ils attendaient. — La montre de Romée marquait dix heures et vingt minutes.

— Peut-être ne viendra-t-il pas, dit Romée dont la voix, plus que ses paroles, exprimait involontairement un espoir.

Nazaire, qui avait caché sous un buisson ses deux

fleurets, dont il avait, avant de partir, fait sauter les boutons, furetait çà et là, les mains derrière le dos, cherchant un endroit encaissé, assez large et uni pour servir de terrain au combat.

— Il viendra ! répondit Gaston, — je l'ai insulté.
— Cependant, reprit Romée, l'heure est passée, et dans ces sortes d'affaires...
— Il viendra ! dit encore Gaston ; je vous promets qu'il viendra.

Le fiacre attendait à mi-côte.

Gaston et Romée se trouvaient à l'extrême sommet des buttes et le vent les frappait violemment au visage.

Romée prit Gaston par la main et l'entraîna derrière un talus qui les mit à l'abri pour un peu.

Souvent il ne faut qu'un mouvement de cette sorte pour rompre la glace et servir d'exorde à une confidence difficile.

Romée n'avait point lâché la main de Gaston ; il allait parler sans doute, lorsque la voix retentissante de Nazaire se fit entendre de l'autre côté du talus.

Nazaire aimait assurément Gaston de tout son cœur, et son excellente nature comportait tout ce qui est généreux, délicat et bon. Il eût voulu, au prix de son propre sang, protéger et défendre son jeune camarade, dont l'inexpérience et la faiblesse apparente faisaient presque à ses yeux une victime. — Mais un duel avait en soi quelque chose de singulièrement séduisant pour Nazaire. Les préparatifs de cette rencontre avaient réveillé en lui les souvenirs aimés de parties semblables et chatouillé avec énergie ses instincts batailleurs.

Ce vent frais du matin avait pour lui des senteurs connues. — Ce bon vent que le *chasseur diligent* flaire avec allégresse, parce qu'il lui parle de longues courses au bois, de pistes savamment relevées et des mille exploits du *sport*, Nazaire l'aspirait joyeusement et y trouvait de vifs souvenirs. — L'uniforme bas, le sabre au poing, sous quelques bouquets de hauts palmiers, il se voyait, en Afrique, homme contre homme, bon pied, bon œil, alerte à la parade...

Chacun a ses défauts.

Et c'était désormais en amateur, on peut le dire, qu'il

vaquait aux préliminaires de la lutte, en cherchant un endroit commode et confortable.

— Un bijou ! s'écria-t-il derrière le talus. — Un bijou de terrain... De quoi rompre... Mais pas trop... uni, dur, pas glissant... Un vrai bijou !

Il grimpa sur l'escarpement et sauta auprès de Romée, qui lui adressa un regard de reproche.

Mais Nazaire ne vit point ce regard.

— De manière que, reprit-il, nous voilà parés...Nous allons être là comme des chanoines... Il ne nous manque plus que notre homme... Ah çà ! Pâlot, poursuivit-il en changeant de ton, — je pensais à ça tout à l'heure...c'est convenu que tu ne nous diras pas pourquoi tu te bats, puisque c'est ton idée... mais il faut pourtant que nous sachions un peu le numéro de l'insulte...

— Je l'ai frappé au visage, dit Gaston.

Nazaire fit une grimace... Romée baissa les yeux en fronçant le sourcil...

— Numéro premier! murmura Nazaire, — c'est bon... Alors, comme c'est l'autre qui a été insulté, s'il se contente du premier sang...

— Moi, je ne m'en contenterai pas, interrompit Gaston avec calme et très froidement...

— Cependant... voulut dire Nazaire...

Gaston l'interrompit encore.

— Il faut que l'un de nous deux reste ici, dit-il ; — c'est un duel à mort...

Le mot fit tressaillir Romée douloureusement. Nazaire, qui éprouvait un sentiment analogue, cacha son émotion sous un air d'indifférence et remonta la terre en sifflant.

Le vent redoublait. — Les nuages roulaient au ciel comme les vagues tourmentées de la mer en temps d'orage, laissant entre leurs masses mobiles de larges espaces d'un bleu obscur. Les rafales sifflaient dans les branches dépouillées des rares arbrisseaux des alentours.

Romée tira sa montre qui marquait onze heures moins un quart.

Et rien n'annonçait encore la venue de l'adversaire de Gaston...

Romée prenait espérance.

— Ce pourrait bien être ça! dit en ce moment Nazaire du haut de son poste d'observation.

Il étendit sa main dans la direction opposée à celle qu'eux-mêmes avaient suivie pour venir.

Romée regarda. Il ne vit rien.

Il monta sur le tertre.

Un élégant coupé, attelé de deux magnifiques chevaux rouans, galopait sur le chemin de la barrière de la Villette et approchait rapidement.

Le cœur de Romée se serra.

CHAPITRE VII

MIGNONNE

L'élégant coupé s'arrêta au milieu de la montée, à la même hauteur que le fiacre, mais du côté opposé.

Trois hommes mirent pied à terre. L'un d'eux passa sous son bras une paire d'épées dans son étui de maroquin. Un autre prit à la main une boîte à pistolets.

Le dernier, enveloppé dans un chaud pardessus fourré, ne portait rien.

Ils commencèrent à gravir tous trois la côte.

Celui qui marchait en tête apercevant au haut de la butte Romée et Nazaire, leur fit un salut courtois, auquel ils répondirent.

— Allons, Pâlot, mon petit, dit Nazaire ; — voilà notre homme !... Je sais bien, moi, que je n'en ferais qu'une bouchée, de ce marquis-là... mais tu veux faire tes affaires toi tout seul... je conçois ça.

— Abrégez les préliminaires autant que vous le pourrez, messieurs, je vous prie, dit Gaston ; je suis pressé d'en finir. . . . .
. . . .

A cette heure, Jean-Marie Biot, en grande livrée, servait le déjeuner de Mme la duchesse douairière de Maillepré.

C'était toujours, de la part du bon serviteur, le même respect et les mêmes prévenances, mais il semblait s'acquitter de son devoir machinalement et par habitude.

Son rude visage exprimait une douleur morne.

Lorsque la vieille dame eut repris sa place au coin de la cheminée, Biot mit du bois dans le foyer et du bois encore dans le poêle, afin d'entretenir cette chaleur étouffante qui empêchait de se figer le sang paresseux de l'octogénaire.

La duchesse ne s'était point aperçue de l'absence de Sainte et de Gaston. — Son esprit était mort avant sa chair décrépite, et il y avait bien longtemps qu'elle n'avait plus de cœur.

Elle s'arrangea dans son haut fauteuil à oreillettes, croisa ses mains rigides sur la soie noire de sa robe, et ferma les yeux pour faire la sieste.

Biot se dirigeait vers la porte.

— Où sont Gaston et Sainte? lui demanda tout bas Berthe.

— Mlle Sainte est à pleurer, dit Biot. — Monsieur le marquis...

La voix lui manqua, — son œil se dirigea vers la pendule qui marquait onze heures moins le quart.

— Il ne faut pas trois quarts d'heure pour se battre, pensa-t-il.

— Eh bien ! dit Berthe, dont l'œil froid et voilé s'anima légèrement ; — et Gaston ?...

— Il faut attendre, répliqua Biot d'une voix sourde ; — il faut attendre une heure pour savoir si monsieur le marquis est vivant ou mort.

Berthe trembla de tous ses membres, car en son cœur froissé il y avait encore de l'amour qui dormait. Sous la glaciale angoisse de sa solitude un choc soudain pou-

atteindre et réveiller ses sentiments assoupis.
— Sainte pleure! murmura-t-elle; — ils s'aiment... Je veux aller près d'elle...

Sa joue pâle se rougissait d'un reflet de vie, et l'on sentait une âme derrière les belles lignes de ses traits d'albâtre.

Elle fit un pas vers la porte.

— Mademoiselle de Maillepré, dit en ce moment la voix monotone de la douairière, — venez me faire la lecture, je vous prie.

Berthe s'arrêta, comme si quelque invisible main eût cloué son pied au parquet.

Ses yeux s'éteignirent. Son visage redevint de marbre.

C'était sa chaîne un instant oubliée qui serrait autour de son cœur meurtri le cercle froid de ses anneaux de glace...

Biot sortit.

Il trouva une jeune fille inconnue assise auprès du lit de Sainte.

De retour dans sa loge, il se laissa tomber sur son escabelle.

On l'eût trouvé là, durant les heures qui suivirent, immobile, les bras croisés sur sa robuste poitrine, en face de son travail commencé. Ses sourcils étaient contractés violemment, au-dessus de ses paupières baissées.

Il ne bougeait pas. Il ne se plaignait pas. Il ne priait pas, lui qui venait de cette province chrétienne et croyante où le paysan, préservé par son bon sens, plus encore que par son ignorance, n'a pas honte du rosaire de famille, et demande plus volontiers ses consolations au Christ qu'au *Dieu des bonnes gens!*

Il ne priait pas, lui qui venait de Bretagne, cette vaillante terre où ne prennent point racine les mauvaises herbes du scepticisme aride, de l'éclectisme impuissant ou de ce vieux déisme, renouvelé de Voltaire et mis tout récemment à la portée des philosophes de la rue, qui consiste à faire patte de velours au Créateur, tout en insultant ses pontifes, depuis le plus humble jusqu'au plus illustre, tout en conspuant également l'obscur labeur du martyr inconnu et la gloire immense de Bossuet !...

Il ne priait pas, parce que tout son être s'engourdissait en une sorte d'agonie. L'heure était passée. A quoi bon prier ? Maillepré désormais était vainqueur ou vaincu.

Biot savait tout maintenant. Sainte avait parlé entre ses sanglots. — La destinée du dernier des Maillepré venait de se décider.

Biot ne sentait plus son cœur. Il n'y avait dans son cerveau que confusion et ténèbres.

Il attendait, froid, presque insensible et saisi par cette mortelle torpeur qui prend, dit-on, la victime sous le couteau levé...

Sainte était étendue tout habillée sur son lit ; elle attendait, elle aussi, mais sa souffrance était moins cruelle. Il y avait auprès d'elle une douce âme qui la consolait et lui disait d'espérer.

Mignonne accomplissait en effet sa promesse. Elle était venue, et, dans cette jeune fille que sa mission était de consoler, elle avait reconnu l'ouvrière en broderies de Mme Sorel, la victime de son étourderie de la veille.

Mignonne n'était point un ange ou du moins c'était un ange légèrement acoquiné aux choses terrestres, et dont la blanche robe d'innocence avait subi çà et là peut-être quelques accrocs. Mais la faute n'en était point à elle, la pauvre fille.

Reprocheriez-vous sa défaite à ce soldat qui se présenterait sans armes devant l'ennemi ?

Elles naissent, ces belles enfants dont la vie est un long hasard ; elles croissent. — Nulle bouche amie ne murmura le nom de Dieu auprès de leur berceau. Elles sont les filles de la misère incrédule, haineuse, désespérée. Leur enfance, au lieu des joies saintes de la famille, joies qui se trouvent, sachez-le bien, dans la pauvreté comme dans la richesse, quand la débauche aveugle et la mortelle corruption ne viennent pas changer la misère en honte et la plainte en blasphèmes, — au lieu, disons-nous, des joies de la famille, leur enfance n'a vu qu'un travail détesté, qu'une tâche odieuse, coupée par d'indigentes orgies. Point de foi, nulle croyance, des ténèbres apathiques et stupides !...

Est-ce donc un père que cet homme ivre qui rentre et assomme sa femme ? est-ce donc une mère que cette créature qui court, qui danse, qui s'affole froidement aux hurlantes saturnales des barrières et ne songe point aux pleurs de son enfant abandonné.

La misère abrutit. — Oh ! c'est bien vrai ! Il faut plaindre avant de condamner. Le cœur se fend à songer à ces souffrances horribles, contre lesquelles l'orgie est, hélas ! un refuge. — Mais ne fallait-il pas une cruauté bien froide, une barbarie bien insensée pour enlever à ces milliers de martyrs leur consolation suprême ! Au-dessus d'eux était un radieux espoir : ils avaient, dans le rude sentier de leur vie, un soutien et un guide...

Maudite ! maudite soit l'erreur fatale qui leur arracha la croix où se cramponnaient leurs mains suppliantes !

Vous leur avez pris leurs croyances ; vous leur avez dit : Vos espoirs sont menteurs, et ces prêtres qui vous parlent de Dieu ne peuvent pas se regarder sans rire !...

Vous vous êtes donné la mission de poursuivre ces tristes victimes du présent pour leur crier : il n'y a pas d'avenir !...

Et, en échange de la foi tutélaire, que leur avez-vous rendu ?

Le Dieu de la chanson, n'est-ce pas, le Dieu charnu et jovial dont l'évangile est un hémistiche d'opéra-comique : le jeu, le vin, les belles ?

Mais au bout de leurs jeux il y a le couteau ; leur vin empoisonne ; leur amour que vous avez fait sans frein jette dans le ruisseau des bas quartiers ces milles enfants inconnus à leurs pères, race atrophiée, sauvage, étique, qui vous hait parce que vous avez du pain, — et qui a raison de vous haïr...

Ce n'était pas assez. Vous les avez mis en défiance, — ces malheureux sur qui s'acharnent vos théories, — contre la charité elle-même ! vous avez calomnié l'aumône, et il nous est arrivé tout récemment de lire une attaque contre ces miséricordieuses filles, orgueil modeste de notre civilisation chrétienne, que le dix-huitième siècle lui-même avait respectées !

Mais vous avez donc des millions pour remplacer les incalculables bienfaits dont le clergé est la source ou le canal?...

Hélas non ! Vous n'avez que des phrases. — Vous dites : Le malheureux est homme et citoyen : c'est l'insulter que de lui faire l'aumône. Il a droit au travail...

Tribuns, après avoir écrit, vous mangez. Pendant que vous écrivez et que vous mangez, des gens ont faim : souffrez qu'on les secoure !

Quand vous leur aurez donné le travail auquel ils ont droit, il sera temps de jeter au rebut la charité comme un haillon méprisable. — Alors ce ne sera que de l'ingratitude ; maintenant, c'est de la barbarie.

Mignonne était née dans une pauvre demeure du quartier Saint-Marcel. Son père et sa mère travaillaient six jours par semaine et buvaient les trois quarts de leur gain le dimanche, toujours par dévotion pure au Dieu des bonnes gens.

Ils moururent tous les deux, sans connaître de la vie autre chose que la fatigue haïe, la famine et le brutal plaisir.

Mignonne grandit, nous ne savons comment. A douze ans, elle était servante chez un jardinier de Montrouge et jolie comme un cœur. — Montrouge, ce n'est pas Paris. Mignonne fut entraînée par cette attraction mystérieuse que la grande ville exerce autour d'elle.

Elle vint. — Elle fut grisette, — mais, par bonheur, elle ne fut pas étudiante.

Une bonne chance poussa Nazaire sur son chemin. Elle était en équilibre au bord du vice. Nazaire lui tendit la main, elle fut sauvée.

Il y a un adage qui prétend que toute vérité n'est pas bonne à dire. Cet adage est un stupide vieillard.

Nous connaissons en effet un livre qui fait aux petites ouvrières ce triomphant raisonnement : — Mes filles, des moralistes impertinents vous engagent à être vertueuses. Outre que c'est rebattu, c'est absurde ; je le prouve.

Vous gagnez vingt oboles par travail et il vous faut

pour vivre, quarante oboles ou beaucoup plus, mais jamais moins.

Donc, il est matériellement impossible que vous restiez vertueuses.

La vertu, pour vous, est une utopie, un rêve.

Celle d'entre vous qui se surprendrait à vouloir être vertueuse, rentrerait dans le domaine de l'impossible.

Pour exiger que vous restiez vertueuses, il faudrait être un tigre, un vil tartufe, un ignoble propriétaire...

Le livre, il est vrai, ne conclut pas, mais c'est un tort. Il était si facile d'ajouter : — Par ainsi, mesdemoiselles, jetez votre aiguille par dessus les moulins, dansez la polka, chantez la mazurka, et perdez-vous tout doucement dans les sentiers ambrés du gentil faubourg où croissent les lorettes...

Pour parler sérieusement, c'est une vie pénible, glissante, périlleuse que celle de ces pauvres ouvrières dont le labeur ingrat correspond à un salaire si modique !

Mais, justement parce qu'elles se trouvent au bord du fossé, peut-être n'était-il pas à propos de les pousser du revers de la main, en passant, d'une façon aimable et toute caressante. — Car cette caresse en a pu faire culbuter plus d'une.

Et qui ne sait ce qu'il y a d'amertume poignante au fond de cet abîme, dont la lèvre se cache sous des fleurs !...

Assurément, il y a quelque chose de grand et de noble dans ces idées soulevées de nos jours touchant le droit au travail. Nous les aimons sous la plume mâle de Louis Blanc. Elles nous persuadent, bien plus, elles nous exaltent, lorsque, trouvant un avocat éloquent et convaincu, elles revêtent les formes graves de la discussion raisonnable. — Mais nous nous indignons de voir quelques esprits étourdis ou faussés partir du même point, glisser de côté, s'égarer, se perdre, et souffler au peuple en des prédications fanatiques la haine aveugle de tout ce qui fut.

Nous nous indignons d'entendre crier sur les toits de ces paroles imprudentes qui n'ont pas même le mérite de signaler un mal, puisque le mal est connu déjà, et qui l'augmentent en proclamant la nécessité fatale.

Ici, comme partout, il y a deux parts à faire. Honneur aux esprits éminents et loyaux, dont les consciencieuses veilles préparent la révolution morale qui, tôt ou tard, relèvera le travailleur et lui mesurera plus large sa portion de bien-être ; — mais honte aux médiocrités passionnées qui reculent la solution au lieu de l'avancer, qui insultent, qui calomnient bassement, et dont l'unique métier en un mot est d'envenimer, —pour de l'argent, — les rancunes populaires ; de flatter, — pour de l'argent, — les faiblesses de la foule !

Ceux-là sont monomanes ou froidement pervers, — ou bien encore ils font tout bonnement un commerce.

Car Denisart avait raison de le prévoir. On lui a volé son idée, et l'axiome : *un million de sous fait cinquante mille francs* a chauffé bien des dévouements fougueux jusqu'à l'enthousiasme, — bien des haines jusqu'à la folie furieuse...

Heureusement, lorsque Mignonne rencontra Nazaire, elle ne savait pas encore lire. Ce fut Nazaire qui fit son éducation. Le professeur n'était peut-être pas très habile, mais sa bonne volonté fit merveille, aidée par l'aptitude et l'excellent cœur de l'élève.

De sorte que, par hasard, Mignonne croyait quelque chose, Nazaire se souvenant à moitié des enseignements de sa vieille mère.

Le sens droit de la jeune fille et l'amour dévoué qu'elle portait à son fiancé avaient fait le reste. Nazaire avait raison ; elle était digne d'être la femme d'un honnête homme...

Elle trouva Sainte, les yeux humides encore, mais à bout de larmes, et au plus fort de son désespoir. En tout autre moment Mignonne eût été déconcertée, en face de cette pauvre enfant qu'elle avait blessée involontairement, mais cruellement la veille. La détresse de Sainte lui fit tout oublier. Elle s'élança vers elle et lui prit les mains avec effusion, comme si elle eût été sa sœur.

— Je viens de la part de M. Romée, dit-elle, devinant que ce nom seul allait être un aiguillon au découragement de Sainte.

Sainte, en effet, se souleva et l'interrogea d'un regard avide.

— Oui, reprit Mignonne en souriant ; — M. Romée, qui est avec Dragon et votre frère.

— Et où sont-ils ? demanda Sainte.

Mignonne hésita durant un instant de raison ; car elle ne voulait pas dire : Ils sont à se battre.

— Ne vous inquiétez pas, répondit-elle enfin. — Dragon est fort comme un Turc et il aime le Pâlot... Le Pâlot, c'est votre frère... Comme si c'était lui-même, et mieux que ça, ma parole... M. Romée, est là, d'ailleurs, il m'a dit : Tout va bien.

Le cœur de Sainte battait plus libre. Elle eut espoir et remercia Dieu. Romée avait rejoint Gaston. C'était une bonne nouvelle. — Le premier effet de l'amour naissant dans un cœur de jeune fille est une admiration exagérée et sans bornes.

Sainte n'aimait peut-être pas encore Romée. Du moins, si cet amour existait en germe au fond de son cœur, c'était bien à son insu, puisqu'elle avait osé se rendre seule dans la chambre du sculpteur. Mais elle l'admirait déjà. Elle se faisait une idée confuse et trop haute de son pouvoir. Il lui semblait que, sous la protection de Romée, Gaston était à demi sauvé.

— Qui est-ce Dragon ? demanda-t-elle encore à Mignonne.

Celle-ci devint toute rose sous son sourire.

— C'est mon mari, répondit-elle résolument. — Quand je dis mon mari... pas encore... mais l'affiche est à la mairie... Oh dam ! c'est une chance qu'il soit avec votre frère, ma petite demoiselle, parce qu'il a été soldat et gradé dans l'armée, et qu'il en cassera, comme il dit, trois ou quatre, avant qu'on fasse du mal à son Pâlot... Avec lui et M. Romée, qui était son capitaine à Alger et qui est un solide, votre frère n'a rien de rien à craindre, voyez-vous.

— Merci, dit Sainte ; — si vous saviez tout le bien que vous me faites !...

— Oh ! pour ça, s'écria Mignonne, — je ne vous en ferai jamais autant que je voudrai... Je vois bien que vous ne me remettez pas, mais c'est moi qui suis cause...

T. I. 17.

vous savez bien, hier... c'est moi qui ai parlé du spectacle chez Mme Sorel... Je vous dis ça, parce que je ne veux rien avoir sur le cœur avec vous... et que j'en ai pleuré de colère d'avoir fait cette sottise-là... Ah mais ! c'est moi qui vas leur dire leur fait à ces demoiselles !... Maintenant que j'ai vu votre frère et que je sais...

Elle s'interrompit et caressa les deux mains de Sainte.

— Dites donc, reprit-elle : — il faut que vous me disiez si ma figure vous revient, parce que, moi, d'abord, je vous trouve gentille comme un amour et que me voilà qui vous aime...

Sainte se prit à sourire tristement.

— Ça vous fâche-t-il ? demanda Mignonne dont la voix douce et le charmant visage donnaient je ne sais quoi de joli aux tournures populaires de son babil ; — avez-vous encore de la rancune pour hier ?...

— Oh ! non, répondit Sainte ; — vous avez trop bon cœur pour avoir voulu me blesser...

— Ça c'est bien vrai ! s'écria Mignonne ; — bien sûr, bien sûr... Et quand je vous ai vue sortir, j'aurais coupé ma langue bavarde pour sa peine !... Dam, d'après ça, c'est pas moi qui aurais pris la porte pour si peu de chose... Mais vous n'êtes pas tout à fait comme nous autres, puisque, depuis une demi-heure que je vous parle, je n'ai pas encore osé vous tutoyer...

La main de Sainte soutenait son front lourd et brûlant.

Mignonne garda un instant le silence. Elle couvrait Sainte d'un regard ému.

Puis elle se laissa glisser sur ses genoux. — Les blonds cheveux des deux jeunes filles se touchèrent.

— Comme le temps est long à passer, n'est-ce pas ? murmura Mignonne avec une exquise sensibilité ; — il ne faut plus chercher à tromper votre inquiétude... Vous ne pouvez penser qu'à lui... Mon Dieu, mon Dieu! pourtant, que je voudrais vous consoler !... Je suis sûre qu'il va bientôt revenir... Dragon est avec lui.

— Merci encore, dit Sainte ; — vous êtes bonne d'être venue... Sans vous, je serais morte à force de souffrir !...

— Vous ne savez pas ! s'écria Mignonne ; Dieu est bien bon et il doit aimer vos prières... Prions ensemble pour qu'il revienne.

Sainte ouvrit ses bras, reconnaissante et touchée jusqu'au fond de l'âme. Mignonne la baisa de tout son cœur.

L'instant d'après, les deux enfants étaient à genoux côte à côte sur le carreau, demandant à Dieu la vie de Gaston.

. . . . . , ...
. . . .

A la butte Saint-Chaumont, Nazaire mesurait les épées. — Gaston et le marquis venaient de mettre habit bas...

CHAPITRE VIII

L'ORAGE

En arrivant au sommet de la butte avec ses deux témoins, le jeune marquis Gaston de Maillepré salua son adversaire d'une façon tout aisée et courtoise.

Nous avons ici en présence deux personnages portant les mêmes noms. Afin de parer à une confusion inévitable, nous nommerons l'un le marquis, et l'autre simplement Gaston.

Gaston répondit au salut du marquis par une inclinaison raide et froide.

Du Chesnel reconnut tout d'abord son beau-frère. Il

ne parut ni ému ni déconcerté. — Du Chesnel avait réellement quelques dispositions pour la diplomatie.

Quant au docteur, sa longue figure était très pâle. Il avait un parapluie que le vent secouait follement. — Il remontait fréquemment ses lunettes d'or et serrait convulsivement les deux épées sous son aisselle.

Il avait l'air médiocrement rassuré. L'observateur le plus superficiel eût deviné que cette paire d'épées pesait plus à son bras que n'auraient fait douze douzaines de bistouris.

— Charmé de vous rencontrer, monsieur le capitaine, dit le marquis à Romée en lui tendant la main.

Romée toucha du bout du gant cette main qu'on lui offrait.

En apercevant le marquis, ses sourcils s'étaient froncés et il avait jeté sur le frère de Sainte un regard de douloureuse commisération.

Il connaissait le marquis pour l'avoir vu en Afrique. Il le savait duelliste terrible, — adroit, intrépide, infatigable.

Il l'avait vu à l'œuvre.

Nazaire, lui, se tenait droit et raide aux côtés de Gaston, avec ses deux fleurets sous le bras. Il se trouvait en face du docteur ; et les deux ne faisaient point la paire.

— En vérité, messieurs, reprit le marquis en soufflant dans ses doigts mignons et gantés de frais, — voici un détestable temps pour une affaire comme celle qui nous réunit...

— Mon avis serait, s'empressa d'interrompre Romée, que la partie doit être remise...

— Evidemment, dit Josépin.

Du Chesnel et Nazaire gardèrent le silence.

— Moi, prononça le marquis d'un ton léger et en se détournant de Gaston, comme s'il eût craint de rencontrer son regard. — je n'ai point d'avis à émettre... je suis prêt... et je ne prends pour tout délai, ajouta-t-il avec une grâce élégante, que le temps de m'excuser auprès de vous, messieurs. Je vous ai fait attendre.

— Une heure juste ! dit rudement Nazaire ; — ça commence à compter...

Gaston lui coupa la parole par un geste froid.

Depuis une heure, il avait violemment refoulé au dedans de lui-même la pensée de Sainte, et ces élans désespérés de douleur où nous l'avons vu s'emporter dans la mansarde de Dragon avaient fait place à un calme stoïque.

— Il me semble, dit-il, que rien ne nous arrête... nous pouvons commencer.

— Deux mois de salle et ça ferait un rapide ! pensa Nazaire avec attendrissement : — j'appelle ça, moi, un joli début !...

— Je suis à vos ordres, monsieur, répliqua le marquis.

— Mais, voulut objecter Romée, dont une inquiétude croissante serrait le cœur ; — il est d'usage...

Gaston tourna vers lui un regard de hautain et sévère reproche.

— Monsieur, interrompit-il ; — je vous ai dit mes intentions et vous m'avez fait une promesse.

Romée courba la tête.

— Allons ! dit Nazaire ; — marchons !... J'ai trouvé un amour de terrain...

— Où diable monsieur mon beau-frère a-t-il été prendre son second ? pensa du Chesnel.

— Dis donc, murmura Josépin à son oreille, — ce n'est ni M. de Varannes, ni M. de Baulnes...

Nazaire avait tourné le talus et pris les devants.

Les autres le suivirent.

Gaston dépassait son adversaire de la tête, et bien que sa taille n'eût rien d'athlétique, il avait l'air d'être de beaucoup le plus robuste.

Le marquis, en effet, avait jeté sur son bras son pardessus doublé de fourrures, et une redingote serrée permettait de voir dans toute leur harmonie molle les grâces efféminées de sa taille.

Nazaire, tout en marchant, le regardait par derrière, du coin de l'œil.

— Ah ! si c'était moi ! si c'était moi ! murmurait-il.

Romée, au contraire, semblait consterné.

On arriva sur le terrain.

C'était un trou oblong, peu profond, et dont un

commencement de fouilles avait nivelé le sol. D'un côté se trouvait une sorte de muraille où le pic des terrassiers avait laissé dans la glaise ses marques aiguës ; de l'autre, c'était une rampe couverte à moitié d'un gazon maigre et poudreux, dont les racines, mises à nu par la fouille, pendaient en longues perruques emmêlées.

On y était à peu près à l'abri du regard, ou du moins il eût fallu que le hasard amenât des curieux sur le bord même, pour qu'une surprise fût à redouter.

Or, par la tempête qui faisait rage ce matin, les promeneurs n'étaient point à craindre.

Le trou avait une quarantaine de pas de long sur cinq ou six de large. La rampe qui le protégeait du côté de la ville fléchissait à son milieu et laissait apercevoir une échappée de maison confusément groupées et dont le vent balayait les hautes cheminées au-dessus desquelles courait et se déchirait la fumée tour à tour blanche ou noire.

Entre ces maisons et l'œil se dressait un de ces obélisques industriels, longs tuyaux de briques où monte incessamment l'opaque vapeur de la houille. Tantôt durant une accalmie, un panache noir s'élançait du sommet vers le ciel ; tantôt, sous l'effort de la rafale, la vapeur déroutée se divisait, fuyait et roulait en flots rapides. On eût dit ce sombre et mouvant sillage que laisse après soi dans l'air la course haletante d'un steamer.

Gaston se dépouilla de son habit qu'il plia et déposa sur une pierre.

Le marquis ôta sa redingote et la jeta de loin à Josépin.

Sous sa redingote, le marquis avait une chemise large, à mille plis, à l'ouverture de laquelle s'adaptait un jabot aux froncés mous et affaissés par la pression du vêtement boutonné naguère. Cette chemise, lâche et non empesée, ne dessinait en aucune façon la forme du corps et faisait contraste avec le pantalon, ajusté soigneusement, dont l'étroite ceinture étranglait au-dessus des hanches une taille ronde et fine.

Il paraîtrait prouvé par les découvertes récentes de la science que les jeunes officiers de hussards portent un corset sous leur chemise, corset mécanique, corset affreux, aussi dur qu'un cilice et qui est bien plus fatal à ces héros mignons que le plomb de l'ennemi. Ce corset sanglé tous les matins par la main vaillante de ces robustes femmes de chambre que l'ordonnance prête aux espoirs de nos armées, et qui soignent leurs lieutenants aussitôt qu'ils ont achevé la toilette de leurs chevaux, ce corset meurtrier opère, on le sait, des miracles et donne aux plus replets la taille aérienne de Mlle Fitzjames.

Les femmes de cinquante-cinq ans se damnent rien qu'à songer à ces corsets positivement enchanteurs et aux cupidons qu'ils *ficèlent*.

Le marquis n'était pas aussi mince qu'un lieutenant de hussards, mais il était trop mince.

Cette qualité allait du reste merveilleusement avec le caractère délicat de son charmant visage et les grâces exquises de sa personne.

Gaston, lui, en ce moment solennel, avait une beauté noble et mâle.

Il s'était redressé. Un fugitif incarnat colorait sa joue. Son regard brillait avec un calme grave et intrépide.

Il semblait, au contraire, que le marquis voulût cacher sous une apparence de gaîté légère les atteintes d'une insurmontable émotion.

Il évitait soigneusement de regarder Gaston en face ; cela devenait visible. — Romée s'en aperçut.

Mais Romée était tout entier à son inquiétude et ne pouvait point s'arrêter à cette observation frivole.

Les épées furent tirées de leur étui commun et l'on ouvrit la boîte à pistolets.

— M. le marquis de Maillepré a été insulté par M. de Naye, dit du Chesnel ; — le choix des armes, par conséquent, nous appartient.

— J'y renonce, dit précipitamment le marquis.

Romée et Dragon le regardèrent avec étonnement.

— J'y renonce, ajouta le marquis en rougissant, — parce que cela m'est égal.

— Alors, dit Nazaire, en avant l'épée ; — ça n'attirera pas les flâneurs.

— L'épée soit, répliqua le marquis.

Le soleil brillait entre deux grands nuages qui touchaient les deux coins de l'horizon, tandis que le zénith était d'un bleu pur.

Quelques gouttes de pluie égarées tombaient encore çà et là.

Le vent soufflait avec une violence extraordinaire.

Le marquis et Gaston furent placés en garde vis-à-vis l'un de l'autre.

— Attention, Pâlot, mon fils ! murmura Nazaire ; — le corps sur la jambe gauche... la jambe droite libre.

— N'oublie pas ma sœur... répondit Gaston.

Les épées glissèrent en grinçant doucement l'une contre l'autre.

Romée suffoquait.

Nazaire, la bouche béante, l'œil grand ouvert, suivait les deux pointes avec une attention avide.

Josépin se tenait un peu en arrière, frileux, insensible à l'émotion, mais mal à l'aise et tiraillé par une sorte de frayeur.

Du Chesnel était en face de Romée et tenait comme lui l'un des fleurets apportés par Nazaire.

Au signal donné, Gaston poussa droit son épée. Le marquis rompit : son poignet agile tourna vivement. — L'arme de Gaston alla tomber à trois pas.

Le marquis abaissa la pointe de son épée. — Il était pâle ; sa lèvre tremblait.

Il ne sait pas... c'est évident ! murmura-t-il ; — moi, le combat me rend fou... Changeons d'armes ou finissons pendant qu'il en est temps encore.

Ses yeux étaient cloués au sol.

— Monsieur le marquis, dit Romée en s'avançant, — paraît disposé à clore le combat ?

— Oui, répondit tout bas M. de Maillepré.

— Non ! prononça Gaston d'une voix ferme et froide. Il venait de ramasser son épée.

— Je suis l'insulté, dit le marquis, dont les joues changeaient de couleur tandis qu'il parlait ; — je ne sais pas pourquoi vous m'avez insulté... je ne vous demande pas d'excuses...

— On ne peut pas refuser ça ! s'écria brusquement Nazaire.

— Monsieur, ajouta Romée en s'adressant à Gaston ; — toutes les circonstances de ce duel sont étranges... Mais celle-ci dépasse toute croyance... Il est de mon devoir de vous le dire : le combat ne peut continuer.

Gaston regardait en face son adversaire qui avait toujours les yeux baissés.

— Je ne puis pas dire pourquoi je me bats, répondit-il sans s'animer ; — je puis dire seulement que, demain comme aujourd'hui, dans un mois comme demain, j'attendrai cet homme au passage pour l'insulter... Mon devoir, à moi, c'est de le tuer... et s'il veut porter tranquille le nom de Maillepré qu'il a volé, il faut qu'il me tue...

Le marquis ne releva point les yeux, mais une rougeur épaisse couvrit son front et ses bruns sourcils se froncèrent.

— J'ai fait ce que j'ai pu !... murmura-t-il.

Une seconde encore, il demeura immobile, puis il se remit lentement en garde.

Les deux épées se choquèrent de nouveau. Un fugitif éclair passa dans l'œil du marquis au bruit métallique des deux fers croisés.

Gaston se défendit encore impétueusement.

Le marquis para et ne riposta point. Gaston redoubla. — Une rage sombre était dans ses yeux.

Il serrait de toute sa force la garde de son arme. Ses tempes étaient baignées de sueur. — Sa poitrine râlait.

Le marquis parait, parait toujours.

Et, peu à peu, sur son visage aux lignes si pures, il s'opérait un changement...

Sa bouche se contractait, son œil s'allumait. Quelque chose de menaçant et de cruel se lisait vaguement dans ces rides qui se creusaient de plus en plus autour de ses lèvres.

Cependant il parait toujours et ne ripostait point.

Une fois encore l'épée de Gaston sauta hors de ses doigts lassés...

Romée crut voir le bras du marquis se raidir par un

irrésistible instinct, comme s'il eût eu besoin de toute sa volonté pour s'empêcher de frapper.

Mais il ne frappa point, et le bout de son arme abaissée piqua la glaise foulée du sol.

Gaston se couvrit le visage de ses mains et poussa un sourd gémissement.

— Maillepré ! Maillepré ! murmura-t-il parmi le râle de sa poitrine essoufflée ; — mon père, tu as bien fait de cacher ton nom, car je ne sais pas le défendre !...

Il s'élança pourtant d'un bon désespéré, saisit son arme et revint en courant.

— Monsieur ! monsieur ! s'écria Romée d'une voix altérée, — ne voyez-vous pas que l'on vous épargne !

Il comptait sur l'amertume de ce mot comme sur une dernière ressource.

Mais Gaston, au lieu de s'irriter, retrouva tout à coup son calme sombre et se redressa, froid comme naguère.

— C'est vrai, dit-il ; mais on se lasse d'épargner... Voyez ! ajouta-t-il en montrant du doigt le visage contracté du marquis ; la colère vient... Encore un peu de patience !

— Quel enragé ! grommela Josépin.

— Comment se fait-il, pensait du Chesnel, — que le marquis, voyant que M. mon petit beau-frère en sait quatre fois plus long qu'il n'en devrait savoir, ne l'envoie pas sans façon dans l'autre monde ?... C'est curieux.

Romée, après la réponse de Gaston, parut se consulter un moment et vint se poser entre les deux adversaires.

— En qualité de témoin, dit-il, je m'oppose à la continuation du combat... Ces messieurs trouvent sans doute comme moi que l'honneur est satisfait.

— Je crois bien ! répliqua Nazaire.

— Amplement, appuya Josépin.

— Ces messieurs, dit du Chesnel, en montrant les champions, — sont les meilleurs juges.

Il y a des témoins comme cela. On dit d'eux qu'ils sont *très fermes*. Ils ont l'estime des maîtres d'armes.

— Ils savent le code du duel mieux qu'un procureur ne

connaît la chicane. Ils en usent pour eux-mêmes quelquefois et pour autrui très souvent. — Ils ne sont pas toujours honnêtes gens, mais ils ont beaucoup, beaucoup *d'honneur.*

Quand une rencontre se dénoue sans mort d'homme, ils haussent les épaules et prétendent qu'on les a dérangés pour rien.

Si un seul des champions succombe, ils ne sont contents qu'à demi.

Sur dix hommes qui meurent en duel, ces croquemitaines en ont enterré cinq pour le moins.

Il faut se garer d'eux, — presque autant que de ces témoins trop débonnaires qui veulent discuter un soufflet ou *arranger* un coup de cravache.

Gaston écarta Romée de la main.

— Vous manquez à votre promesse, monsieur, dit-il, les dents serrées et la voix tremblante. — En tous cas, vous n'avez que le droit de vous retirer.

— C'est mon avis, prononça gravement du Chesnel.

— Eh bien! s'écria Romée; — le duel finira faute de témoin... Retirons-nous, Nazaire!

— Nazaire! dit Gaston en joignant les mains par dessus la garde de son épée, — tu m'as donné ta parole d'honneur...

Nazaire baissa la tête. — Romée répéta sa prière. Nazaire ne bougea pas.

— Le Pâlot a raison, murmura-t-il; — ce n'est plus un enfant, capitaine... Je donnerais tout de suite ma main droite, qui est mon gagne-pain, pour être à sa place... mais, s'il a l'idée d'en découdre... il n'y a pas à se tâter... un homme est un homme.

— Merci! merci, mon ami! s'écria Gaston avec exaltation. — En garde, monsieur!

Pour la troisième fois, les deux épées s'engagèrent.

Il semblait que ce long combat eût servi à Gaston en quelque sorte de leçon. Il se tenait mieux, et son épée cherchait plus sûrement un passage.

Mais le marquis était évidemment un tireur consommé. Les efforts de Gaston se brisaient toujours contre cette arme inébranlable qui était partout à la fois et semblait un mur d'acier...

Cependant, ce grand nuage sombre qui était à l'horizon montait impétueusement vers le zénith, poussé qu'il était par le souffle puissant de l'orage. — Le soleil brillait dans tout son éclat, mettant une frange éblouissante aux flancs sombres de l'immense nuée.

Elle avançait, comme un gigantesque voile qu'une main invisible eût tendu entre la terre et le ciel.

Elle avançait. — Brusquement et sans transition le soleil se plongea derrière son rebord impénétrable...

Ce fut comme une éclipse soudaine.

Le marquis, saisi à l'improviste par cette nuit qui tombait tout à coup, leva les yeux involontairement.

— Gaston, lui, ne voyait rien. La voûte du ciel eût pu tomber sur sa tête. — Il se fendait en ce moment. Son épée trouva passage et glissa sur le cou blanc du marquis, dont la chemise se teignit de sang.

Gaston poussa un cri de triomphe sauvage et redoubla.

A son cri, répondit une exclamation de fougueuse colère.

Le marquis s'était remis en garde. — Ses yeux flamboyaient. Tous ses traits exprimaient une furieuse menace.

— Il est perdu ! dit Romée, dont l'angoisse était à son comble.

— Mon Dieu !... mon Dieu !... murmura Nazaire.

L'épée du marquis voltigea durant quelques secondes en passes rapides et prestigieuses...

Gaston parait au hasard et parait bien. Les fers se choquaient incessamment.

Mais leur son se perdait maintenant dans le fracas terrible de la tempête. Le nuage crevait, vomissant une salve de grêle, dont les grains crépitaient en battant le sol. Des éclairs ouvraient en larges plaies de feu le ciel plombé, où tranchaient çà et là leurs festons rapides. Le vent secouait les broussailles et lançait en tourbillons leurs rameaux desséchés. — Puis, par dessus ces bruits divers, tonnait, éclatante et prochaine, cette voix profonde de la foudre qui ébranle la chair et qui dompte le cœur...

Et le combat se poursuivait, furieux, acharné, aveugle.

Car le marquis, pris d'une fièvre folle, n'avait plus rien qui le distinguât de Gaston. C'était désormais, de sa part, la même rage et presque le même mépris des règles de l'escrime.

Il y avait quelque chose de poignant à voir ces deux enfants s'attaquer avec une colère insensée, sourds à la voix de leurs témoins, sourds aux mugissantes menaces de la tempête.

Romée et Nazaire suivaient la lutte, haletants et la mort à l'âme.

Josépin se garait du mieux qu'il pouvait de l'orage et tremblait de tous ses membres à chaque coup de tonnerre.

Du Chesnel regardait, stoïque et calme, comme s'il se fût agi d'une leçon de salle d'armes.

Contre toutes prévisions, Gaston se soutenait sans trop de désavantage. Depuis près d'une minute, — car chacune des pages qu'on met si longtemps à lire, ne contient pas, en ces moments extrêmes, ce qui se passe en une seconde, — depuis près d'une minute, Gaston, faisant un appel désespéré à ses forces défaillantes, attaquait, se défendait, frappait, parait...

Mais sa main faiblissait et sa seule égide, désormais, était l'impétuosité même du marquis, dont les coups ailaient comme à l'aventure. — Le front de Gaston, baigné de pluie et de sueur, se penchait peu à peu ; Romée croyait entendre le râle déchirant de sa poitrine...

Il rompit, vaincu par une fatigue en vain combattue...

Il tomba en disant :

— Nazaire, souviens-toi de ma sœur !...

CHAPITRE IX

LE BAISER

Au moment où Gaston, blessé, tombait, le marquis, arrivé à une sorte de transport, se précipita l'épée haute.

Roméo, à l'aide de son fleuret, para le coup qu'il dirigeait vers la poitrine de Gaston et le saisit à bras le corps.

— Ceci est contre les règles, dit froidement du Chesnel.

— Ah ! c'est contre les règles d'empêcher un assassinat ! s'écria Nazaire, heureux de trouver contre qui exhaler sa colère : — je crois que tu veux en manger un peu... ça me va !

Il ramassa l'épée de Gaston et arracha celle du marquis, dont il présenta la poignée à du Chesnel.

Du Chesnel tourna le dos avec le plus grand sang-froid.

Nazaire jeta les épées pour s'agenouiller auprès de Gaston, qui était évanoui.

— Allons, docteur, dit du Chesnel ; — faites votre métier.

Josépin était perdu. Le tonnerre, les éclairs, la grêle, cette lutte enragée à laquelle la tempête avait prêté un caractère véritablement terrifiant, tout cela réuni jetait le docteur dans une sorte d'abêtissement. C'était un homme de paix qui pouvait voir la mort de très près sans sourciller quand la mort avait le bon esprit de se coucher dans un excellent lit, entouré de fioles et de tisanes, mais qui détestait la violence.

Nous ne nous y connaissons point, ou c'est là du courage civil.

A la voix de du Chesnel, il rouvrit les yeux, qu'il avait fermés pour ne point voir les éclairs, et fouilla dans toutes ses poches, cherchant sa trousse, qui devait être quelque part.

Romée, cependant, contenait toujours le marquis. Celui-ci se débattit d'abord énergiquement ; malgré son apparence de faiblesse, il serra si vigoureusement les reins de Romée que le sculpteur, homme robuste pourtant, perdit plante et chancela. — Le marquis et lui tombèrent ensemble sur la terre glissante.

Le marquis se releva le premier. — Il demeura immobile et comme stupéfié.

Nazaire lui cachait Gaston renversé.

Après une seconde. le marquis subit un choc intérieur dont la violence l'éveilla de son délire.

Il se frappa le front.

— Qu'ai-je fait ! murmura-t-il ; l'ai-je donc tué ?...

Sa voix avait un accent de plainte et de terreur.

— Monsieur vous en a empêché, répondit du Chesnel en montrant Romée.

Le marquis se tourna vivement vers ce dernier et lui prit les mains, qu'il serra entre les siennes.

— Merci, capitaine, dit-il avec une chaleur extraordinaire ; le bruit des épées, l'effort de la lutte... et la vue de mon sang qui coulait par cette égratignure... Je ne puis vous dire l'effet que ces choses produisent sur moi... Sur le terrain, je ne suis pas mon maître !...

— On n'y vient pas d'ordinaire pour se divertir, murmura du Chesnel.

Le marquis ne l'entendit point.

— Merci, reprit-il, — encore une fois merci ; je me serais reproché toute ma vie d'avoir frappé...

Il s'interrompit brusquement et acheva en changeant de ton :

— D'avoir frappé un homme à terre, capitaine... Vous devez comprendre cela.

Romée s'inclina en silence et vint s'agenouiller auprès de Nazaire, qui soulevait la tête de Gaston évanoui.

Le marquis se tenait à l'écart. Son émotion, loin de se calmer, semblait grandir.

Ses yeux étaient baissés. — On eût dit qu'il n'osait point les tourner vers le groupe dont Gaston était le centre.

Nazaire, cependant, avait déchiré la chemise de ce dernier et le docteur procédait enfin à l'examen de sa blessure.

Cette blessure était légère, bien qu'elle rendît beaucoup de sang. L'épée du marquis avait percé l'avant-bras, en dessus, non loin de l'épaule et sans attaquer l'os.

Évidemment, Gaston n'était point tombé uniquement sur le coup, mais plutôt par suite de l'épuisement complet de ses forces, — et aussi parce que sa poitrine malade lui avait subitement refusé le souffle.

Ceci pouvait d'autant moins être mis en doute que deux traces sanglantes se montraient aux coins de sa bouche entr'ouverte et pâlie.

La tempête faisait trêve. La scène s'éclairait maintenant aux rayons vifs de ce blanc soleil qui rit et double la candeur de ses clartés durant les entr'actes de l'orage.

Romée et Nazaire suivaient avidement tous les mouvements du docteur et tâchaient de lire sur son visage.

C'était un visage fade où ne se reflétait nulle pensée; c'était un visage froid qui savait exprimer seulement, à sa manière, les craintes ou les espoirs d'un égoïsme absolu.

Romée et Nazaire perdirent leur peine, et ne surent à quoi s'en tenir que quand le docteur eut dit :

— Simple perforation des tissus cutanés, lésion légère... déchirement d'une veine... Ce n'est rien du tout !

La figure de Romée s'éclaira. Une joie franche éclata sur celle de Nazaire qui se sentit venir l'envie d'embrasser le docteur et ses lunettes d'or.

Envie inconcevable, à coup sûr, et qui prouvait que le contentement de l'excellent Dragon touchait presque au délire.

Mais celui dont le visage exprima l'émotion la plus vive fut M. le marquis de Maillepré, à qui, en ce moment, nul, excepté du Chesnel, ne faisait attention.

A l'arrêt favorable du docteur, le marquis tressaillit. Ses deux mains se joignirent d'instinct, tandis que ses beaux yeux noirs humides s'élevaient vers le ciel.

La lèvre de Duchesnel se fronça en un sourire moqueur.

— Transportons-le jusqu'au fiacre, dit Nazaire ; — un coup de main, capitaine !

Josépin avait bandé la plaie de Gaston. Romée et Nazaire le soulevèrent avec précaution et montèrent la rampe affaissée qui donnait une sortie facile du côté de Paris.

— Monsieur le capitaine, dit le marquis d'un air de courtois intérêt, sous lequel perçait un certain embarras que n'expliquait point la simplicité de son ouverture, — un fiacre est une couche bien rude pour un blessé. J'espère que vous ne refuserez point d'accepter ma voiture.

— Il a du bon, ce blanc-bec de marquis, tout de même ! pensa Nazaire.

— Je suis reconnaissant de votre offre, monsieur, répondit Romée, — elle est d'un homme d'honneur... Je l'accepte.

Le marquis s'inclina froidement. — Mais ses joues étaient pourpres...

Il laissa passer devant les deux témoins de Gaston avec leur fardeau.

— Pensez-vous, demanda-t-il tout bas à Josépin, — qu'une course rapide puisse présenter pour lui quelque danger ?

— Pour le blessé ? dit Josépin ; pas le moindre. Son mal ne vient pas de sa blessure, qui n'est rien, mais d'une affection grave des bronches jointe à une lésion chronique dans la région...

— Vous me répondez, interrompit le marquis, que l'état de ce jeune homme ne s'empirera point si mes chevaux prennent par hasard le galop ?...

— Le triple galop, si vous voulez !... le mors aux dents !... pourvu que le coupé ne verse pas.

Le marquis remercia de la main et hâta sa marche.

Il rejoignit Nazaire et Romée. — Gaston venait d'ouvrir les yeux pour les refermer aussitôt après.

Le coupé restait, comme nous l'avons dit, à mi-côte, sur le versant des buttes qui regarde la Villette.

Le cocher était descendu et tâchait à se réchauffer en piétinant à la tête de ses chevaux, dont il tenait les rênes passées à son bras.

Le fier attelage piaffait, impatient, et mâchait le mors en jetant au vent des flocons d'écume.

Le laquais vint ouvrir la portière, puis, faisant le tour de l'équipage, il entra dedans par l'autre côté, pour aider à y introduire Gaston.

Le marquis, pendant cela, glissait deux ou trois mots à l'oreille de son cocher, qui remonta aussitôt sur son siége.

Romée et Nazaire étaient forts ; le laquais aussi : on n'eut point de peine à étendre commodément Gaston sur la banquette de derrière.

— Descends ! cria le marquis à son groom.

Le laquais descendit.

Romée mettait en ce moment le pied sur le montoir pour prendre place aux côtés de Gaston.

Alors, il se passa quelque chose d'étrange et d'imprévu, scène muette, rapide, instantanée, dont le résultat fut un coup de foudre.

Le marquis s'approcha de Romée, qui se tenait en équilibre sur le marchepied et le poussa sans effort apparent, mais si vigoureusement que Romée, rejeté à deux pas, se retint au bras de Nazaire pour ne point tomber.

En même temps, le marquis sauta dans le coupé.

Un double coup de fouet sangla la croupe des chevaux qui partirent au galop.

Le groom avait pu se cramponner à l'arrière-siége.

Il ne restait là que les quatre témoins.

Durant deux ou trois secondes, Nazaire et Romée demeurèrent comme abasourdis.

Puis Nazaire s'élança sur les traces du coupé qui descendait la côte avec une effrayante vélocité.

— Vos cartes, messieurs, je vous prie dit Romée d'un ton impérieux ; — nous aurons à nous revoir.

Du Chesnel, indifférent et moqueur, tira son portefeuille, Josépin l'imita.

— Fort à vos ordres, monsieur, dit du Chesnel en présentant sa carte ; — mais, pour vous éviter la peine de me rendre visite, l'adresse de M. le marquis de Maillepré est rue Royale-Saint-Honoré, n° 9.

— Consultation publique tous les jours, de midi à une heure, grommela Josépin qui donna sa carte à son tour.

Romée les prit toutes deux, toucha son chapeau et suivit Nazaire dont l'avance était déjà grande.

Le coupé glissait par des chemins boueux, le long de ces parcs « impossible à décrire, » dont le contenu empeste toute la banlieue nord de la capitale du monde civilisé.

Un député simple et champêtre, qui module des *premiers-Paris* sur ses pipeaux rustiques, a dit touchant cette matière un mot bien digne de passer à la postérité : *Le fumier est la base de notre civilisation.*

Mot profond, aimable, humanitaire ! mot plus sublime que le plus sublime des mots de l'auteur d'*Alonzo!*

Mot spirituel, tout saupoudré d'une fine fleur de satire antique, — mot puissant, comme tous les produits des fermes modèles, — mot généreux qui rehausse la *poudrette*, rachète le *noir animal* et ouvre, au devant du jeune *guano*, un immense avenir...

Tant que Nazaire avait couru sur le versant de la butte, la pente avait doublé son élan, et il semblait gagner du terrain sur le coupé engagé maintenant dans des chemins fangeux. Mais lorsqu'il arriva au bas de la montée, ses pieds s'embarrassèrent dans la terre molle et grasse. Sa course se ralentit notablement. Il allait toujours pourtant...

Romée, lui, prit à travers champs et poussa droit à la barrière de Pantin.

Du haut de la butte, du Chesnel et Josépin pouvaient suivre dans tous ses détails cette course au clocher dont le résultat n'était point douteux.

Du Chesnel lorgnait principalement le pauvre Dragon qui, épuisé de fatigue, luttait contre le chemin gluant, trébuchait, glissait, — et courait toujours.

— Diable de rustre ! dit du Chesnel ; — il a voulu se battre avec moi... C'est un brave garçon !

— Il s'embourbe !... C'est ma foi fort divertissant ! riposta le docteur, qui voyait finie sa corvée belliqueuse et avait cent livres de moins sur les épaules.

— Ils n'ont qu'à se démener !... les excellents fous !... Poursuivre le plus bel attelage de Paris !...

— Oui, dit Josépin ; — mais il y a la barrière... Il faudra qu'on visite le coupé.

— Qu'est-ce qu'il t'a dit, interrompit du Chesnel, — quand il t'a parlé tout bas ?

— Heu !... heu !... fit le docteur avec importance ; — un médecin est comme un notaire, la discrétion est notre première vertu.

— Qu'est-ce qu'il t'a dit ?

— Il m'a demandé si un temps de galop pouvait faire du mal à notre jeune homme...

— Rien que cela ?...

— Je lui ai répondu *in extenso* que la vivacité plus ou moins grande...

— Bien, bien, docteur !... De manière que tu ne sais pas ce qu'il veut faire de ce petit bonhomme qu'il emporte comme une proie.

— Non... A moins que...

Josépin regarda du Chesnel par dessus ses lunettes.

— Ce serait bien possible, dit ce dernier... Tiens, tiens !... Voici le rustre qui va de travers... Il chancelle... il tombe...

— C'est ma foi vrai ! s'écria le docteur qui frappa dans ses mains.

Nazaire, en effet, à bout de forces, et perdant de vue le coupé à un détour de la route, s'était laissé choir, épuisé.

On n'apercevait plus Roméo.

— Ainsi finit l'histoire ! grommela du Chesnel. — Le plus triste de la chose, c'est qu'il nous faut regagner Paris à pied.

— Moi qui, en venant, trouvais ce diable de coupé si bien suspendu !... soupira Josépin ; si j'avais su, j'aurais dit au marquis que le galop était mortel.

— Qui sait, répliqua le secrétaire d'ambassade en

tournant sur ses talons ; moi, je crois que le marquis n'en eût galopé que mieux.

Josépin retira ses lunettes d'or et les essuya du coin de son mouchoir de batiste.

— Je ne dis pas non, répondit-il ; — et ça m'est égal... Viens-tu ?...

— Ils se dirigèrent vers la barrière de Belleville, qui est la plus proche, et sur la route, au moment où les nuages amoncelés de nouveau promettaient une nouvelle bourrasque, ils rencontrèrent le fiacre et y montèrent.

— Est-ce que les trois bourgeois que j'ai amenés ont eu leur affaire ? demanda le cocher avec inquiétude.

— Oui, mon brave, répondit du Chesnel.

Le bon cocher laissa tomber ses deux bras le long de son carrick. Sa figure exprima une véritable désolation.

— Quel malheur !... dit-il. — Est-ce que vous allez me payer mes deux heures, vous autres ?

— Oui, mon brave.

Le front du bon cocher reprit une demi-sérénité.

— C'est que, ajouta-t-il en hésitant, les trois bourgeois m'ont promis un bon pourboire. Est-ce que vous allez me le donner ?

— Oui, mon brave.

— Hie !... cria le cocher en allongeant un coup de fouet triomphant à ses rosses. C'est pas l'embarras... trois d'enlevés !... en voilà de l'ouvrage !... Hie ! donc, hie !... Une autre fois, je me ferai payer d'avance, tout de même.

— Ah ! ah !.., s'écria Josépin en s'étendant au fond du fiacre... Maintenant, il peut venter, tonner, pleuvoir, grêler, je m'en moque... Ah ça ! dis donc !... tu avais l'air de pousser à la consommation... Est-ce que tu en voulais au jeune homme ?...

— Mon Dieu, non.

— Vous vous connaissez ?... J'ai vu ça dans ses yeux... Quand nous sommes arrivés, il a été sur le point de te parler... Qu'est-ce que c'est en définitive que ce petit garçon ?...

— Je n'en sais rien, dit du Chesnel.

— Où l'as-tu donc vu ?

— A ma noce... C'est quelque chose comme le frère de ma femme.

. . . .

Le 20 février 1845, une pauvre vieille femme de la rue des Petites-Ecuries, qui avait vendu son fond de laitière à un filou, lequel filou avait mis la clef sous la porte, rencontra son homme aux environs de la halle.

Elle le saisit au collet.

Le peuple s'attroupa.

Le voleur était robuste ; la pauvre vieille chancelait sous son émotion et sous son grand âge.

Le peuple, dans son instinctive et souveraine justice, aida le voleur à s'échapper et hua la vieille femme en l'appelant folle, sorcière, etc., etc.

Ceci est de l'histoire. Nous citons le fait, parce qu'il est d'hier, et parce que nous avons vu de nos yeux les larmes de la pauvre femme. A quiconque connaît le pavé de Paris nous n'avons pas besoin de dire que le même fait et ses variantes se renouvellent vingt fois en un jour.

Il faut trembler dès qu'on est à la merci des verdicts soudains et braillards de ces tribunaux crottés dont la sentence est sans appel.

Nous ne savons de comparable à cette justice effrayante que la hautaine juridiction de ces hommes verdâtres qui portent des boutons de livrée et fument leurs pipes aux barrières.

Le gouvernement les paie pour empêcher la contrebande. Ils empêchent peut-être la contrebande. C'est la moindre chose. — Mais ils mettent partout leurs mains sales, et en arriveront sous peu à insérer leurs sondes rouillées dans le ventre des passants. Ils sont en outre très rudes, ces hommes verts ; ils ouvrent les portières des voitures et ne daignent point les refermer. Ils parlent bref. Ils sont l'autorité.

Nous avons pris la coutume de les saluer en passant, très bas, et de leur demander des nouvelles de madame.

Roméo qui omit cette précaution fut victime du zèle farouche des préposés de la barrière de Pantin. Ces préposés avaient laissé passer le coupé du marquis, parce qu'il était pimpant et armorié, mais, en voyant accourir de loin un homme souillé de boue et en désordre, ils ne purent supposer autre chose, sinon que cet homme portait cent ou cent cinquante livres de tabac belge entre son gilet et sa chemise.

On l'arrêta net.

Et comme il voulut parlementer un peu vivement, on l'entraîna dans la hutte mal odorante où les hommes verts grillent des harengs et dévorent de l'ail.

C'est, comme on voit, l'histoire de la vieille femme. Le voleur passe, on arrête le volé.

Pendant que Romée pestait dans la salle des préposés, le coupé enfilait au galop la rue Lafayette, qui n'était alors que tracée. — Les deux stores des portières étaient fermés. Ce nonobstant, nous jetterons à l'intérieur un regard curieux.

C'était une miniature de boudoir, une boîte de satin où le jour arrivait doucement brisé. Les parois bouffantes opposaient à tout choc leur élasticité moëlleuse, et neutralisaient presque l'imperceptible secousse que ne pouvait réduire l'acier flexible des ressorts.

Gaston était couché sur la banquette de derrière et en occupait toute la longueur. Le marquis, au lieu de s'asseoir sur le tabouret à reculons où Josépin avait posé le matin sa longue et docte personne, s'était agenouillé sur la peau de tigre qui servait de tapis.

Gaston respirait, mais ses yeux ne s'ouvraient point. Il semblait que le doux bercement de l'équipage alanguissait davantage ses nerfs épuisés. Il dormait.

Son souffle gardait encore des sifflements pénibles et rauques.

Sa tête portait contre le satin blanc de la tenture où s'écrasait sa coiffure en désordre. Une fièvre lente ramenait le sang à sa joue. Ses paupières closes s'entouraient d'un demi-cercle bleuâtre...

Le marquis tenait une de ses mains qui dépassait les franges du coussin.

Il avait mis lui aussi sa tête contre la paroi rembourrée à deux pouces de la tête de Gaston.

Il était extraordinairement pâle, et le sang qui couvrait le col de sa chemise faisait ressortir les teintes presque livides de sa joue.

Ses cheveux, longs et fins, tombaient en boucles mêlées sur son front où se séchaient quelques gouttes de sueur. Il était beau.

Elle était belle...

Il y avait dans ses grands yeux d'un bleu obscur une langueur aride. — Son corps avait des tressaillements soudains. — Sa bouche murmurait confusément d'ardentes paroles...

Ses paupières ramenaient tout à coup leurs cils de soie sur sa joue décolorée et se relevaient lentement, humides, en un long regard d'amour.

Elle était belle, — belle comme un rêve d'amant.

Elle souffrait, trop heureuse... Son corps admirable s'affaissa sur lui-même, entraînant la main de Gaston qu'elle pressa, froide, contre son front en feu.

Ainsi éclairée vaguement par le demi-jour que tamisait la soie des stores fermés, sa beauté magnifique semblait rayonner une lueur propre et s'illuminait de passion...

Oh! c'était bien une femme, — une vierge domptée par les ardeurs poignantes de l'amour qui foudroie...

Elle aimait. — C'étaient de belles plaintes, de suppliants murmures, suaves chants que la tendresse exhale et qu'elle n'entend pas, des soupirs impatients, des aspirations emportées, des pleurs timides...

Puis un long silence immobile, quand son âme s'enfuyait en un rêve.

. . . .
. . . .

Elle se redressa. Son œil brûlait, sa lèvre était blanche.

Sa bouche s'appuya frémissante sur les lèvres de Gaston, qui eut un sourire et murmura le nom de Sainte.

CHAPITRE X

ATTENTE

Biot et Romée se connaissaient.

Il y avait bien longtemps déjà que le jeune sculpteur aimait Sainte. Mais, dès l'abord, cette passion s'était alliée en lui à un respect timide.

Romée avait mené la vie d'officier. Jeune, hardi, oisif, il s'était autrefois laissé prendre à cette maladie épidémique des guerriers français : la fatuité. Chez nous, tout ce qui porte uniforme veut tyranniser les cœurs ; nos garnisons regorgent de don Juans, beaux quelquefois, laids très souvent, et suspendant impitoyablement l'âme des *faibles femmes* aux crocs mastiqués de leur moustache.

C'est terrible !

D'autant que les faibles femmes qu'ils séduisent ne sont point dans la circulation. A leur défaut, nul Lovelace n'eût tenté l'assaut des cœurs qu'ils font capituler.
— Vous jugez combien ils sont coupables !

Ils jouent le rôle du serpent auprès des douairières ; ils ont le monopole des chutes des demoiselles de quarante ans...

> Est-il beauté prude ou coquette
> Que ne subjugue l'épaulette ?..

Vraiment, non ! pas une ! nous avons vu des aïeules succomber à cette attraction prodigieuse de l'uniforme !

Soldats, lieutenants, colonels, maréchaux-de-camp,

lieutenants-généraux, tout cela caresse le *dieu d'amour* avec la même candeur que les élèves de l'Ecole royale polytechnique, lesquels, aux vacances venues, font, dans les provinces, des dégâts incalculables. — Il faut passer maréchal de France et duc de quelque petite chose pour prendre sa retraite de bourreau des cœurs...

Romée avait payé le tribut. Il s'était lancé dans ces romans faciles où tant de jeunes héros ont le tort naïf de placer leur gloire. Partout où il avait passé, quelques jolis pleurs avaient salué son départ.

Jolis pleurs qui coulent, tant qu'on suit de l'œil le régiment qui s'éloigne, — mais qui n'empêchent pas de danser le soir, de sourire, et de choisir avec soin un autre vainqueur parmi les dieux inconnus de la garnison nouvelle.

Hélas ! oui, capitaines ! vous êtes à deux de jeu. Elles se moquent de vous qui vous croyez des cruels. — C'est que vous n'êtes plus d'éblouissants mousquetaires ; c'est que vous n'êtes pas même des généraux de vingt ans...

Voyez ! ce peintre populaire qui a mis sur la toile le spirituel emblème de l'amour soldatesque, a fermé les yeux pour ne point voir vos raides uniformes. Il a été chercher des gardes-françaises ! — Trois fois hélas !

Cet autre peintre, qui est le Béranger du croquis, vous dédaigne pour les *vieux de la vieille*.

Vous n'avez pour vous que les pinceaux officiels qui badigeonnent pour Versailles d'incommensurables toiles. — Trois autres fois hélas !

Tuez des Bédouins, soyez députés ou inventez des carabines. Vos beaux jours sont passés. Le suprême reflet de votre splendeur s'est éteint avec les jeunes colonels de M. Scribe.

Romée était allé tuer des Bédouins.

Il avait désiré beaucoup ; il n'avait jamais aimé.

Romée était le fils d'un sculpteur de talent, dont nos musées gardent de belles pages, et qui était mort jeune, laissant après lui ces regrets qui suivent une gloire coupée en sa fleur.

Romée n'avait connu que sa mère, femme aussi belle

de visage que de cœur, et dont les traits amis souriaient toujours au fond de son souvenir.

La mère de Romée était morte. Ce que Romée gardait à sa mémoire, c'était un culte pieux, où il y avait une ardente gratitude et un respect attendri...

Or, quelque jour, dans un dîner de corps, au dessert, un homme avait placé dans un récit scandaleux le nom béni de sa mère.

Cet homme avait deux fils, lieutenants dans le régiment de Romée, dont il était, lui, le colonel.

Romée mit bas ses épaulettes ; il envoya sa démission.

Les deux lieutenants et le colonel, leur père, eurent une tombe commune, loin du pays, sur la terre conquise.

Romée, éloigné volontairement de ses camarades, eut des larmes pour ce triple malheur. — Mais on avait insulté sa mère...

Il était sculpteur avant d'être soldat. De retour en France, il reprit son ciseau, — et vous vous êtes arrêtés plus d'une fois dans les salles basses du Louvre, devant les marbres peu nombreux, mais exquis, auxquels sa pensée poétique donne la vie, aux heures que l'inspiration dérobe à la paresse du bonheur...

Les arts et les lettres ont ainsi parfois la bonne chance de servir de refuge aux esprits trop faibles ou trop fiers que meurtrit la discipline de nos armées. La marine nous a rendu Eugène Sue, de la Landelle, Corbière, sans parler de l'illustre romancier américain, dont la gloire n'est point à nous ; l'armée nous a donné Viennet, le spirituel, l'ingénieux académicien ; Salvandy, le ministre, prosateur melliflue, orateur sur-élégant, causeur trop fertile en mots trop adorables, et enfin, parmi tant d'autres, ce poète chaste et gracieux qui manque à l'Académie, l'auteur de *Chatterton*.

Quant aux arts, outre Romée, dont le vrai nom ne doit point venir sous notre plume, nous ne citerons qu'un seul exemple. C'est, le croirait-on, de l'école de cavalerie de Saumur qu'est sortie cette puissante idée d'appliquer l'émail à l'architecture. Celui qui mettra cet or pur et ces pierres précieuses aux frontons de nos palais, celui qui coulera en jaspe et en porphyre les colonnes de nos cathédrales, le génie dont la baguette magique va réaliser les brillants mensonges des contes de fées, n'a songé d'abord qu'aux évolutions de manége et au moulinet du sabre.

Ce serait une curieuse étude que de chercher les voies cachées par où surgit la vocation. Mais ce serait une étude triste, car combien d'hommes trouverait-on assis à la place qu'ils ont eux-même choisie?...

Le hasard plaça l'atelier de Romée vis à vis de cet autre atelier où Mme Sorel présidait aux travaux habillards d'une douzaine de brodeuses. Romée vit Sainte; il mit son bonheur à la revoir. Il l'aima.

Et cet amour le fit si timide, lui, l'ex-vainqueur de passage, qu'il oublia ses mille moyens de séduire, dont la science banale avait servi ses fantaisies d'autrefois. Il n'osa ni gesticuler, ni parler, ni écrire. C'est a peine s'il osa se montrer.

Son rideau, quand il regardait, se fermait discrètement, ne laissant que juste la place de l'œil. Il avait toutes les petites ruses, toutes les délicatesses peureuses d'un adolescent.

D'abord, il se reprocha sa timidité, il se fit honte de sa pudeur. Puis, quand il aima mieux, il s'applaudit de n'avoir point osé.

Il lisait sur le front de Sainte tant de pureté noble et une douceur si fière!...

Elle était pauvre. Que lui dire? Un mot offense, éloigne; un geste perd.

Et Romée gardait si précieusement, si chèrement ses espoirs!...

Ne pouvant trouver le courage de parler à Sainte, il avait cherché des voies détournées pour parler d'elle au moins, pour se rapprocher d'elle.

Jean-Marie Biot, nous le savons, était la vivante contre-partie de ses collègues, les concierges de Paris. Il n'était ni bavard, ni curieux, ni câlin pour le riche, ni insolent pour le pauvre, ni rapace, ni friand de calamités, ni capable de mettre le feu aux quatre coins de l'univers pour une pièce de cinquante centimes.

Car le portier est tout cela et pire que cela.

En sa faveur, on est obligé de faire une exception et d'admettre qu'il est un *type*.

Un type odieux ! — Et vraiment, il faut que nous soyons bien débonnaires, nous autres Parisiens, qui avons fait deux révolutions, pour laisser trôner à nos portes ces bipèdes hargneux et malfaisants !

Herculanum avait des portiers de terre cuite. — Mais Herculanum ne jouissait pas de soixante mille filous.

Nous proposons, nous, de mettre à la place de *l'homme et la femme de quarante ans,* comme disent les *Petites Affiches,* un chien pour garder, une pie pour répondre. Ce sera la même somme d'intelligence et beaucoup plus de fidélité.

Avec cette modification légère et une Saint-Barthélemy des portiers, qui pourraient conspirer, Paris sera un Eldorado.

Nous prions le lecteur de ne s'y point tromper. Ceci n'est pas une digression oiseuse. A cette heure où le feuilleton se fait politique, sociantiste, garantiste, introductif, passionnel, organisant, communautaire, phalanstérien, messianiste, utilitaire, et cent autres choses qui sont de sublimes barbarismes, nous croirions rester au-dessous de notre haute mission, si nous n'apportions pas notre humble pierre à l'édifice élevé par le roman régénérateur.

Chacun contribue dans la proportion de ses forces.

Ne pouvant faire beaucoup, nous proposons uniquement la destruction des portiers et de leur race, depuis le vieillard caduc jusqu'à l'enfant au berceau.

C'est peu ; qu'on nous excuse. L'intention, chez nous, était vertueuse et bonne. Nous tâcherons de trouver mieux une autre fois...

Jean-Marie Biot, inaccessible aux faiblesses *typiques* de sa caste, était d'abord difficile. Mais il y avait, dans le jardin de l'hôtel, d'admirables sculptures. Romée demanda la permission de les étudier. C'était un prétexte à tout le moins plausible. Biot, qui avait, sous sa rude écorce, le meilleur cœur du monde, refusa, puis laissa faire.

Romée avait une de ces vives et franches figures qui saisissent à coup sûr les âmes simples. Son esprit était comme son visage. Biot, à son insu, le prit en amitié.

Et puis, chacun a ses petites faiblesses. Notre excellent Biot se croyait le plus habile treillageur de France et de Navarre. Romée loua son travail ; bien mieux, il lui commanda des grillages de toute sorte.

Ceci nous explique la luxueuse profusion de clôtures en fer que nous avons remarquée autour de l'atelier de Romée.

Il en avait mis partout. Il n'avait qu'un regret, c'était de n'en pouvoir mettre davantage.

Biot, nous devons l'avouer, avait été très sensible à ce bon goût du jeune sculpteur.

Peu à peu Romée l'avait habitué à ses visites. Si peu causeur qu'on soit, des mots échappent. Romée savait comment était composée la famille de l'aile droite. Il savait que c'était une grande race déchue, écrasée sous un lourd malheur.

Là s'était arrêtée, non pas seulement l'indiscrétion de Biot, mais la curiosité de Romée. . . . . . .
. . . .

Il y avait bien des heures que Gaston était parti, Biot restait immobile, abattu, insensible, devant sa besogne oubliée. Il ne se rendait nul compte de la mesure du temps.

Le jour commençait à baisser.

Un coup de marteau retentit sur le fer de la porte cochère. Biot eut un tremblement.

Il tira le cordon et sa main retomba le long de son corps.

Romée entra précipitamment dans la loge et s'assit, épuisé, sur une escabelle.

Biot, qui avait jeté de côté un regard vers la porte, en retenant son souffle, respira péniblement. Il ne savait point que Romée avait été le témoin de son jeune maître.

— Monsieur Biot, dit Romée ; — elle doit être bien inquiète... bien malheureuse... Je n'ai pu revenir plus tôt...

Biot écoutait. Il tâchait de comprendre.

— Je ne veux pas la voir, poursuivit Romée, car je lui avais promis de ramener son frère.

— Notre monsieur !... prononça Biot à voix basse ; — vous l'avez vu... ne me dites pas...

Il prit sa poitrine à deux mains.

— Ne me dites pas qu'il est mort ! ajouta-t-il en un sourd gémissement.

— Il vit ! s'écria Romée ; — sa blessure n'est rien...

Biot se leva tout droit.

— Il est blessé !... dit-il. — Qui l'a blessé ?...

— Blessé légèrement, mon bon monsieur Biot... Ceci est la moindre chose... Quelques jours de repos suffiraient à guérir cette égratignure... Mais...

Romée hésita. — Biot n'interrogea point. Il restait là bouche béante, saisissant avidement chaque parole au passage.

— Mais... poursuivit Romée, nous n'en sommes pas à le guérir... on l'a enlevé.

— Qui ? demanda Biot.

— Le marquis Gaston de Maillepré.

Biot recula et porta ses mains à son front, comme s'il eût craint de voir sa raison lui échapper.

— Le marquis... Gaston... de Maillepré !... balbutia-t-il ; — c'est cela que j'ai entendu !...

— C'est cela que j'ai dit, répliqua Romée ; — vous le connaissez ?

— Oui... non... Ah ! je ne sais pas ! dit Biot, qui s'appuya au mur de sa loge. — Ma tête s'en va, monsieur Romée... Voyez-vous... c'est mon maître, mais c'est mon enfant !... Ecoutez ! se reprit-il en frémissant ; — je crois que je vous comprends... Ce n'est pas le marquis que vous voulez dire, c'est le duc...

— Non, le marquis...

— Un vieillard ?...

— Un jeune homme.

Biot passa le revers de sa main sur son front.

— Si je deviens fou, murmura-t-il avec terreur, — je ne pourrai plus les servir... Mon Dieu, mon Dieu ! ce n'est pas trop d'un serviteur pour eux qui en avaient tant autrefois !... Il faut me laisser ma raison, mon Dieu, et prendre ma vie dès qu'ils n'auront plus besoin de moi...

Romée saisit la main du vieux Breton et la serra entre les siennes.

— Vous êtes un digne cœur, monsieur Biot, dit-il d'une voix émue ; mais prenez courage... votre maître pouvait succomber : il vit : c'est le principal. Quant à votre étonnement, je n'en devine point la cause et ne puis la faire cesser...

Romée, en effet, ne savait point que Gaston était Maillepré.

— Mais, reprit-il, — le danger désormais peut être combattu et partagé, tandis qu'un duel...

— Oh ! interrompit Biot, — l'enfant a le cœur de ses pères... Entre lui et son ennemi il n'a voulu que son épée, n'est-ce pas ?

— Et il s'est vaillamment défendu, je vous jure, monsieur Biot... Maintenant, je vous en supplie, songez à sa pauvre sœur qui attend et qui souffre... Je sais l'adresse de ce marquis... je viens de son hôtel... Il n'a pas reparu depuis ce matin,.. mais, chez lui ou ailleurs, je le rejoindrai, monsieur Biot ; je retrouverai Gaston, qui est mon ami, comme il est votre enfant... Je vous le promets... je vous le jure.

— Que Dieu vous entende ! murmura le Breton ; — et qu'il vous bénisse !

— Ne perdez pas de temps, dit Romée ; — allez rassurer Mlle Sainte... et, tout en la consolant... dites-lui que je suis venu... prononcez mon nom...elle sait combien j'aime son frère...

Biot quitta sa loge où Romée s'installa.

En montant l'escalier de l'aile droite, le vieux Breton se disait :

— C'est bon signe... voilà que Maillepré a trouvé un ami dans son malheur !...

Arrivé aux dernières marches, il s'arrêta tout à coup. Que dire à Sainte ?

Ce fut une minute laborieuse et pénible pour le bon Biot qui ne savait point mentir.

Mais son absolu dévouement et l'amour qu'il portait à Sainte comme à Gaston, ces enfants adorés, secouèrent la lourde apathie de son intelligence. Il comprit son rôle, mieux peut-être qu'un esprit plus subtil.

Lorsqu'il entra, sa franche physionomie exprimait de la joie.

— Bonne nouvelle! dit-il, mademoiselle Sainte...

Sainte était assise auprès de Mignonne qui ne l'avait point quittée de la journée.

Elle se leva ; son visage, fatigué, pâli, s'éclaira tout à coup d'une radieuse joie.

— Gaston!... balbutia-t-elle.

— Ah! dam! dit Biot rondement, vous n'allez pas le revoir comme ça à la minute... Monsieur Romée... un brave jeune homme, celui-là!... vient de le quitter... Vous avez confiance en M. Romée, peut-être... et vous savez combien il aime notre monsieur!...

— Romée... répéta Sainte en rougissant ; — oh! oui!... je sais qu'il aime bien Gaston... Mais Gaston!... Gaston!... Pourquoi n'est-il pas revenu?...

Mignonne tendit sa jolie tête, presque aussi impatiente d'entendre la réponse que Sainte elle-même.

— Ah! voyez-vous, répliqua Biot, — on ne se bat pas comme ça sans attraper quelque mauvais coup...

— Blessé!... dirent en même temps les deux jeunes filles.

Et Sainte retomba, défaillante, sur le pied de son lit.

— Quoi donc! reprit Biot, — notre demoiselle me connaît-elle, oui ou non?... Aurais-je dit : Bonne nouvelle! si notre monsieur était en danger?...

— Mais où est-il? où est-il? s'écria Sainte.

— L'affaire de deux ou trois jours de repos, répondit Biot. — Si on le ramenait, le mouvement de la voiture pourrait augmenter son mal...

— Ça, c'est bien vrai, dit Mignonne ; — Dragon a manqué perdre sa jambe en Alger pour n'avoir pas voulu rester tranquille à l'hôpital...

— Mais je veux le voir, reprit Sainte ; — s'il ne peut venir, je veux aller, moi !...

— Rien de plus juste, notre demoiselle, répartit Biot qui se sentait à bout de sang-froid ; — quand M. Romée reviendra...

— Tu ne sais donc pas où il est? demanda Sainte impétueusement.

— Notre demoiselle... balbutia le vieux Breton ; —

j'avais si grande peur d'apprendre quelque chose de pire !...

Sainte essuya ses larmes et regarda Biot en face, puis elle se tourna vers Mignonne.

— Vous avez été bonne pour moi, dit-elle à la jeune ouvrière en prenant sa main qu'elle serra doucement; — sans vous, je crois que j'aurais succombé aux tortures de cette cruelle attente... Mais, mademoiselle... mais, mon amie... maintenant, il faut que je parle sans témoins à l'unique serviteur de ma famille.

Mignonne mit lestement un baiser sur le front de Sainte.

— Je veux bien m'en aller, dit-elle avec un mélange charmant de gaîté mutine et de sensibilité, — mais à condition de revenir... A demain.

— A demain, répéta Sainte, qui lui rendit son baiser.

Mignonne gagna la porte. Biot la suivit d'un regard attendri.

Tout ce qui aimait Maillepré lui était cher.

Sainte et lui étaient seuls.

La jeune fille garda un instant le silence. Puis, s'approchant, elle posa ses petites mains sur les larges épaules du paysan et se dressa devant lui, l'œil sur son œil.

On eût dit qu'elle voulait regarder au fond de son cœur.

— Biot, reprit-elle avec une douceur grave; — dites-moi tout... je veux tout savoir...

— Notre demoiselle... commença le paysan.

— Ne me trompe pas! interrompit Sainte. Où est Gaston ?... Dieu nous a-t-il pris notre dernière espérance?

— Oh! notre demoiselle! s'écria Biot, dont le visage hâlé peignait avec énergie l'émotion de sa tendresse soumise et dévoué; — si Dieu avait permis cela!... Si le jeune monsieur était là-haut à cette heure, avec notre digne maître, feu M. le marquis... avec Mme la marquise, la sainte et charitable dame! avec tous ceux que j'ai aimés, respectés... puis pleurés !...

La voix de Biot devenait sourde.

— Si le jeune monsieur, reprit-il, — le cher enfant de mes nobles seigneurs !... le dernier des Maillepré... le dernier, bonne Vierge !... s'il était mort... Je ne sais pas, notre demoiselle... Vous êtes leur fille, sa sœur... Mais je ne sais pas si le vieux Jean-Marie aurait la force de rester là pour vous servir encore... Je vous aime bien, oh ! je vous aime bien, mademoiselle Sainte !.. mais lui, c'est l'espoir... Tant qu'il vit, le tronc de Maillepré a chance de refleurir un jour... Quand il sera mort...

Biot s'interrompit, joignit ses mains calleuses et leva ses yeux mouillés vers le ciel. — Sainte l'écoutait, émue, reconnaissante, consolée.

— Mais vous les protégez, n'est-ce pas, mon Dieu ? s'écria le vieux Breton, entraîné hors de ses façons de parler communes par la puissance de son émotion ; vous les protégez, ceux qui sont du sang de vos serviteurs !... vous gardez les fils de vos soldats !... Non, non ! Maillepré n'est pas mort !... ses pères, qui sont des saints dans le ciel, veillent sur sa jeunesse... Les branches tombent, mais le tronc reste... Maillepré ne meurt pas !

. . . .

Romée attendait dans la loge le retour de Jean-Marie Biot.

Il voulait parler encore de Sainte et la savoir rassurée.

On frappa discrètement à la porte cochère, Romée, se souvenant qu'il était concierge pour quelques minutes, tira le cordon.

Un homme passa le seuil d'un air à la fois inquiet et effronté. Cet homme, en qui nos lecteurs eussent reconnu le pimpant secrétaire de M. le duc de Compans-Maillepré, jeta autour de la cour un regard observateur et laissa la porte entrebâillée derrière lui, pour assurer sa retraite en cas de besoin.

M. Burot venait évidemment *pousser une reconnaissance.*

N'apercevant dans la cour rien qui pût entraver ses opérations, il se dirigea vers la loge du concierge, qu'il ouvrit sans façon et où il entra d'un air délibéré.

CHAPITRE XI

DEUX DOULEURS

M. Burot avait un ample habit de beau drap noir, ce jour-là. Il avait un pantalon noir; il avait un gilet de satin noir.

Manifestement sa prétention était de ressembler à un honnête homme, — à un rentier du Marais, par exemple.

A cela s'opposaient plusieurs qualités inhérentes à la personne de M. Burot. C'était d'abord ce regard obséquieux et insolent à la fois, qui sentait son maraud d'une lieue. C'étaient ensuite le dandinement avantageux de ses hanches et l'exubérance téméraire de sa coiffure; enfin, quelque autre chose encore, — de ces détails qui échappent, un insaisissable parfum de mauvais lieu, — ces façons de parler, de regarder, de sourire, que l'estaminet inflige fatalement à ses habitués, — ce *chic* (il faut nous excuser; une bouche princière affectionne, dit-on, outre mesure, ce mot sans prétention), ce *chic* que le tripot colle à l'épiderme des gens et qui résiste à toute lessive comme le masque noir des ramoneurs.

M. Burot possédait tout cela au suprême degré.

L'habit noir jurait sur ses épaules. On cherchait à sa main une queue de billard; on regardait sa poche où manquait un tuyau de pipe.

C'était un homme hors de sa voie. Il ressemblait un peu à ces oiseaux de nuit que le jour surprend tout honteux, tout confus, parmi les autres oiseaux que ne déconcerte pas le soleil.

Mais ce qui distinguait particulièrement M. Burot, c'était le *front*.

Il avait du front, ce secrétaire. — Le front, il ne faut point s'y tromper, n'est point de la hardiesse. C'est la faculté de dompter sa peur et de faire bon visage en tremblant tout bas. L'effronté se force à oser. Il se munit d'un courage tout factice qui ne l'empêche pas de suer froid. On n'est pas effronté sans être poltron.

M. Burot, en entrant à l'hôtel Maillepré, avait calculé soigneusement ce qu'il pouvait en résulter pour son dos. C'était peu de chose. Biot ne le connaissait point autrement que pour l'avoir aperçu en passant chez le duc. Il y avait dix à parier contre un que le concierge ne le remettrait point.

On pouvait, à tout hasard, tâter le terrain, prendre langue.

M. Burot, néanmoins, laissa la porte cochère entr'ouverte, parce qu'il faut tout prévoir.

Il entra, comme nous l'avons dit, fort délibérément.

Le jour se faisait sombre. Il vit un homme assis dans un coin. Il n'eut garde de reconnaître Romée ; Romée, ce son côté, l'avait parfaitement oublié.

— Bonjour, brave homme, dit Burot ; — il y a dans l'hôtel des appartements à louer, n'est-ce pas ?

— Je n'en sais rien, répondit Romée.

— Diable ! pensa Burot ; il est encore plus ours que je ne pensais... Ce quartier, mon cher monsieur, reprit-il tout haut, — me convient sous tous les rapports... Cette tranquillité doit être bien précieuse à un homme de travail... je suis un homme de travail... un homme rangé... rentrant à huit heures tous les jours de la semaine et à neuf heures le dimanche... Ah ! ah ! les concierges n'ont pas d'embarras avec moi... et ça ne m'empêche pas de semer joliment des petits profits...

Romée, qui n'écoutait point, poussa un long soupir d'attente.

— Loup mélancolique ! Cerbère taciturne ! grommela Burot, qui s'avança tout doucement et s'assit à moitié sur l'escabelle vide de Biot : il faut pourtant que je sache au juste... Ah çà ! reprit-il encore à haute voix, — les loyers ne doivent pas être d'un prix fou, par ici !... car il n'y a pas presse, je crois bien... dites-moi... Savez-vous que vous n'êtes pas trop aux intérêts de votre propriétaire, mon brave !...

Romée se leva, traversa la loge et vint mettre son œil aux carreaux de la croisée pour épier le retour de Biot.

Près de la fenêtre, le jour était encore assez vif pour éclairer complètement son visage.

Burot le reconnut et ne put étouffer un cri de surprise. — Romée se retourna.

Burot était assis sur l'escabelle, les jambes ramassées et dans l'attitude d'un homme qui va s'élancer.

Romée eut une idée vague d'avoir vu quelque part cette figure effarouchée. Tandis qu'il cherchait, le subtil secrétaire, habitué à ces retraites précipitées, glissa comme un trait entre lui et la porte.

Il se souvenait, le malheureux, de la sortie de l'Opéra et de ce moulinet funeste qui lui avait coûté une belle pipe et deux dents.

Mais Romée, dont l'attention était éveillée, le reconnut au moment où il passait le seuil. Il étendit la main pour le saisir et ne l'atteignit point.

— Arrêtez-le ! arrêtez-le ! s'écria-t-il en s'élançant à son tour au dehors.

Il s'adressait à Biot qui descendait à cet instant de l'aile droite.

Biot barra le chemin au fugitif. S'il avait su que la porte-cochère restait entrebâillée, c'en eût été fait de Burot, mais comptant sur les vieux battants de chêne, Biot marcha en avant et voulut en finir tout d'un coup.

Burot avait perdu ses couleurs. Il était entre deux feux ; sa position tournait au tragique. Son œil effaré cherchait tout autour de lui une issue qu'il ne trouvait point.

C'est, dit-on, en ces heures de péril suprême que le grand homme se révèle. Burot tremblait de tous ses membres, mais il gardait ce coup d'œil d'aigle qui décide du sort des batailles. Lorsqu'il vit le mouvement de Biot, sa lèvre rentrée eut un sourire napoléonien. — Il se retourna brusquement vers Romée, fit mine d'attaquer, recula, sauta...

Biot et Romée se regardèrent. Le drôle avait disparu, laissant derrière lui la queue d'un long éclat de rire.

. . . .
. . . .

Sainte avait remercié Dieu, parce qu'elle croyait aux paroles du vieux serviteur de sa famille. Elle se sentait confiante et sa prière montait, pleine d'espoir, vers le ciel.

Mais elle était seule. Il faisait nuit déjà depuis longtemps. La bonne figure de Biot n'était plus là pour appuyer ses consolantes paroles.

Qui ne sait l'influence navrante de la nuit et de la solitude sur la douleur !...

Sainte essaya de lutter. Elle appela vers elle de doux rêves, l'image de Gaston au retour, le bonheur de se revoir, et ce sourire mouillé de larmes heureuses qui devance le premier baiser du bienvenu...

L'image de Gaston vint. — Mais ce fut l'image de Gaston étendu sur une couche étrangère, pâle, les yeux fermés, les cheveux épars, la poitrine haletante.

Pauvre fille !

Et quelque part, sur la blancheur des draps, des taches rougeâtres...

Du sang ! mon Dieu !... le sang de Gaston !

Un mot ami, le son accoutumé d'une voix connue suffisent pour chasser l'angoisse de ces visions navrantes.

Mais Sainte était toute seule.

Toute seule pour la première fois de sa vie !

Ils ne s'étaient jamais quittés, Gaston et elle. Ils avaient grandi l'un près de l'autre, ensemble toujours, et passant à leur insu des tendresses étourdies de l'enfance à cette immense amour fraternel qui emplissait leur cœur et leur tenait lieu de tous autres amours...

Il n'était plus là. Qu'il devait souffrir cruellement, lui qui souffrait loin d'elle !... Quel baume c'eût été pour son front brûlant que ce baiser du soir, attendu, espéré durant la longue journée!...

Il l'appelait. — Que sa voix était faible et changée!... Sainte étendait ses pauvres bras, suppliante et folle...

Gaston appelait toujours... sa voix faiblissait... elle avait ces accents de reproches déchirants des gens qui aiment et qu'on abandonne...

Sainte était assise auprès de sa table à ouvrage où brûlait une bougie.

Au dehors, les derniers souffles de la tempête calmée gémissaient sourdement.

Au dedans, on entendait par intervalles, à travers la cloison de la chambre de l'aïeule, la voix monotone et voilée de Mlle de Maillepré lisant à la duchesse quelques fragments de la *Vie des Saints*.

Mais cette voix ne produisait sur Sainte nul effet consolateur. — A ce point en était descendue la malheureuse Berthe de ne plus être comptée même par sa sœur au nombre des vivants!

Sa voix uniforme arrivait à l'oreille de Sainte comme un murmure vain, — comme le bruit du vent qui pleurait dans les jointures des croisées...

Elle n'était plus rien en ce monde, sinon la prêtresse consacrée d'un culte mortel, la vestale enchaînée à la garde d'un feu divin, mais qui n'est plus de notre âge : le saint respect des aïeux...

Sainte était immobile, l'œil fixe et grand ouvert et fasciné par les images qui passaient dans son rêve douloureux.

On n'eût pu voir sans être ému de tendresse et de pitié ce pauvre bel ange, trop faible contre sa torture.

Sainte n'essayait plus de lutter, en effet ; sa détresse était à son comble. Elle oubliait les consolations de Biot et ne se souvenait que de ses craintes...

Pourtant, au plus fort de cette angoisse revenue qui achevait l'œuvre des souffrances de la journée et brisait ce qui lui restait de forces, une pensée traversa son esprit, et mit en son regard éteint de timides lueurs.

Un peu de sang rose remonta de son cœur à sa joue.

— Vous eussiez dit comme un éclair fugitif d'espérance parmi la nuit morne du découragement.

Mais Sainte, en ce moment, n'aurait point su répondre si vous lui eussiez demandé la cause de ce semblant de joie. Les jeunes filles ignorent bien souvent le fond de leur cœur. Ce sourire troublé qu'arrête un rouge pudique, cet œil qui se baisse, farouche et si doux, ce joli sein, soulevant l'harmonieuse promesse de ses contours indiqués, tous ces symptômes ne parlent qu'au regard expert. La vierge sent et s'étonne. — Dès qu'elle apprend à s'effrayer, il y a chute. La prudence n'est qu'une vertu de la terre : la candeur est le charme des anges.

La souffrance de Sainte s'était arrêtée. Il lui semblait qu'un bras fort soutenait sa faiblesse.

En elle, tout se rapportait à Gaston pour une part. Ce bras secourable se levait pour défendre Gaston.

Son cœur se réchauffait. Le nom de Romée y résonnait comme une bonne parole d'espoir.

Romée n'avait point manqué à sa promesse. Il était revenu. C'était lui qui avait dit : Gaston vit ; Gaston est sauvé...

Oh ! Sainte croyait de toute son âme. Romée pouvait-il mentir ?...

Ce baume qu'on verse sur une blessure enflammée va calmer pour un instant ses élancements aigus. Mais, tout autour de la blessure, la chair est en feu : le baume s'évapore et le patient se tord de nouveau sous l'atteinte redoublée de son mal...

La pauvre Sainte n'eut qu'un instant de répit. Le froid de la solitude vint glacer ce bien-être passager.

L'image protectrice se voila. Romée n'avait point encore en son cœur une place assez grande. Elle était sur le point de l'aimer ; elle l'aimait ; — mais à ces premières rêveries il faut le calme.

Entend-on, lorsque mugit l'orage, les sons doux d'un orchestre de fête ?

Sainte craignait trop. Elle ne vit plus Romée, qui était l'espoir, — et, quelque part, dans la demi-obscurité de la chambre déserte, elle revit un lit blanc, taché de rouge...

Ce fut alors un accablant supplice, car la pauvre enfant n'avait plus de force pour lutter ou pour crier.

Sa tête pendait sur sa poitrine, soulevée convulsivement par des sanglots sans larmes. Elle gémissait faiblement des plaintes d'agonie. . . . .
. . . .

C'était un rêve, maintenant.

— Oh ! que Gaston était beau et que sa voix parlait doucement !

Il avait à sa joue de belles couleurs de santé et de force. — Sa bouche souriait. — Il s'appuyait au bras de Romée et ils avaient l'air de s'aimer bien.

Les lèvres de Gaston s'entr'ouvrirent. Il appela Romée son frère.

Parce que Sainte avait autour de ses blonds cheveux une gracieuse couronne de fleurs d'oranger. — On la voyait, cette couronne, à travers le long voile de gaze des épousées.

Le jour était doux et doré. — On respirait dans l'air attiédi des parfums vagues. — Sur la route, il y avait des fleurs blanches et roses, couchées parmi les rameaux verts.

Que dire ?... C'étaient de calmes délices, un bonheur grave comme ces joies recueillies que la poésie païenne prêtait aux champs élyséens.

Et Sainte se demandait pourquoi elle avait tant pleuré...

Ces rêves tuent, parce que l'on s'éveille.

Sainte se dressa sur ses pieds chancelants, égarée. Le jour suave s'était fait nuit ; le silence avait étouffé les voix chères. — Sainte voulait croire encore.

Du moins, si le bonheur était un rêve, l'angoisse aussi mentait. Il n'y avait pas plus de désespoir que de joie. La réalité, c'était le tranquille repos de la vie accoutumée...

Sainte se cramponnait à cette pensée.

Elle saisit la bougie et entra dans la chambre de son frère...

Là, tout était absence, vide, désolation, deuil.

Sainte sentit comme une main glacée qui étreignait son pauvre cœur meurtri.

Oh! il faut nous croire, ces chimères joyeuses qui viennent railler le désespoir sont plus cruelles mille fois que le désespoir lui-même. Elles arrivent, impitoyables, retourner le poignard dans la plaie. Elles secouent la douleur qui allait s'engourdir. Elles tuent...

Sainte, en voyant ce pauvre lit vide, le bourgeron bleu, le pantalon de travail, fut frappé du dernier coup. Ses genoux fléchirent. Elle tomba sur le carreau et sa tête se cacha dans les plis défaits de la couverture.

Il était environ minuit...

On n'entendait plus depuis bien longtemps le bruit monotone de la lecture de Berthe.

La vieille duchesse sommeillait sans doute.

Quelques minutes après la chute de Sainte, Berthe de Maillepré parut sur le seuil qu'elle s'était interdit de franchir.

Elle appela sa sœur à voix basse, et comme elle ne recevait point de réponse, elle s'avança vers le lit de la jeune fille.

Berthe était bien changée depuis deux jours. Dans son regard mourant la dernière étincelle s'était éteinte.

Son visage, morne et froid naguère, avait maintenant une expression douloureuse. — Toute sa personne parlait de souffrance et semblait demander pitié.

Ne trouvant point Sainte où elle la cherchait, elle traversa la chambre d'un pas lent et pénible.

— Ma sœur! ma sœur! dit-elle encore au seuil de la pièce nue qui était la retraite de Gaston.

Le silence.

Berthe éleva sa bougie. Elle vit Sainte, jetée à genoux et cachant son visage dans les couvertures d'un lit vide.

Berthe s'appuya au chambranle de la porte.

Ses lèvres remuèrent pour prononcer au dedans d'elle-même :

— Elle le pleure...

Ses yeux restèrent secs. Il n'y avait plus de larmes dans cette âme navrée.

Et la conscience qu'elle avait de son isolement était si amèrement profonde qu'elle n'osa point mettre sa main sur l'épaule de sa sœur et lui dire : — Souffrons ensemble...

Non. Elle était seule dans la vie. Autour d'elle se dressaient les murs invisibles d'une prison morale. Elle était rayée, avant l'heure de sa mort, de la liste de ceux qui vivent, qui consolent, qu'on aime...

Elle tourna le dos lentement à l'agonie de sa sœur.

Elle était venue pour savoir si Gaston vivait.

Elle avait vu le désespoir agenouillé auprès d'une couche vide.

Gaston n'était plus...

Berthe rentra dans la chambre de l'aïeule en murmurant les versets latins du *De profundis*...

Elle s'assit devant son métier à tapisserie, où se mêlaient, en un bouquet, les belles nuances de la rose rouge d'automne et du dahlia.

Sa taille frêle ployait.

Elle mit sa main amaigrie sur son cœur et dit de ce ton glacé qui effraie et laisse plonger la pensée tout au fond d'un abîme de douleurs :

— Je croyais que je n'aimais plus rien...

Elle prit son aiguille et se pencha sur son métier. Sa main tremblait. Après quelques points, des gouttes de sueur froide glissèrent de sa tempe sur sa joue.

Elle s'arrêta pour respirer.

Quand elle voulut reprendre sa tâche, son aiguille sauta hors de ses doigts raidis.

Elle regarda sa tâche inachevée d'un air de regret découragé.

— J'aurais voulu la finir, dit-elle ; — mais je ne pourrai pas... Les fleurs, que je lui ai portées l'autre nuit, seront les dernières...

Puis, après un silence où l'on n'entendit que son souffle pénible mêlé à la respiration calme et forte de la vieille duchesse, elle dit encore :

— Quand je vais être morte, qui donc lui portera des fleurs nouvelles ?

Cette idée arrêta un sourire qu'ébauchait sa lèvre pâlie. — Mais l'idée s'enfuit et le sourire revint.

Un sourire radieux et beau...

— Comme il va me tendre ses petits bras ! murmura-t-elle en joignant ses mains sur sa poitrine avec le doux geste de la mère qui berce son enfant ; comme il va me rire et me baiser... Ah !... j'ai attendu patiemment, mon Dieu !... J'ai gardé la vie, parce que vous ne voulez pas qu'on meure avant le temps... Et il fallait bien que j'obéisse, pour aller au ciel... au ciel où il m'attend, mon bel ange... mon Edmond chéri... mon enfant !...

Elle riait, elle pleurait...

Cette pensée de son fils pouvait réchauffer sa pauvre âme et lui redonner l'amour et la revêtir d'un manteau vivant de jeunesse et de beauté...

Après quelques minutes de rêverie, émue elle se leva et replaça son métier dans sa cachette.

Tout au fond de l'armoire, elle prit un coffret et revint s'asseoir.

Le coffret contenait une boucle de cheveux blonds et un rouleau de papier.

Berthe mit la boucle de cheveux sur ses lèvres qui murmurèrent de vagues plaintes d'amour.

C'était à son fils cette boucle précieuse, cette relique adorée ! C'était tout ce qui lui restait de son fils...

C'était son trésor unique, sa joie, — tout ce qu'elle devait regretter en quittant la terre.

Elle la baisa et lui parla ; elle la combla de larmes et de sourires.

Puis elle déroula lentement le papier, en tête duquel étaient écrites ces lignes :

Au nom du Père, du Fils et du Saint-Esprit.
 Ceci est mon testament...

FIN DU PREMIER VOLUME

TABLE DES MATIÈRES

PROLOGUE

LE CARNAVAL

Chapitre I. — Mascarades............	1
— II. — Carmen................	12
— III. — Le Caveau du Sauvage.....	19
— IV. — Les sept péchés capitaux......	30
— V. — L'agonie d'une race.........	41
— VI. — Le Fandango............	56
— VII. — Entre quatre planches.......	66
— VIII. — Cinq bols de punch.........	75
— IX. — Le Talisman.............	84
— X. — Où l'on enterre le Mardi-Gras....	96

PREMIÈRE PARTIE

LE GRAND OPÉRA

Chapitre I. — Le Marais.............	109
— II. — L'aïeule...............	118
— III. — Le frère et la sœur.........	129
— IV. — La mère...............	143
— V. — Assaut de binocles.........	153
— VI. — Spectacle dans la salle.......	162
— VII. — Homme à la mode.........	173
— VIII. — Joli jonc...............	183
— IX. — Deux ateliers............	193
— X. — Par hasard.............	203
— XI. — Habit noir et gants blancs......	213
— XII. — La lettre...............	222

DEUXIÈME PARTIE

LE MARQUIS SAUVAGE

Chapitre I.	— Bonne dame....................	231
— II.	— Le Raoul.......................	240
— III.	— Derrière le rideau..............	256
— IV.	— Nazaire, dit Dragon............	258
— V.	— Leçon d'armes.................	269
— VI.	— La butte Saint-Chaumont.......	279
— VII.	— Mignonne.....................	289
— VIII.	— L'orage.......................	299
— IX.	— Le baiser.....................	310
— X.	— Attente.......................	321
— XI.	— Deux douleurs.................	332

FIN DE LA TABLE DU PREMIER VOLUME

Saint-Amand (Cher). — Imprimerie DESTENAY

www.ingramcontent.com/pod-product-compliance
Lightning Source LLC
Chambersburg PA
CBHW060331170426
43202CB00014B/2745